還暦からの ヒマラヤ探訪記

総延長2700キロのトレッキング全行程

大矢統士

花乱社

まえがき

　ヒマラヤと聞けば，一般的には高峰群連なる雪の世界しかイメージされないかも知れない。しかしその山麓は，東方の亜熱帯の森から，西方・北方の乾燥地帯まで自然の変化も大きく，その地域に応じた多数の民族が生活している。

　小生も，当初は神々の座を眺めて感動する旅をしていたが，だんだんと秘境の民族と生活に惹かれるようになっていった。

　厳しい自然の中で生活している人々の強さ，優しさ，その支えとなっている信仰心（チベット仏教），家族や近隣の人々との絆など，人間の幸せの原点を見る思いだった。雄大，荘厳な自然とともにそういう感慨，充実感こそが，次々と厳しい修行のような旅を乗り越えさせてくれた。

　定年後の第二の人生としてのこれらの旅の集大成として，写真集『ヒマラヤ巡礼──神々の座と秘境に生きる民』（2018年1月）を出版したところ，多くの見知らぬ方々からの称讃の言葉が出版社へ寄せられ，当方が感謝感動，勇気づけられた次第である。

　一方で，写真ではなかなか表現できなかった自分の想いや細かい情況を旅の都度書いていた紀行文（一部は写真集に付載）も併せて読んでいただきたい，という思いも強くなった。

　写真集，紀行文集とそれぞれの形で表現したヒマラヤの素晴らしさをより強く味わってもらいたいとの思いである。

　登山・トレッキングなどに無関係の方々にも気軽にヒマラヤを旅する気持ちで読んでもらいたいし，またトレッキングに興味のある方々には目指す地域の計画に参考になればと思う。

　2020年10月

大矢統士

目　次

＊本書の構成と地名・標高データの記載について
　2018年刊行の写真集『ヒマラヤ巡礼』では，ヒマラヤ地域内での自然と民族の変化・異同を分かりやすく表現するため，東から西へ地域順に編集したが，本書では，山旅をしていくにつれての私自身の感覚や考え方及び現地情勢などの変化・変容を伝えるため，年代順に編集した。また，山行きの都度参考にしたり現地で入手した資料により，記事中にて地名などのカタカナ表記及び標高が異なっている場合がある。ご了承を乞う。

夕照のアンナプルナⅠ （8091m）

アンナプルナ周遊＆内院

(2000.10.3-11.7)

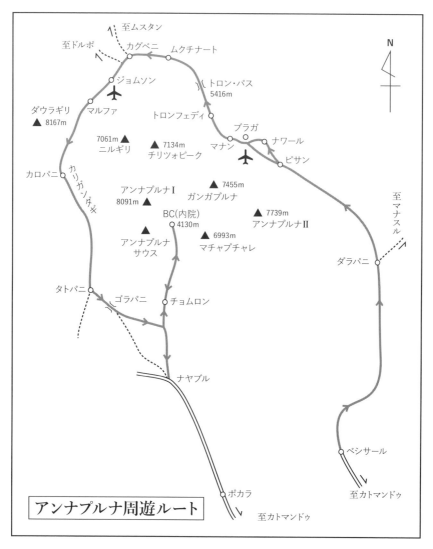

至ムスタン
至ドルポ
カグベニ　ムクチナート
ジョムソン　　　トロン・パス
　　　　　　　　5416m
マルファ　　トロンフェディ
ダウラギリ
▲ 8167m　　　　　　　　　ブラガ
　　7061m ▲　　　　マナン　ナワール
　　ニルギリ　　▲ 7134m
　　　　　　　チリツォピーク　　　　　ピサン
カロパニ
　　　　　　アンナプルナ I　　▲ 7455m
　　　　　8091m ▲　ガンガプルナ
　　　　　　BC(内院)　　　　▲ 7739m
　　　　　4130m　　　　　アンナプルナ II
　　　　　▲　　　　▲ 6993m
　　アンナプルナ　　マチャプチャレ
　　サウス
タトパニ　ゴラパニ
　　　　　　チョムロン　　　　　　　　ダラパニ
　　　　　　　　　　　　　　　　　至マナスル
　　　　　　　ナヤブル

ベシサール
至カトマンドゥ
ポカラ
至カトマンドゥ

アンナプルナ周遊ルート

　あこがれのヒマラヤへのはまり込みは，アンナプルナ周遊からスタートし，引き続きパートナー・メンバーが入れ替わり，初冬のエベレスト街道へと2カ月間を超えるスーパー・トレッキングとなった。

　従来，山岳会とかに所属したこともなく，個人で山歩きを楽しんでいたにすぎない小生が，いきなりこういう大きな山旅を，しかも自分の思い通りの計画でできたのは，全く偶然な人との出会いの積み重ねである。

自分の夢の中へそれを叶えさせてくれる人が，次々と登場してきたような感じである。中でも大サーダーであるカルマ君との出会いが，この後，自分が夢にも描き得なかったヒマラヤの奥深い世界へ次々と踏み込ませることになった。

　さて，このアンナプルナ周遊の仲間は，角谷氏と彼の友人Ｔ氏，Ｎさん（女性）の３人，いずれも日本山岳会東海支部に所属され，皆小生より年長（最年長角谷氏67，最年少小生61歳）であるが，内院まで含めて約１カ月の長丁場に挑戦されるだけに健脚揃い。それでも年齢上はロートル揃いなので，心配なカルマ君はロッジ泊まりというのにシェルパ４人，ポーター二人を付けてくれた（カルマ君は多忙で参加できず）。

　この周遊コースは有名な所だけにガイドブックにも紹介されているし，長期の旅なので日々の細かなことは割愛して，旅の雰囲気，気持ち，印象的だったことについて記する。

　ベシサールからマルシャンディコーラ（川）に沿って北上，マナンを目指す。やっと叶った夢のトレッキング，目にする風景，村人，全て驚きと新鮮さでシャッターを切りまくる。

　丁度ダサインの祭りの時期なので，奥地から売られるために下りてくる山羊の群れ，売買風景には異国に来た気分を味わえたが，道のすぐ脇の水場で山羊をさばいている光景に気弱な小生は一旦顔をそむけ，その後恐いもの見たさでおずおず振り向くと，料理人は冷やかし顔でニッコリと笑う。

　ベシサールから三日目，ダラパニで対岸からドゥーコーラが荒々しく合流し，開けたこちらの道とは対照的に厳しそうな道がそれに沿っている。マナスルへの道だと聞きはしたものの，後年そこを歩くことになろうとは思いもよらなかった。

　（３年後の2003年秋，マナスル周遊をして，この道を下って来た。懐かしくもあったが，ロッジが物凄く増え，あまりの変わり様に驚き，ヒマラヤの村らしさがなくなりつつあることに残念な想いもあった。）

　緑豊かな下流から針葉樹林帯へ，そしてアンナプルナの裏（北側）へ回ると，荒涼とした乾燥地帯へと自然は大きく変わる。また標高が上がるにつれ，

ヒンドゥー教からチベット仏教へと民族，宗教，生活も変わってくる。

　同行の角谷氏は俳人でもあり，いつも季語集を持参されている。彼曰く「ヒマラヤは季語に相当するのがなかなかないし，スケールがデカすぎて俳句にするのがとてもじゃない」と毎日手帳片手に唸っている。

　そこで小生もこの際，門下生になろうと一緒に首をひねっては「この句はどうでしょうか？」とやれば，「そりゃ川柳じゃ」と。そのうち「あんたとやっていれば俳句の品が落ちる」と漫才になる。

　こんな調子で毎夕食後のロッジでは，その日見た光景を思い出し，句をひねり出す。たまには「なかなか良い句だ」とほめられることもあり，また「こう変えれば，静から動になる」と教示をたまわる。

　　＊角谷氏はこの旅の２年後，癌で亡くなられた。彼の数多い作品の中から夫人が選句され，立派な遺句集『稜線をゆく　角谷柳雪』が上梓された。この句集にこの旅の句がたくさん入れられていて，流石に格調高く心に染み入る。同行しただけに，これらの句の情景が昨日の如くよみがえる。
　　以下，彼（柳雪）の句を借りつつ紀行を進める。

　マルシャンディの迫力あるゴルジュ帯や大スラブ帯を抜けてピサンに着くと，アンナプルナⅡ峰がドーンと高く豪快に現れ，村の通りにはマニ車を帯状に連ねたメンダンが横たわり，いよいよチベット文化圏に入ったことを強く感じた。

　　　マニ車からんと回す秋の空　　（柳雪）
　　　明日辿る道なほ遙か秋の雲　　（柳雪）

　我々は，かつてマナン周辺が独立した王国だった時代には，王宮のある首村だったといわれているナワールに向かった。ピサンでマルシャンディを対岸に渡って500m程登り，マナンへのメインルートと平行に歩く。

　メインをちょっと外れただけで，こちらの集落は訪れる旅人もなく昔ながらの素朴な生活。周辺の斜面は蕎麦畑で，刈入れが終わったばかりだった。

　　　石積みて築く棚田や蕎麦は実に　　（柳雪）

タルチョ揺るヒマラヤ襞の雪の風　　（柳雪）

　対岸のアンナプルナⅡ峰はいよいよ高く聳え，それに続くⅣ，Ⅲ峰から更
に遠くのチリツォピークまで雪の壁が連なるが，カメラに収めるのにうまい
形にはまらない。
　ナワールは予想以上に大きな集落。世間から忘れられたように孤立した集
落で，人々も珍しそうに我々を見，タルチョ（祈禱旗）はためく家々は石組
みの農家ばかり。それでもこんな所にもロッジはあったのである。それも下
が牛（ヤク）部屋で2階が人の居住室という，まさにこの地の民家そのもの。
　我々は初めて，牛部屋の上に寝るチベッタンの生活を味わったのである。

　　　ヤクの糞干してヒマラヤ冬用意　　（柳雪）

　ナワール村の上部に立派なゴンパ（僧院）があり，集会があっているとい
うので行ってみた。男女とも粗末な服装の老人ばかり20人位が集まっており，
我々を好奇心と好意とで見る。
　信心深い人たちの集会ではあるが，初めて見る生のチベット仏教の光景だ
けに異様な感じがした。

　　　秋　灯　火　憤　怒　の　相　の　ラ　マ　仏　　（柳雪）
　　　ラ　マ　寺　の　仏　百　態　冬　隣　　（柳雪）

　ナワールの人は，かつてここが王国の首村だったという誇りを持っており，
言い伝えであろうがその王宮の跡地があるということで，朝から村の娘さん
（シェルパニ）に案内してもらった。
　そこは小高く草地がちょっと広くなった所で，やや右（西）後方に村が見
渡せ，対岸の前方（南）にはアンナプルナ連峰が連なる見晴らしの良い所で
あるが，旧王宮の跡らしき痕跡は何もなく，昨日この脇を通った時は気にも
せず見過ごしてしまった。
　しかしシェルパニは「ここに王宮があった」と誇らしげに語り，我々もそ
れにつられて何となく懐旧の情にひたる。

ガンガプルナ氷河

　　　ゴンパ灯を点して冷ゆる王朝跡

　　　　　　　　　　　　　　　（柳雪）

　　　シェルパニの笑み美しき枯野かな

　　　　　　　　　　　　　　　（柳雪）

　　ナワールでは，めったに泊まる客もいない
ためか，住民も好感で迎えてくれ，宿を去るのも
名残おしかった。後日この旅を振り返っても，
一番の思い出の地となった。
　　ナワールからマナンへとフムデの飛行場を見
下ろしながら下って行く。ベシサールからのト
レッカーに加え，飛行場からのトレッカーが
続々とマナンへと向かっている。どのトレッ
カーも欧米人ばかりで，日本人はベシサールか
らここまでの7日間，我々4人のみ。

　　マナンのロッジで聞くと，国別では日本人は2番目に多いらしい。11月，
5月の連休にフムデから団体ツアーで乗り込んでくるらしい。このへんに，
自分たち仲間で自由に旅する欧米人と，言葉と個人行動に自信のない日本人
の違いが見える。

　　もっともその後，若い日本人の一人旅には何度か出会ったが，欧米人のよ
うに仲間と旅を楽しむというのではなく，我々を見ると決まって懐かしそう
に声をかけて来たところは，それだけ一人旅の寂しさ心細さも味わっている
のだろう。

　　マナンはかつての王国らしい広くて大きな村。といってもメイン通りには
立派なロッジが建ち並び，更に建設が進んでおり，もはやヒマラヤの秘境の
俤（おもかげ）は消え失せつつある。しかし目の前のガンガプルナから氷河が一気に
下っている光景など，ヒマラヤの奥地ならではの景勝の地である。

　　　氷河湖の水に掌を入れ秋思かな　　（柳雪）

　　ここからこの旅最大の難所トロン・パス（5416m）を越えるにあたり，高
所順応を兼ねマナンに一日滞在する。滞在日の午前，山中の洞窟ゴンパへハ

イキングをした。そこには83歳の老ラマと夫人が居て，我々が無事トロン・パスを越えられるよう祈禱をしてくれた。

それにしても，よくぞこんな洞窟に住めるものだ。修行なればこそできるのか？ と驚きいった。

ブラガの集落

　ラ マ 仏 へ 燭 奉 り 秋 思 か な　　（柳雪）
　息 白 し 五 体 投 地 の 土 の 上　　（柳雪）
　冬 麗 や 岩 に 彫 り た る マ ニ の 経　　（柳雪）

　午後は角谷氏と二人だけでブラガへ出かけた。マナンへ来る途中，住居が岩山にくっついて積み上げられたような集落で，一番上にゴンパが座っている非常に印象的な風景だった。
　このゴンパの内もナワールと同じ光景で，我々にお祓いをしてくれ厳粛な気持ちになった。

　風 に 揺 る ラ マ の 経 文 秋 の 声　　（柳雪）

　マナンの高所順応が効いて，全員快調にチュリタール，トロンフェディ（4500m）と登って来た。トロン・パスを越えるにはハイキャンプ（HC）まで登っておけば更に楽ではあるが，HCがトレッカーで一杯になることを予想して，トロンフェディに留まり，翌朝３時に出発，標高差1000mを一気に越えることにした。
　最年長の角谷氏には流石にこの登りはきつく，アゴが出かかる。小生が後ろからビスターリ，ビスターリ（ゆっくり，ゆっくり）と声を掛けながら登る。７時半，ついにトロン・パスに到着。先に着いていた外人トレッカーたちに拍手で迎えられた。

　雪 飄 飄 と 降 る ヒ マ ラ ヤ の 峠 越 え　　（柳雪）

上：聖地ムクチナート，後方ダウラギリ
下：城塞の如きジャルコット集落

　ここからムクチナートまで標高差1700mを一気に下り，11時半にはロッジにゴール。

　ここへは我々が一番早く着いたので，今度は我々が下山してきた人たちを拍手で迎える。皆，無事に峠越えをできた喜びにあふれる顔と足取り。中にはベシサール以来，後になり先になりして顔なじみになったトレッカーもおり，遠くから我々に気づいて大きく手を振って応える。

　ムクチナートはチベット仏教，ヒンズー教の聖地であり，我々はここにもう一日滞在して聖地や下の集落ジャルコットを見て回った。

　聖地といってもこの時期巡礼者はおらず（4～5月が巡礼シーズン），ムクチナート全体が観光地化しており，神聖さを感じることもない。一方，直ぐ下の城塞のように見える集落ジャルコットは，中に入ると一見薄汚いようであるが，歴史を感じさせる風格のあるゴンパ，乾燥地であるため山から氷河水を引き込んだ水路，住居など昔からのチベッタンの生活がそのまま続いているように見え，ナワールと同じ雰囲気を感じた。

　ムクチナートのすぐ近くにあるが，トレッカーやジョムソンからの観光者はここを素通りしてしまうため観光地化せず取り残されたように見える。

　一応ロッジの看板を出している処もあったが，ガイドが客を案内する場合，下は家畜部屋，二階が居住区の家より，きれいなムクチナートのロッジへというのは当然だろうが，小生はこのジャルコットに大いに魅せられた

　カグベニに下ると蕎麦の収穫期，刈り取り，脱穀（殻タタキ）など家族総

出で働いている様子が，少年時代の日本の農村光景を思い出させて郷愁をそそる。カリガンダキの流れと白雪のニルギリ峰をバックにしているだけに素晴らしい光景であり，興奮してファインダーを覗くが上手く切り取れない。

　　　蕎麦たたくカリガンダキの風のせて
　　　　　　　　　　　　　　　　　　　（大矢）

　カグベニの北はかつてのムスタン王国，西はヒマラヤ最奥の秘境ドルポへの入り口であり，昔は，チベットからの塩がこれらの地域を経由してカリガンダキ峡谷を下っていく「塩の道」

カグベニの蕎麦刈り風景

の要所でもあり，また日本人僧・河口慧海が仏教の原典を求めて鎖国のチベットへ潜入しようと，すぐ北のツァーラン（ムスタン）や南のマルファで修行しつつ機を窺い，そしてドルポからヒマラヤを越えてチベットへ入ったことに想いを馳せた。
　（6年後，ドルポに入って慧海師のルートを辿り，越境峠クン・ラに立つとは夢にも思わなかった。）

　　　チ ベ ッ ト へ 続 く 細 道 峡 の 秋　　（柳雪）
　　　駱 駝 色 し て 山 眠 る 塩 の 道　　（柳雪）
　　　慧 海 師 の 辿 り 来 し 道 蕎 麦 の 花　　（柳雪）

　ジョムソン街道は，このような想いを馳せてのんびり旅。石畳と石壁の並びがきれいなマルファ村では連泊して楽しむ。カラーン，コローンと首の鈴を鳴らし石畳を行き交う隊商が何とも言えぬ風情である。

　　　カウベルの音に明けゆく今朝の秋　　（柳雪）
　　　とうきびを背にロバが行く石畳　　（大矢）

マルファには，慧海師が滞在した家がそのまま記念館となっており，経典が納められた立派な仏間など，彼が滞在していた時の状況がそのまま維持され，当時の彼が偲べる。

マルファを境に，これまでの駱駝色の世界から，徐々に緑の世界に戻って行く。

のんびり旅ではあるが，カリガンダキは午後になると，インド側からの風がこの峡谷を砂塵を上げて吹き抜けるので，この影響がない所までは午前中に通り抜ける。

カリガンダキを行く隊商

秋 空 に カ リ ガ ン ダ キ の 砂 嵐 　 （大矢）

カリガンダキとは「黒い川」の意らしいが，そうなるのは雨期である。東をアンナプルナ，西をダウラギリと両8000m峰に挟まれる世界一深い大峡谷であり，大景観を眺めつつロバの隊商を追いながらのんびりと旅をする。

カロパニで1泊してタトパニへ。ここはアンナプルナ周遊のゴールと言ってもよい。タトパニとは「熱い湯」の意味であり，ここは温泉地。カリガンダキの河原に湯が湧き出，楽しい露天風呂あり。当然連泊して，17日間の旅のアカを落とす。

露天温泉の少し下流に見事な吊り橋があり，翌朝（10/21）この吊橋を渡るロバの隊商を撮影すべく出かけ，谷底に下りて"獲物"を待つ。

来ました，来ました，可愛いロバ隊。夢中で何枚もシャッターを切る。

＊この時の写真は2年後，朝日新聞主催の「第32回西部写真コンクール」で

見事，金賞を得た。

　タトパニで休養して後半はゴラパニ峠へ登り，チョムロンへ下り，アンナプルナBC（内院）を目指す。この旅の最大の楽しみは，聖山マチャプチャレと間近に対面することである。

　まずはチョムロンで夜明けとともにカメラを持ち出し，マチャプチャレとの第一戦。

山峡タトパニ（後方ニルギリ）

　　暁 闇 に 浮 く 聖 山 や 今 朝 の 秋　　（柳雪）
　　朝霧のうすくれないにマチャプチャレ　　（大矢）

　アンナプルナ南山麓は，荒涼としたマナン盆地と一転して，緑豊かな森と集落には見事な棚田が展開する。
　チョムロンも棚田が印象的な所でもある。

　　霧 襖 奥 に 棚 田 の 村 十 戸　　（柳雪）
　　稗 実 る 棚 田 千 枚 雲 の 上　　（柳雪）

　ドバン〜デオラリと森の中，両岸が屏風岩の峡谷の高巻きなど，日本の山を歩いているようで，10月末のこの時期は色づいた落葉樹も多く，よりその感深し。

　　色 半 ば 散 り し モ ミ ジ 山 の 風　　（大矢）

　内院（4130m）はとにかく素晴らしい別天地。広々として奥深く，四周屏風の如き大景観。時々，ドーンと遠雷のような雪崩の音，その方を見れば，小さくはあるが雪煙が奥の氷河を走り下る。

聖山マチャプチャレ（6993m）

　　　草 に 寝 て 遠 雪 崩 聞 く 安 息 日　　　（柳雪）

　夕方になるとマチャプチャレが黄金色に輝き，最後の数十秒，見事なピンクの帯で締めくくる。この最後の瞬間は，息を呑む美しさである。当然，三脚にカメラをセットして，刻々色が変化していく状況をシャッター切っていく。ところが初めてこういう状況を見て興奮，夢中でシャッターを切っていくうちに，フィルム１本をあっと言う間に消化。最高に美しくなった時にフィルム交換の羽目になり，決定的瞬間を逃す失敗をやった。

　幸い，連泊にしていたので，翌夕方はシャッターのペース配分を考慮しつつ，最高の瞬間を見事に捉え得た。しかも雲の“演技”も最高だった。

　　　秋 陽 落 つ ヒ マ ラ ヤ 襞 に 紅 さ し て　　　（大矢）

　＊マチャプチャレの写真も先の西部写真コンクールのネイチャー部門で銀賞を得た。

　朝日は巨大なアンナプルナの壁に一番先に射す。スケールが大きくダイナ

ミックな光景ではあるが，これをどう捉えるか？　小生の力量不足で太刀打ちできなかった。

　　暁 天 に 雪 峰 の 白 さ え わ た る 　　（大矢）

　内院をクライマックスに，旅も終点のナヤブルに向かって毎日下って行くのみである。長期の旅を毎日楽しくやってこれたのは，共に旅したシェルパ諸君のおかげである。仕事として我々ロートルをサポートしてくれただけでなく，彼ら自体が我々と一緒に旅を楽しんでくれたことが大きい。

　最後の数日は，ロッジの芝生でギター，鼓，ハーモニカで盛り上げてくれた。ポカラでは我々の方からシェルパ諸君への感謝のサヨナラ・パーティーを行った。

　　オリオンの真下異人の弾くギター　　　（柳雪）
　　新 酒 酌 む 鼓 打 つ 音 聞 き な が ら 　　（柳雪）

こうして約1カ月の山旅は終わった。

　11月9日夜，帰国の途に着く角谷氏，T氏，Nさんを見送る（小生はこのあと別友人メンバーとエベレスト街道をやるため居残り）。

　これが最後のネパールになるかもしれないと，この旅を振り返った角谷氏の感無量の表情が忘れられない。

　この2年後に他界されるとは……ご冥福を祈る。

夜明けのメラピークと残月

メラピーク登頂記

(2001.4.29-5.18)

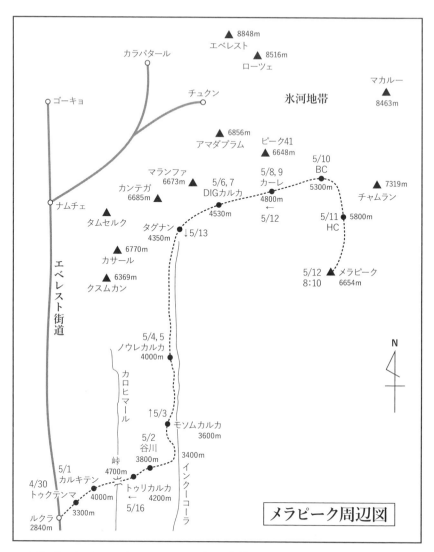

メラピーク周辺図

　メラピーク（6654m）はエベレストの南約30km，エベレスト街道の入口ルク
ラの東約15kmに位置する。エベレスト，マカルーをはじめヒマラヤの巨峰，
名峰を展望するには最も良い位置にある。

　登頂ルートは，ルクラからすぐカロヒマールへ登り，これを横断してイン
クーコーラ（川）へ下り，氷河地帯まで北上，メラピークの北側から頂上を
目指す。

「トレッキングならどんなハードな所でも」との自信はあるものの，6000m クラスの山となれば"神々の座"であり登頂しようなど思ってもいなかった。ところが昨2000年11月中旬〜12月中旬の約1カ月間，エベレスト街道をやった時，シェルパ諸君から「大矢さんと寺田さんならメラピークもやれますよ」と乗せられてしまった。

　本当に大丈夫かなと不安はあるものの，「彼らがサポートしてくれるなら身を任せられる。生涯で最高のチャンスだ」と，二人ともその気になった。

　どうせやるなら高所順応が効いているうちがよいということで，登山予定日まで決めて帰国。帰国してすぐ松尾氏に電話した。山，仕事とも苦楽を共にした彼を可能なことなら是非連れて行きたい。しかし松尾氏は超多忙の身，無理かとは思うが，一声かけずにおれなかった。彼も即座に決断した。「こんなチャンスは生涯ない。自分が長期出張したと思えばよい」と。

　かくして帰国早々，3人のネパールへの航空券手配を済ませたのである。

1　ルクラからモソムカルカへ　4700m の峠越え

　メラピークへの進路での最初の難関は，ルクラの東側を南北に連なるカロヒマールを横断することである。鞍部の峠の標高は4700m，これがルクラから一気にせり上がる。

　寺田さんと小生は既に高所順応ができているからよいが，高所が初めての松尾氏は，ただでさえ苦しい高所の急坂をギリギリの順応で乗り切らねばならない。モソムカルカまで下れば，後はゆっくり順応しつつ進める。そういう意味で最後の登頂につぐ難関と言える。

▷ 4月30日　晴れ後雹（ひょう）　ルクラ (2840m) 〜トゥクテンマ (3300m)

　ルクラから2時間半までの所であるが，高所順応のためここまでとする。テント周辺ではサクラソウや黄色の草花がきれいだが，ルクラのロッジ建設のため樹木の伐採がひどい。濫伐と言える。ルクラの向こう（西側）はヌンブール (6959m) やカレルーン (6611m) の展望も素晴らしいし，自然さえ破壊されていなければルクラからの絶好のハイキング地だったろうに，と残念である。松尾氏は高所順応のため300m位上のカルカまで往復してくる。

16時頃よりかなり長時間，雹が強く降る。

▷ 5月1日　午前中晴れ，午後霙から雹へ（積もる）　トゥクテンマ（3300m）
～カルキテン（4000m）

夜明けのヌンブール，カレルーンの眺めが美しい。ごつい迫力のヒマラヤにあって，この山々はこちらから見る限り，非常にスマートなラインで，写真で見るヨーロッパ・アルプスに似ている。

昨日，松尾氏が登ってきたカルカで一休み。伐採もここまで（3600m）で，これから上3900mが森林限界でラリーグラス（シャクナゲ）がびっしりの原生林。まだツボミで帰路の目を楽しませてくれるだろうと期待。

最初のカルカ以外，途中で設営できる場所もなく，翌日の峠越えを踏まえ4000mまで登って来た。テント場周辺は岩とまだらの残雪で，上方を見れば迫力のある岩尾根が連なり，穂高の涸沢を数倍スケールアップした感じである。

ポーターは強い。この急坂を，50〜60kgの荷物を担いで次々に到着する。「ご苦労さん！」と声をかけると，言葉は分からずとも雰囲気で分かるのか，ニコッと笑顔を返す。彼らは寝食自前であり，三々五々，野宿の岩屋を見つけて散っていく。

天候悪化，雹積もる。

▷ 5月2日　ガス，夕方より雨　カルキテン（4000m）～峠（4700m）～谷川の
テント地（3800m）

いよいよ峠越えである。前日の悪天で雪が深くなり，急斜面のトラバースは緊張する。荷物の重いポーターは如何に身体バランス能力が高くても大変だったろう。しかも彼らはズックか布製登山靴である。凍結していなかったのが幸いで，スリップ事故もなく全員無事に峠越えができた。

ガスが濃く，展望も得られないので，小休止のみで反対の急斜面を駆け降りるように下る。こちら側は雪は少ないが，岩道で歩きにくいことには変わりない。先を行くサーダー（束ね役）のカルマ君は，大勢のトレッキング（この直前のランタン・トレッキング）の時はゆっくりペースメイクして歩いていたのに，我々3人には容赦せずポンポン歩く。彼としては普通に歩いているの

だが，バランスのとりにくいこの道を遅れずついて行くのは大変である。登山用ストックはこういう下りに，前に突きながらバランスをとるのに役立つものであるが，ストック使用がとてもじゃないが間に合わない。結局，ストックは後ろにガラガラ引きずりながら，駆けるようについて下りた。

トゥリカルカ（4200m）で早めの昼食。設営場所としては非常に良いのだが，昨日カルキテンに着いてから出だした松尾氏の高山病頭痛がとれぬので，さらに400m位下の谷川まで下ることにした。

それにしても体力があるとはいえ，頭痛をかかえてこんな速いペースでよく峠越えされたものである。何としてもメラピークへ，の想いが強烈なアドレナリンを発したのだろう。

トゥリカルカから1時間位，雪の尾根を上下してシャクナゲの原生林へ入り，急斜面をどんどん下り，3800mの所で山道と谷川がクロスする。狭いスペースであるが，空模様があやしく，ここで設営となる。

水場は良いがテントをどう張るか？　と思いきや，シェルパ諸君はさすがにプロ，テキパキとあざやかに設営してしまった。しかも寝心地にも充分配慮してくれているのである。

今日は小生62歳の誕生日である。ゴールデンウィークという有難い時に誕生日を迎える小生は，大抵どこかの山中にいるので，めったに家で誕生祝いをすることはない。今回もこんなに素晴らしい山旅の中で誕生日を迎えられるなんて最高だ，と道中話していたのを，カルマ君が耳にしてランバートさん（コック長）に伝えたのだろう。夕食後，ランバートさんが立派なバースデイケーキを作って祝ってくれた。

こんな不便な山中，思いもよらなかったことでネパールの人の温かさをしみじみ感じた。

▷ 5月3日　晴後雨　谷川のテント地（3800m）〜インクーコーラ出合い（3400m）〜モソムカルカ（3600m）

昨日に続き，凄いシャクナゲの森を下り続ける。上部の方はほとんど赤の種類で葉が小形，幹は大きさも，よじれた形も，日本の高山のダケカンバとよく似ている。開花は帰路の楽しみであるが，凄い量で山中ほとんどこの木である。

下へ来ると，ジャンボな種類がちらほら混じり開花しはじめている。真っ赤のでっかい花弁，葉の長さも30cm はありそうで，日本のシャクナゲのしっとりした風情とは正反対で，豪華な派手さである。

　インクーコーラ近くまで下りて，樹間より初めてメラピークと対面，胸躍らされる。こちら側からは南面で，人を寄せ付けない巨大な壁がそそり立っている。

　インクーコーラは巨石で埋まり，川原も平坦な所はほとんどない。5年前にカルマ君が来た時とは様相が一変しているそうだ。上方の氷河湖が決壊し川が氾濫，周辺の森まで削り取っているとのこと。

　上流へ（北へ）川原の巨石の間を縫い歩き，また森の中を高巻きしながら，上下を繰り返し，コーラの出合いから2時間近くかかってモソムカルカに着いた。昨日からの急坂の連続と併せ，帰路は登り返すのかと少々うんざりする思いだった。

　モソムカルカには数軒の粗末なバッティー（茶店）がある。ここも含めてこれより上流も定住している民族はいないが，登山シーズンだけルクラやもっと遠くの村から出稼ぎに来ている。

　竹を編んだ囲いか石を組み上げた壁，屋根は竹編みの上にビニールを広げて石で押さえ，床は地面に針葉樹の葉を厚く敷き詰めている。登山者も利用できるが，主としてポーターを対象に飲み物を提供（ロキシーなどの酒類），宿泊もさせている。

　バッティーの利用は遊び好きの若いポーターが多く，年配のポーターは少しでも家庭への収入を良くしようと岩屋野宿をしている。

　テントの近くに数日前に利用された小さな岩屋があり，焚き火の跡が残っていた。寺田さんがこれを利用して焚き火しようと，小枝，木の葉で焚きつけようとするが，なかなか点かない。そこへタマン族の愛嬌の良いおじさんポーターが来て，燃え跡の木を取り上げ，マッチ棒1本を直接それにあてがい，わずかに火の粉ができると強烈に息を吹きつけ，炭火を作り，見事に焚き火を作り上げた。

　初めて見るその方法のあざやかさに，我々は思わず称賛の声と拍手を送った。おじさんはニッコリ笑って立ち上がり，近くから焚き木を集めてもくれた。仲間のポーターたちも寄って来て一緒に火にあたった。これをきっかけ

にポーター諸君との親密さが急速に増してきた。

　欧米人の登山チームが数組，上流から下山してくる。上に向かうのは我々のチームしか見当たらない。カルマ君が情報を得に，彼らの所へ行ってくる。それによると，女性を含む8人のチームで登頂できたのは二人だけで，皆高山病で悩まされたとのこと。体格の良い彼らでさえそうなら，我々は果たして登頂できるのかな，と不安がよぎる。

　夕食後7時半頃，賑やかな声がして二人の若者が大テントに入ってきた。酸素ボンベを届けに来たのである。これはカルマ君がカトマンドゥから飛行機で持ってくるつもりだったが，許可されず，この若者の一人にボンベを持って後から追いかけて来るよう指示していたのである。

　彼は我々がカトマンドゥを飛び立った同じ日（4月29日），バスでジリまで行き，ポーターを一人応援に雇い，二人でボンベを担ぎルクラまで歩き，今日一気に峠越えしてきたのである。

　即ち，我々なら軽装で10〜11日間かかるところを，彼らは四日で来ている。信じられぬ健脚にあっけにとられるとともに，こんな依頼をする方も，受ける方も，その信頼関係が素晴らしい。これぞシェルパの本領と感心させられた。

2　BASE CAMPへ

▷5月4日　小雨とガス　モソムカルカ（3600m）〜ノウレカルカ（4000m）

　小雨の中をコーラに沿って飛ばし気味で歩く。カルマ君が前日，3時間半位かかると言っていたが，2時間少々で到着した。川と言っても，たっぷり広い幅が川に見せるだけで，傾斜は谷並みの結構な上り勾配である。

　天候が悪いせいか，カルマ君もアンダワ君も遠慮なくポンポン歩く。日頃は人柄に似ておだやかにビスターリ（ゆっくり）歩きをしてくれるカルデ君も，にこやかな表情は変わらずとも，今日の歩きは容赦なし。

　歩き易い道ならば，このくらいの傾斜と速度では自分なりのリズムを作って歩き，ついて歩くのには苦労しないと思うが，石から石への乗り歩きが多く，なかなか自分のリズムで歩けない。バランスが格段に良い彼らは普通の道と全く変わらぬリズムでスタスタ歩く。

あとでカルマ君に「ランタン*の時とえらい違いだね」と言ったら、「あの時は Ladies walk」だと笑って答えた。通常この標高では高山病を用心してゆっくり歩かせるものだが、我々がこの高さでは充分に高所順応できているし、脚力も強いとみて遠慮しないのだろう。

　＊ランタン：この登山の直前、妻や友人夫婦たちとやったトレッキング。

　ノウレカルカは既に樹林帯を脱し、広々とした草原である。夏はヤクの放牧に来るらしく、石組みの小屋（カルカ）が数カ所ある。カサール、クスム・カンが近くに聳え立つはずであるが、ガスで展望がきかず残念。

　設営の間、カルカの中で焚き火して暖をとる。煙にむせながらも童心に返る。

▷ 5月5日　薄日とガス　高所順応滞在

　カルマ、アンダワ、カルデ、ランバートの親分4人衆は、暇な時は大テントの中でトランプ勝負に興じている。この旅の最初の頃、ランバートさんがノートを持ってきたので食糧計画かポーターへの支払い帳簿かと思っていたら、トランプの勝敗帳である。

　4人とも喜怒哀楽がすぐ顔に出る方で、とても勝負師の顔ではない。どうやら連日交互に勝ったり負けたりで、ルクラに戻るまで続けても、大勝者も大敗者も出そうにない。

▷ 5月6日　快晴、夕方より小雪　ノウレカルカ（4000m）〜タグナン
　（4350m）〜 DIG カルカ（4530m）

　久し振りの快晴、カサール（6770m）の素晴らしい山容を眺めつつ歩く。

　タグナンの手前に岩屋の無人ゴンパ（寺院）あり。立ち寄って登頂成功と安全を祈願した（シェルパ諸君は厳粛な五体投地で祈る。我々は日本式祈願であるが、気持は厳粛である）。

　タグナンにはしっかりしたロッジがあり、シーズン中のみ開設でカトマンドゥとも電話できる。

　タグナンから氷河地帯へ入り、BASE CAMP への道もこれまでの北上から東進へと方向を変える。

　地図上ではこの辺からルートに沿って北側に数カ所氷河湖が記載されてい

るが，そのうち一番大きなSabai湖が4年前に決壊している。ロッジのある所から決壊した口が見え，インクーコーラには巨石が累々としている。決壊の本流の勢いと川の傾斜度の大きさで巨石も一気に下流へ押し流され，森まで削り，景観を一変させたのであろう。テレビで地球温暖化による氷河湖の決壊の恐さを見るが，現実に見てその時の凄まじさが想像できる。

　DIGカルカへ向かう途中，寄り道して，消滅したとはいえまだ一部湖水が残っている箇所のモレーン（堆積）の上に行った。前方に凄まじい様相で湖面へ落ち込んでいるアイスフォール，自分の足元から湖面に向かって中間の斜面が見えぬくらいスパーッと切れ落ちたモレーン。

　石を投げたら湖面に届くだろうとやってみたが，届かない。それを見て皆石投げに興じたが，湖面が遙か下にあるため，一見真下にあるように見えてもなかなか届かない。結局カルマ君一人，湖面に波紋を描くことができた。さすが高校時代の県投擲チャンピオンである。

　遊び歩いたせいか，空気が薄いせいか，DIGカルカ手前の緩く長い坂は少々だれて，やっと辿り着いた感じ。

　DIGカルカは実に素晴らしいキャンプ地。広々とした草原，小さな流れ，山々の景観，静けさ，どの面から見てもキャンプ地として超一級の別天地である。再訪したい所だが，ここまで来る苦しさを思えばとてもじゃない。明日の滞在日にじっくり楽しむことにする。

　夕方より小雪となった。ポーター諸君はどこぞかなり遠くまで岩屋を求めて姿を消している。本当に彼らの生活力，生命力は凄い。将来万一，地球が環境破壊し，人類が滅びる危機でも，彼らの子孫は生き残るだろうと本気で思う。

▷ 5月7日　晴れ後ガス，小雪　DIGカルカ (4530m)，高所順応滞在

　早朝のカサール (6770m) が素晴らしい。何枚もシャッターを切らされた。天を突くように聳え，凄い氷壁で覆われ，登頂不可能と見える未踏峰である。

　朝食後，北側4800mの丘陵地へシェルパ諸君とハイキングに出かけた。南側のメラピークが真っ白く青空に映えて美しい。本当に自分がその頂きに立つことができるだろうか？　と未だ現実感が伴わない。

　北側の荒涼たる景観も凄い。クーンブ（エベレスト街道）のどの地域のト

鋭峰カサール（6770m）

レッキングでも見られなかった迫力のある光景である。エベレストのようなジャイアント峰はないが，6000mクラスの山々とそれから派生する氷河が複雑に入り組み，目を圧倒する。エベレストやマカルーはPEAK41（6648m）の尾根が壁で見えず，HIGH CAMP に達するまでお預けである。

　午後は我々3人だけで，南側のメラピーク氷河のモレーンの上に出かける。ここの景観も凄い。アンナプルナBCでの光景とそっくりで，メラピークがアンナプルナ連峰を小型にしたようなものである。

　夕方，シェルパ諸君の岩登り遊びやキャンプファイヤーと，楽しい一日だった。

▷ 5月8日　晴れ　DIGカルカ（4530m）〜カーレ（4800m）

　朝，出発準備をしていたら，カーレの方からガイドと登山者の二人連れが下りてきた。二人ともニコニコして先方から挨拶してきた。真っ黒に日焼けしていて最初分からなかったが，日本人の登山者で30代後半だろうか？　昨日メラピークに登頂したと二人とも喜びにあふれていた。登山者は，頭痛には参ったが，ガイドの彼に引っ張られて登頂できたと感謝していた。「頭痛の中で登頂した」との言葉は，後日同じ経験をすることになった松尾氏の大きな支えとなったのである。

　天気は良いし，カーレまでは近いし，のんびり歩く。カーレに来ると山の展望が更に面白くなる。

　マランファ（6573m）の見事な三角形に強烈な印象を受けた。山名も聞いたことがなく，こんな端正な姿をした山があるなんて，想像もできなかった。マランファの右奥にくっつくようにアマダブラム（6856m）がまた実に見事な台形をして見え，この二つの山の組み合わせが幾何学的な美しさを演出して

いる。両山とも厳しく美しいヒマラヤ襞（ひだ）に覆われている。

　アマダブラムはエベレスト街道からは特異な山容で，ヒマラヤ・ファンなら誰でもすぐそれと分かるものだが，南東側がこんな端正な姿になるとは思いもよらなかった。

左手前マランファ，中央奥アマダブラム

　カーレにも数軒の粗末な季節バッティーがある。登山者やシェルパ，ポーターにとって，こんな所では何かとくつろげるものであり，いざという時には貴重な避難所だろう。テントは我々以外に一組あるが，登頂したようにも，するような様子にも見えない（？）。

▷ 5月9日　終日雪とガス　悪天候のためカーレ滞在

　前夜来の雪で一面銀世界，朝の積雪10cm。BASE CAMP 前進予定はあっさり諦め，シェルパ諸君は朝からテントの雪落としに忙しい。テント近くの小さな流れは凍結，キッチン・グループは遠くの大きな流れまで水汲みに，また冷たい雪での食器洗いなど，大変である。それでも彼らはいつもの如く，平然と黙々やっている。本当にごくろうさん。

　ガスで山も見えず，トイレと食事以外，終日テントの中でゴロゴロ，ウツラウツラ。親分衆はトランプにハッスル。若いポーター君たちはお気に入りのバッティーで一杯やりながら楽しんでいるのだろうか。何せ彼らにとっては思わぬ休日だから。

▷ 5月10日　晴れ後ガス　カーレ（4800m）〜 BASE CAMP（5300m）

　夜明け前5時，撮影のためテントすぐ上のモレーンに上がる。新雪をかぶったメラピークが日の出とともに黄金色に輝く。いよいよあそこを目指すのか，と緊張感を憶える。

BASE CAMP までは急な登りが続き，昨日来の積雪，高所影響で結構きつかった。BASE CAMP は広い雪原の中で，片側が山陰で風が当たりにくいというだけの何の変哲もない所である。

　ポーター諸君はここまで運び，カーレに戻る。ここで我々登山者3人，シェルパ3人，キッチングループ4人の計10人である。キッチンのランバート親分は，5000m以上では頭痛が怖いと，カーレに居残り。

　昼食後，内と外二重になったプラスチック登山靴に虎の牙の如き12本アイゼンをつけて，歩行訓練とピッケルによる滑落ストップ訓練。プラスチック靴は初めてであり，小生にとっては非常に歩きづらい。凍傷防止やアイゼン着脱のやり良さを考えれば仕方のないことだが，長時間の歩行には不安が残る。

　シェルパ諸君やキッチンの若手は元気が良い。ビニールを尻に急斜面を滑り下り，また上りを繰り返し楽しんでいる。日射しが来ると，雪の反射で灼熱地獄となる。こんな熱は初めての体験で，雪を摑んでほっぺたや額に当てて冷やす。ダウンを着込む寒さの5000mの高所でこんな現象が起きるとは想像もしていなかった。

3　登　頂

▷5月11日　晴れ後ガス　BASE CAMP (5300m) ～ HIGH CAMP (5800m)
　大きな荷物は BASE CAMP に置いて，必要最小限の荷物でＨＣ（HIGH CAMP）へ向かう。

　ＨＣへはなだらかな雪原の登り。アイゼンは装着しなかったが，慣れぬプラスチック靴で軟らかい雪を踏みしめ歩くのは大変である。わずか3時間の歩きだったが，高所の影響もあってか精魂尽き果てた想いである。

　しかし高山病症状は出ず，頭痛も全く感じず。テントは広い岩棚の上で雪もなく，風も当たらない。キッチンのカジ君がドッコ（竹の背負い籠）に雪をどっさり担いできて，大きな金盥（かなだらい）にいっぱい詰め込みバーナーで豪快に水を作る。

　夕方，ガスの合い間よりエベレスト，マカルーが姿を現す。「待望の山と対面できた」，「ついにやって来た」，「いよいよ明日は登頂するのか」との感慨

と緊張感で眺める。

　この数日間，登頂チームはなく，降雪があったので，雪面はトレースの跡一つ見えない。このHIGH CAMP も我々10人のみ。キッチングループはここまでで，頂上を目指すのは6人のみ。

HIGH CAMP へ向かう仲間たち

　アンダワ君が「明朝2時出発」と宣言。早々シュラフに潜り込む。こんな大事の前は興奮で寝付けぬものだが，案外素直に眠りに落ちた。

▷ 5月12日　晴れ　メラピーク（6654m）登頂（8：10）〜カーレ（4800m）まで下山

　午前1時起床。スタッフは早くから食事の準備や登山装備のチェックで動き回っている。

　朝食はいつものとおり，おかゆに永谷園の茶漬けとスープ。食後，アンダワ君が我々にアイゼン，ザイルなどをテキパキと装着してくれる。冬山経験のない小生にとって，足元から腰まで身に着けた物がえらく重く感じる。

　予定通り午前2時出発。アンダワ君をトップに大矢，松尾，寺田，カルデ，カルマと4〜5m位の間隔でザイルに繋ぎ，月光に輝く白雪の中へ踏み入れる。ヘッドライトは不要である。

　雪は軟らかいが，下の根雪が締まっているため10cm位しか潜らず，思ったより歩きよい。体調も良く，処女雪を踏みしめて歩く感触が何ともいえず爽快である。

　広く，緩やかな曲線でうねる白雪の斜面は月光に照らされ，夜空に真っ白く浮き上がり，また高いうねりから低いうねりへ，これ以上描きようのないほど美しい形の影を落とし，優雅で幻想的な光景を創り出しており，夢の世界を歩いているような錯覚に陥る。しかし，このやさしく穏やかな白い肌は時々，思いもよらぬところで悪魔の口を開く。トップを歩くアンダワ君はこの悪魔の誘いにのらない。

山頂にて，仲間のシェルパたちとともに

歩いている彼が突然，身を前に投げ出すように倒れ込み，横にゴロリと転がる。まるでスローモーション・ビデオを観るような動きである。するとどうだろう，その白い肌が我々を呑み込もうとポッカリ口を開ける。幅30〜50cm，長さ1.5〜2 m，深さは覗けない。クレバスである。

　狭い幅であるが，思い切り大きく飛び越える。三度こんなシーンがあったが，アンダワ君は都度うまくかわす。この山を熟知し，踏み込む足の感触から，とっさに感知し，あんな動作に結びつけるのだろう。さすがカルマ君が招いた山のプロ。日頃，陽気で調子者の彼も今日はぐっと真剣な大人の顔。

　高度を上げるにつれ，徐々に足も重くなる。あの白いうねりを越えればと辿り着けば，その向こうにまた大きなうねり。ようやく今までとは違った斜面へよじ登ると，遠くにお椀を伏せたような頂上が現れた。

　そして足元からスノーリッジ（雪稜）のシャープなラインが美しい弧を描きつつ，緩やかに上方へ延びている。スノーリッジの上縁に沿って，ピッケルを差しながら慎重に歩く。

　下を見れば，両側へ月光を浴びた真っ白な斜面がスパーッと切れ落ち，弧を描くトップのラインと組み合わさって美の極致を描き出している。怖いはずなのに，それさえ意識させない美しさであり，目の前に展開されている光景に現実感が湧かない（年月を経ても，この時の光景一つ一つが夢の中のシーンであったような想いである）。

　やがて夜も明け始め，振り返ればエベレスト，マカルーが朝日を背に浮き上がり，明るくなるにつれ厳しい山襞の陰影がはっきりしてきた。やっと頂上直下へ辿り着いた。何時間登ったのか，いつ月光から朝の光に変わってしまったのか全く憶えず，夢中であえぎ歩いた。

　ここで大休止。日は既に高い。アンダワ君が行動食としてチョコレートを配った。口に入れたが胃が受け付けず，すぐに吐き出してしまった。頭痛は

なく，気分も悪くなかった
ので心配はしなかった。疲
労が大きかったからだろう。

頂上はお椀を伏せたよう
な形で，その高さは50m位
か。真っ白な壁のような急
傾斜で，我々には攀じ登れ
そうにもない。アンダワ君
とカルマ君が駆け上がるよ
うな勢いで登った。我々3
人はその凄さにあっけにと
られて眺めていた。

彼らは上からザイルを垂
らし，ユマールをセットし，
一人一人に与えてくれた。
左手のチャックで身体を引
き上げ，右手はピッケルで
押し上げ攀じ登る。息切れ
して途中三度止まる。

上は見ず，目の前の雪の
壁と格闘しているうち，

上：左よりアマダブラム，右後ろにヌプツェ，
　　中央奥エベレスト，右手前ローツェ
下：マカルー方面

「着きましたよ！」のアンダワ君の声で頂上と知る。突然，目の前の壁がなく
なっていた。「ヤッター！」と思うと同時に仰向けに引っくり返り，フイゴの
如き呼吸で空を眺めた。頭の中は空っぽで何の意識もなかった。

次々に皆が上がってきて，互いに握手を交わすうち，涙が止まらない。皆
同じ。

登頂は8時10分，快晴。シェルパ諸君の顔も喜びにあふれている。無事に
我々を導き登らせた達成感に満ちている。彼らへの感謝は言葉に尽くしよう
もない。ようやく現実に返り，記念写真を撮り，周囲の景色に意識が回る。

頂上は8〜10m位の長円形のフラットな雪面。北方正面にエベレスト，
ローツェをはじめとするクーンブの山々，やや右方向（東側）にマカルーが

大きく聳え，それらへ至る荒涼とした氷雪の世界。

　東の遙か彼方にカンチェンジュンガ，西はランタンと無数の山々，世界の屋根が何の遮るものもなく見渡せる。あっという間に30分が過ぎた。名残惜しいが下山にかかる。"お椀"の壁は懸垂下降で雪面を蹴飛ばしながら降りる。わずかな時間だが，降り切ってしまった時は息切れしてしまった。

　下山路は登りのトレースをそのままザイルで繋いで降りる。登りの月光の世界から，下りは強烈な日射しのぎらつく世界へ変わっている。雪がゆるみアイゼンも効かなくなり，靴底はダンゴになる。スノーリッジを終えた所でアイゼンを外す。歩きにくいプラスチック靴では下りが非常に長く感じる。

　ようやくHIGH CAMPに辿り着くと，若いポーター諸君たちが上がってきていて，次々に祝福の握手を差し伸べてくれた。ここでまた涙があふれ出る。彼らは下から豆粒ほどの我々を見守ってくれていたのである。

　軽く昼食して，カーレまで下ることにした。

　我々と入れ替わりに韓国の登山チームがHIGH CAMPに向かって登ってきている。大分疲れているようで，長くバラツキ，足取りも重く見える。

　途中のBASE CAMPではすでにテントも荷物もポーターにより撤去され，下へ運び去られていた。疲れた体には下りといえどカーレまで本当に長く感じる。

　雪道から岩道へ移ったところで，ランバートさんが大きなポットに熱いTeaを入れ迎えに来てくれた。やさしい人である。差し入れを有難く喉に通し，ひとふんばり頑張ってカーレに戻って来た。

　今日一日の夢のような一齣一齣のシーンを想い起こしつつ，人生最良の日だったことを互いに繰り返し語り合った。また，天候不順な今シーズンにあって，最高の天候にめぐまれて登頂できた幸運を感謝した。

　先日，カトマンドゥから担いで届けてくれた酸素ボンベは，結局使わずじまいだったが，保険みたいなもので使わぬにこしたことはない。

4　帰　路

▷ 5 月13日　晴れ　カーレ（4800m）〜 DIG カルカ（4530m）〜タグナン（4350m）

もう上がってくる登山者はいない。昨日まで数軒のバッティーが閉めて引き揚げていたが，今日も一軒店じまい。女主人と仲良くなったポーター君はその手伝いにも忙しい。そのお礼か，彼はタグナンでロキシーを飲んでご機嫌。テント地はタグナンの少し先，途中，往路で登頂祈願した岩屋のゴンパへ立ち寄り，お礼のお参りをした。

　シェルパ諸君やポーター君たちは役目を果たした解放感を押さえられぬようで，夕食が一段落して，一杯やりに夜道をタグナンのロッジへと出かけた。

▷ 5月14日　晴れ，夕方より雨　タグナン (4350m) 〜ノウレカルカ (4000m) 〜モソムカルカ (3600m)

　"ロキシー坊や"と渾名したちびっ子と道連れとなる。本人は11歳と言うが，どう見ても8〜9歳としか見えない。口達者なしっかり者で，バカにされないようサバをよんでいるのかも？

　彼はドッコに20リッターのロキシーを担いで，我々が往路ノウレカルカに設営している時，カーレを目指して行った。ロキシーを売るためである。ルクラより更に遠い村から，こんなちびっ子が重い荷を背負って，何日もかけての一人旅である。

　帰路たまたま一緒になり，ロキシーのポリタン容器は空だが，別の重い物をドッコに入れている。店じまいして降りる女性の荷物を加勢してバイトしているのだろう。彼女も一緒に降りている。

　このロキシー坊やの歩きが素晴らしい。カルマ君，坊や，小生の順で歩いていたが，彼の小さな身体はドッコにすっぽり隠れ，どこかの登山者にもらったらしいピッケル片手にヒタヒタと歩く。ストライドが小生の半分位なので，その足さばきの目まぐるしいこと。歩きにくい河原の石道も大きな荷を背負って実にバランス良く歩く。

　ところが，荷が岩かどに当たると転ぶ。しかしすぐゴムマリのように跳ね起き，助けを借りようとしない。小さいながらも山の子としてのプライドが我々の手を借りることを許さないらしい。

　しかし，カルマ君からだけは甘えか，尊敬か，遠慮なく手を借りている。

　帰路のノウレカルカはサクラソウが咲き乱れ，カサールをバックにしばらく写真タイムにして，モソムカルカへ下った。

▷ 5月15日　雨　モソムカルカ滞在

前夜半より雷雨ひどし。ルクラまでの2泊3日予定を1泊2日で歩くことにして停滞。ここの森の中に素晴らしい山菜がある。クレソンと同類かと思うが、大きく、風味も味も歯応えも申し分ない。雨の合い間にキッチンボーイのカジ君がたくさん採ってきた。夕食の山菜ダルバートはとびきり旨かった。

午後、韓国チームが下山してきて近くのバッティーに泊まった。カルマ君が聞いてきたところによると、彼ら8人中登頂できたのは5人、しかも夕方になったそうである。おそらく夜が明け、明るくなって出発したため、灼熱地獄にあえいだのであろう。彼らは女性一人を含むが、30代前半と見える若いチームである。

我々は改めて全員登頂できたことを喜ぶ。スタッフの強力さ、チームワークの素晴らしさの結果であるし、我々ロートルのパワーも捨てたものではない。

▷ 5月16日　曇り時々雨　モソムカルカ (3600m) ～ トゥリカルカ (4200m)

天候は芳しくないが出ざるを得ない。ポーター諸君も雨に濡れたテントは重かろう。

インクーコーラを高巻きした森の中を登下降し、河原へ出て3400mまで下り、ルクラへの峠越えに向かう。前半は登下降を繰り返し、後半は急登。実質標高差1500m位か。4000m前後の高所でこれだけ歩けるとは高所順応の効果であり、往路、頭痛に悩まされた松尾氏はこんなに違うものかと感心しきり。

往路設営した谷川で昼食、雨を避けて岩屋でとる。道中のシャクナゲが凄い。往路はつぼみだったが今は六分咲き。紫、白もあるが赤が断然多く、山にびっしり。雨でカメラが出せないのが残念。ネパール中をガイドして回ったカルマ君も、こんな凄いシャクナゲの森は初めて見たと驚いている。

トゥリカルカにバッティーが1軒あり、テントのポーター到着を待つ間、中に入って暖をとる。アンダワ君が一杯やれと熱燗のドブロク（ロキシー）をすすめてきた。度数が低いようで甘酒に似た感覚で飲みやすい。高山病予防には禁酒だが、もうこれだけ順応していれば心配なかろうと、カップ1杯を

飲み上げた。酒に強い寺田・松尾両氏はルクラまで我慢と自重。酒に弱い小生は1杯で顔がポッポ，真っ赤になっているはずだが，真っ黒に日焼けした顔には変化は出ず。

▷ 5月17日　曇り時々雨　トゥリカルカ (4200m) ～峠 (4700m) ～ルクラ (2840m)

今日は距離も長いので，ポーターはいつもより早く次々に出発する。歩き出してすぐ急坂となるが，高所に慣れきった身体には楽に感じる。この二日間の雨は峠付近は雪で，積雪も往路より多い。

下りのポーターが大丈夫かと心配になる。ポーターは2グループの種族の混成で言語も違い，旅の初めは我々との間はもちろん彼ら同士の間でも互いに硬さがあったが，苦楽を共に重ねるにつれ，すっかり打ち解け合っている。強いポーター，弱いポーター様々だが，賃金は各人同じ。当然，旅のスタート時はシェルパ，キッチンの親分衆が各人均等の重さに分配している。

しかし各々のポーター・グループにリーダー格がいて，荷を分け合い弱いポーターをカバーしてやっている。タマン族のリーダーは無口で，一見愛想は悪いが，優しくて強い。彼は一番重い荷物を担ぎ，いつも早く到着する。この日，彼は早く峠に着いて仲間を待っていたが，我々が休憩している間に，戻り下って弱い小父さんポーターの荷を担いで登って来た。

峠からルクラ側への下りは急で雪もある。ポーターの安全のため，カルマ君とカルデ君がピッケルでしっかりしたステップを刻みつつ下りる。この間約300m。

森林地帯に入ると，こちらのシャクナゲも凄い。昨日の森がほとんど赤だったのに対し，こちらは白，紫，ピンク，黄色と多彩。草花も多く咲いている。こんなに素晴らしい森だけに，下方の濫伐は取り返しのつかないことをしたものだと一層残念である。

ルクラ近くになった所で，細い，葉の柔らかそうな竹が道の両側に続いている。熊の好物だそうである。以前，中国のパンダ保護区で見たパンダに与えていた竹と同じである。

丁度竹の子の時期で，カルマ君とアンダワ君が竹藪へ飛び込んだ。カルデ君と我々は，道の脇の分を歩きながら採ることにした。道の脇は人がよく

採っているので小生の目にはなかなか止まらない。カルデ君は流石に目が早い。たちまち手に一杯となった。こうなれば小生は皆の分の収集役になろうと、ザックからビニール袋を取り出し受け取り歩いた。あっという間に袋が満杯となった。

　追いかけてきたカルマ君たちも大収穫，彼らは雨着にどっさり包んでいた。「今夜のお別れ会は竹の子料理が出るぞ！」とルンルン気分でルクラにゴール。

　約3週間の山旅は終わった。貴重な体験と最高の喜びを得た素晴らしい旅だった。スタッフ一同への感謝の気持ちで一杯である。「神々の座」，それは眺めるだけで充分満足してきたし，今後もそれを拝む旅は続けるつもりでいる。「神々の座」は彼らの山であり，山の子である彼らの導きで我々もその座の一つに立つことができた。山の好きな者にとってこれほどの幸せはない。
　苦しい道中も，いつも明るく，苦労をいとわず面倒をみてくれた彼ら。いつかまた一緒に山旅をしたい。

（2001年5月末，記）

夜明けのランタンⅡ

ランタン谷トレッキング

(2001.4.13-24)

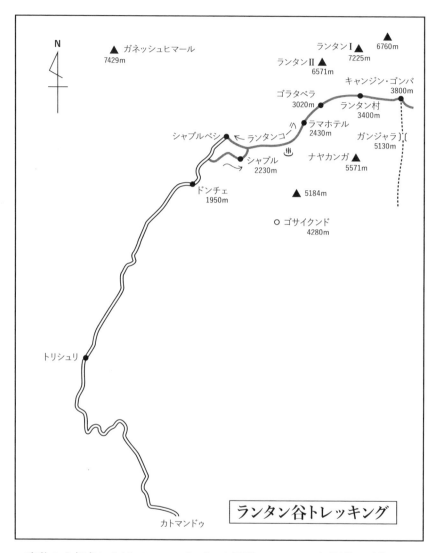

N

▲ ガネッシュヒマール
7429m

ランタンⅠ ▲
7225m

▲ 6760m

ランタンⅡ ▲
6571m

キャンジン・ゴンパ
3800m

ゴラタベラ
3020m

ランタン村
3400m

ラマホテル
2430m

シャブルベシ

ランタンコ

ガンジャラ
5130m

シャブル
2230m

ナヤカンガ ▲
5571m

ドンチェ
1950m

▲ 5184m

○ ゴサイクンド
4280m

トリシュリ

ランタン谷トレッキング

カトマンドゥ

　昨秋から初冬にかけてのアンナプルナ周遊，エベレスト街道の長期トレッキングですっかりヒマラヤにはまり込み，メラピークの登山予定まで決めて帰国するほど夢中になったヒマラヤの素晴らしさを，家内や友人たちに味わってもらおうと誘い合わせ，気の合った仲間総勢10人のメンバーとなった。

　小生と寺田君はこのトレッキングに引き続きメラピーク登山となるので，高所順応のウォーミングアップも兼ねることになる。

以下，仲間同士の和気あいあいとしたヒマラヤの旅日記である。

▷ 4月13日　晴れ，午後一時小雨　カトマンドゥ～（専用バス）～ドンチェ

　朝7時，ホテルのホールに荷物を出して勢揃い。サーダーのカルマ君以下，シェルパ諸君も勢揃い。old ラクパさん，young ラクパ君，ジャンブー君には昨秋に引き続き世話になる。専用バスまで10分，シェルパ諸君が荷物を運んでくれる。

　7時半，バス出発。カトマンドゥ郊外から西へバスはどんどん高度を上げ，美しい棚田が展開する。やがてカカニの丘へ，ここからのランタンやマナスル，アンナプルナの展望を楽しみにしていたが，それは昔の話？　排気ガスに汚染された近年は見れることが少なく，まして今は春霞。

　くねくねした車道を下り，また上って，この路線では一番大きな町トリシュリに到着。ここの店先のテーブルで持参のサンドウィッチ弁当で昼食。

　午後の出発時，雨が少し降り始める。シェルパ諸君は屋根の荷物を中へ入れ，自分たちは屋根上へと乗る心遣い。

　路線バスはどれも中は身動き一つできないすし詰め，屋根上も満杯。法的には禁止だが，実状は黙認。そのため関所毎に，手前で屋根上の客を一旦降ろし，関所を通過後，再度上に乗せる。よくガイドブックで「路線バスを利用してポカラへ行く」と書いてあるが，我々にはやれそうにもない。ましてトレッキングの荷物を持って乗ることはとうてい無理。トリシュリからドンチェへの長い道のりは未舗装で悪路の連続である。雨期は四輪駆動でないととうてい駄目で，ランクルでも苦労するだろう。

　ひどい所では路線バスは乗客を降ろし歩かせて通過する。数年前まではバスはトリシュリまでで，トレッカーは歩いてドンチェまで行っていたそうだから贅沢は言えない。

　17時過ぎ，ドンチェ着。カトマンドゥから9時間以上かかっている。森田さんの万歩計が歩いてもいないのに9500歩を記録。悪路のほどが窺えよう。

　小生はすっかりくたびれ，夕食の食欲もなし。家内はじめ女性陣はそれでもよく食べること。山の中でもこんなに元気であれば良いが……。

▷ 4月14日　晴れ　午後一時小雨　ドンチェ (1950m) 〜シャブル (2230m)

　8時，ホテル前の道路に集合。我々，シェルパ互いに紹介。人数が多いので一度では憶えられない。彼らに憶えられ易いよう，夫婦は一緒に並べて紹介。

　young ラクパ君が日本語で「新年おめでとうございます！」と挨拶してきた。彼は昨秋2カ月半一緒に歩いたとはいえ，日本語はほとんどできなかったので再会の喜びをこのように表現したのかと勘違いした。あとで今日からネパールの新年だと聞き，とんだ失礼！

　ドンチェで雇ったポーター含めて総勢23名の大部隊。スタートして間もなく4人連れの子供たちと道連れとなる。12歳位と見える女の子を頭に10歳前後の子ばかりで，ドンチェに泊まりがけで買い物に来て，15kg 以上背負って遠い村へ帰っている。

　感心な子供たちと別れ，我々は車道から素晴らしい森の中へ。シャクナゲは標高2000m前後のこの辺ではほとんど終わり，チラホラ咲き残るのみ。

　途中見晴らしの良いバッチィーで昼食休憩。シャブルに近くなるとリンゴ畑の白い花が美しい。シャブルのロッジは思っていた以上に上等で，ここからガネッシュヒマールの眺めが素晴らしい。

▷ 4月15日　晴れ　夕刻小雨　シャブル (2230m) 〜ラマホテル (2430m)

　皆，早朝からガネッシュヒマールや村の光景の撮影や散策に忙しい。

　出発から急坂をどんどん下る。ガイドブックにはランタンコーラの出合いまで350m 位下るとあったが，小生の高度計では600m 下がった。ラマホテルまで800m 登らなければならないことになる。"ああ勿体ない"の心境。

　下る途中，ネパールモンキーが数匹，木の上にたむろしている。大型で風格があり，銀色がかった毛並みが朝の逆光に映えて一段と美しい。早速カメラを向けたが，300mm レンズはポーターの荷物に預けているため，手持ちの短い玉ではどうにもならず，ズボラを反省。

　ランタンコーラに沿って高巻きしつつどんどん登る。途中，川原にヒマラヤでは珍しい温泉があり，この少し上のバッチィーで昼食。ここは水量が多く，巨岩がゴロゴロ。数年前の洪水で数軒のロッジが流されたそうで，周辺の地形も変わってしまったとのこと。下の温泉がガイドブックにも書いてな

かったことから，ひょっとして，この洪水で現れたのかも？

　ラマホテルまではまだまだ長い登りが続く。家内は卓球のおかげでそこそこの体力，馬力はあるものの，短距離タイプ。山歩きのゆっくりしたテンポが下手である。急坂をかなり早いペースで登っていく。こんなペースがどこまで続くやらと思っていると，突然脚がおかしくなったと急ブレーキ。昼の休憩で脚が冷えたのに，すぐハイペースで歩き出したため筋肉が収縮を起こしたのである。

　止まってしまっては冷えて，かえって引きつりがおきてしまうので，ゆっくり筋肉がほぐれるように歩かねばならない。ここで歩き方のコーチとなる。前を歩いてみせたり，後ろから「1，2，1，2」と号令をかけてテンポを合わさせたり，ようやくラマホテルに辿り着いた。「ラマホテル」とは地名で，林間の落ち着いた所で，数軒のしっかりしたロッジがある。

▷ 4月16日　晴れのち曇り　ラマホテル (2430m) ～ゴラタベラ (3020m)

　昨夜から今朝にかけて腹のゆるんだ人が数人いるようである。夕食時，小生に右へならえでサラダを注文した人たちで，野菜を洗った水が原因と思われる。

　外国人は生水を飲まないことが鉄則であり，昨年のトレッキングで連れの人たちはサラダは野菜につく水が怖いからとサラダを食べなかった。そんなに神経質にならずともと，小生はメニューにサラダのある所では必ず注文，ばかすか食べてもどうもなかったので，皆の注文も気にしていなかったのである。

　どうやら小生の腹が異常なようである。ロッジによっては水洗いだけの所，一旦湯を通した所とあり，以後これを確認して注文するようになった。

　ゴラタベラまでは半日行程。風情のある森の道をのんびり歩く。途中休憩したバッチィーの土産物品テーブル上にあった仏具で，銅製の直径6 cm位で釣鐘状のものをシェルパ君たちが手に取り，スリコギ棒みたいなもので下縁をグルグルなぞると，チィーンと共鳴した連続音がだんだん大きくなる。家内が早速まねてやりだし，少し音が出るようになると嬉しくてたまらず，とうとう買ってしまう。小生が仏様になった時はそれでよろしくやってくれと冷やかす。

ゴラタベラに来るとシャクナゲが美しい。赤，白，ピンクが山をバックに庭園風に配置されたり，森の中や川辺を彩っている。近藤さんはスケッチブックを抱えて出かけ，小生らはカメラを持ってうろつき回る。

シェルパ諸君とは今までの道中で皆互いに打ちとけ合っているが，余裕の出た今日は特に楽しい交流。近藤さんが音頭をとって「さくら，さくら……」をシェルパ諸君に歌って聞かせる。シェルパ諸君がネパールのポピュラー・ソングを歌いだすと，彼女はすぐリズムを憶え，二度めは歌に合わせ踊りだす。その踊りの手の動き，足の動きが小生が何度も見てきたネパールダンスの動きと全く同じなのに驚いてしまった。彼女は一度も見たことないのに歌の調子で感じとってしまったのか？

ピアノ・リサイタルもやる彼女だが，知り合ってから水彩画のすばらしさに魅せられてきただけに，一体，絵と音楽とどちらが本業で勉強してこられたのかと聞いたところ，音楽だとのこと。

シェルパ諸君は勉強家が多い。将来カルマ君のようなすばらしいガイドを目指すべく英語，日本語の勉強は特に熱心で，ロッジでは本と手帳をもって，色々と質問してくる。家内も息子より若い彼らが可愛くてたまらず，喜々として付き合っている。本はネパール語，英語，日本語の単語を横並びに書いてあり，その中に「恐妻家」という単語があるのにびっくり。それは小生やカルマ君のことだと言ったら大笑い。ついでにこの反対は亭主関白で，それは森田さんだと言って，また笑い。

ロッジ裏にヤクの子が繋がれており，やっと歩きだしたばかりの男の子と3，4歳位の男の子2人でヤクの子にイタズラしているのが実に可愛らしく何枚も写真を撮らされた。ヤクの子も適当に応戦，小さな坊やを押し倒す。すると坊やはハイハイして，またヤクの子に向かっていく。山の子はこうして逞しく育っていくのかと，日本の過保護に育てられている現状にひ弱さを痛感。

▷ 4月17日　晴れ　ゴラタベラ（3020m）～ランタン村（3400m）

今回のトレッキングは，ランタン谷をじっくり楽しむべく，日程は通常のトレッキングの2倍の余裕をとっている。即ちガイドブックに対し，1日当たりの歩く距離が半分か，同じ場所の滞在日数（良い所）を2倍にしている。

ぼつぼつ高山病も心配の標高になり，今日も３時間位のビスターリ歩きである。ランタンコーラ沿いに樹木，シャクナゲが美しい。のどかな高原をゆるやかに登っていく。昼，ランタン村に着く。ここが最奥の定住村である。

　シャブルの集落を出てから，途中ロッジがあったとはいえ，ずっと森の中の登山路みたいなところを歩き続けている時は，とてもこの先に村があるとは思えなかった。アンナプルナ方面のマナンやムクチナートもエベレスト方面のディンボチェやターメも最奥の定住村は標高こそ3500〜3800ｍであるが，そこまでいくつもの集落が短い区間でつながり，道も比較的広く，ロバ，ヤクが物の運搬に使われており，またチベット側からヒマラヤを越えての交易路が古くから通じ，今も使われている。

　ところがランタン村は下の集落から遠く孤立し，細い山道のため動物による運搬もなく，すべて人が背負って運ぶ。しかもチベット側から越えてくるルートもなく，まさにどん詰まりの村である。それだけに昔からの生活もより多く残り，女性の民族衣装がヒマラヤの村へ来たという実感を増してくれる。

　高所順応のため，明日もここに連泊するので，午後から洗濯する人，散歩に出かける人，自由時間をのんびり過ごす。

　寺田夫妻，畑さん，小生夫婦はキャンジンゴンパ方面への丘陵へ出かける。石造りの民家が密集した村を通り抜け，丘陵へ登ると500ｍ位続くメンダン（マニ石の行列）がある。経文や仏像を彫り込んだ石が無数に嵌め込められ，延々と続いている。信心深い村人はお経唱えながら右手でこれに触りながら歩く。

　メンダンはヒマラヤのどこの村でも見られる光景であるが，ここのは特に長い。何百年築かれてきたのだろうか，と想いをはせる。普通，村の中央付近の道に多く見られるが，このランタンでは村外れで奥にガンチェンポ（6387ｍ）が美しく聳える所にある。霊をこの美しい所に安らがせる気持ちでこの場所にしたのか？　色々想像が膨らむ。

▷４月18日　小雨　ランタン高所順応滞在

　滞在日を計ったように終日小雨。我々ロートル・チームには丁度良い休養日。

慣れぬ食事に腹の調子がもうひとつの方もおられるようだが，高山病初期症状の顔のムクミが出ている人はなく，ぼつぼつこんがり日焼けした顔が目立つ。

　日本人が10人もいると，医療のできる人がいるだろうと，「カゼがなおらない」，「ノドが痛い」，「ウデをけがした」とかで村人やドンチェのポーターがやって来た。居るのです！　ベテランナース森田夫人が。

　彼女はてきぱき消毒したり，薬を取り出して，カルマ君通訳に使用法を指示したり……。我々まで立派なことをしているような気分。

▷ 4 月19日　晴れ　ランタン村 (3400m) ～キャンジン・ゴンパ (3800m)

　雨上がりの快晴の中，一昨日行った長いメンダンを通って，草原をゆるやかに登って行く。路傍には小さな桜草や黄色の草花がチラホラ目立つ。花好きの近藤さんや畑さんはカメラを手にこれぞミチクサ，足が進まぬようである。

　キャンジン・ゴンパに着くと，山々の眺めがそれはそれは素晴らしい。三方を白雪の山々に囲まれ，それも非常に近い所から迫ってくる。しかもこの時期積雪が多く，4700m 辺りから積もっている。

　キャンジン・ゴンパは定住の村ではなく，10軒位の立派なロッジがかたまっている。我々のロッジ「ヤラピーク」は山を眺めるに一番良い位置にある。

　昼食後，全員シェルパ諸君と裏のゴンパから上の方へ散策。谷を隔てたナヤカンガが一段と美しい。4020m まで登り引き返す。それでも皆4000m を越えたと喜ぶ。下りてきて，ロッジ裏のチーズ工場（といっても農家の納屋みたいなもの）へ行きヨーグルトに蜂蜜を入れたものを食べさせてもらう。ウーンと溜め息の出る美味しさだった。忘れられぬ味で，後日ここを去る時もう一度いただいた。

　ロッジの食堂にヨーロッパの旅行会社の人が持って来たという「客船クリスタルハーモニー」のポスターが貼ってあり，全員三菱長船 OB の男性陣は懐かしく喜び，シェルパ諸君に，この客船は我々も建造に貢献したのだと説明。

　天気が良かったので，シェルパ諸君が寝袋を干してくれていた。ふかふか

した心地よさに彼らの温かい心遣いに感謝。家内は例の仏具をティィーンと共鳴させる練習。大分良い音を出せるようになった。

ランタンコーラ

▷ 4月20日　晴れ午後一時小雨　キャンジン滞在，ランシサカルカ方面へハイキング

朝から快晴の中，全員揃って奥地へ日帰りハイキングへ出発。広くなったランタンコーラを見下ろしながら，ゆるやかに上下する草原を進む。花の天国となる夏にもう一度来てみたいという想いにかられる。

休憩時間にシェルパ君たちは大きな石で砲丸投げ競争を始めた。肩が抜けるのではとハラハラするフォームで強引に投げる。最後はカルマ君が一段大きい石をドーンと一番遠くへ投げてケリ。さすが元高校チャンピオン。

この奥地にはロッジはないが，夏の放牧に利用する石組み小屋のカルカは点在する。オールド・ラクパさんやヤング・ラクパ君が弁当と大きなポットに熱いティーを入れて追いついてきた。川原に下りて昼食。春リンドウ，桜草が咲き白雪の山々が見渡せる快適な所。昼食後，ランシサカルカまで行きたい組と高所影響で体調面から自重して引き返す組に分かれることにした。小生ら進む組もガンチェンポからの氷河がランタンコーラへ合流する地点で，空模様が怪しくなり，急ぎ足で引き返した。近藤さん，畑さん，家内はきつかったろう。

▷ 4月21日　晴れ　キャンジン・ゴンパ滞在　キャンジン・リ（仮名称4630m）ハイキング

当初予定していたツェルゴ・リ（5033m）は雪も深そうだし，登れそうにもない。ロッジのすぐ上にある峰に登ることを前夜決定。早朝5時，全員出発。

途中，寺田夫人の調子悪く寺田夫妻は下山。ものすごい急坂を登って4300

キャンジン・ゴンパ

mのピークに着く。ランタン氷河やキムシュン氷河のアイスフォールが荒々しく目に入る。山の展望も下で見るより一段と迫力がある。

シェルパ諸君も入って記念写真。ラクパさんたちが持ってきてくれたクッキーやティーで軽く腹入れ。一休憩いれたところで，カルマ君がもう一つ向うに見えるピークに登ろうと皆を引っ張る。草尾根の斜面で，今までほどの急坂ではないが，この標高になると呼吸もきつくなる。後半は皆苦しそうで，森田さん夫妻は10m毎に立ち止まりまたゆるゆる歩きだし，執念で辿り着かれた感じである。

石黒さんの高度計で4630m。それを聞いて歓声があがる。この標高まで登ってこれた喜びにあふれている。展望も先のピークより更に素晴らしい。

平部さんが手帳に見える山々をびっしりと見事なスケッチ，カルマ君に聞きながら山名を記入。平部さんのメモ帳はカトマンドゥ以来2冊目も終に近い。実に細かくいろんなことがビッシリと記入されている。皆「帰国したらそのコピーをください」と頼りにしてほとんどメモをとっていない。

（後日，パソコンで整理されたメモが各人宅へ送られてきた。一気に読ませていただき，うなってしまった。とにかくすごい。いろんなことへの知識欲と消化力，観察力，整理，盛り沢山の内容に驚嘆。素晴らしいものをいただいた。）

たっぷり展望を楽しみ，下山は往路の尾根を通らず，ツェルゴリ側の谷へ迂回するコースで下った。

下山して軽い朝食。皆，今日の山に大満足。あれだけの立派な山，生涯思い出になる山だけに山名をつけようとなり，「キャンジン・リ」とした。キャンジンはここの地名，リはネパール語の峰，山の意である。

▷ 4月22日　晴れ　午後小雪　キャンジン滞在，終日自由行動

早朝5時，ランタンⅡの夜明けを撮影しようと外に出たら，キャンジン・リの方へ二つのライトがチラチラ登っていく。昨日，夫人の体調不良のため

連れて途中下山した寺田君とカルマ君である。さすがに昨日のメンバーより快調なテンポで登っている。

　本日の自由行動は，昨日の登山に充分満足しているので，あまり無理せず休養主体。朝食後，平部・森田・石黒の3氏はジャンブー君，ヘム君のガイドでランタン氷河の方へ出かけて行った。小生は家内を連れてランタンコーラの川原へ下りていくことにした。

　川原まで広い草原を横切って行く。今は，桜草がチラホラ咲いているのみだが，エーデルワイスやいろんな花の冬枯れ立ちがたくさんあり，夏の美しさはさぞかしだろうと想わせる。あとからキャンジン・リから下山した寺田君が奥さんを連れてきた。彼はブルーポピーの種を見つけているが，ここにはない。

　ロッジに戻り日向ぼっこをしていると，氷河探勝のグループが下りて来た。ヘム君がサングラスをかけ颯爽と先頭に立っている。普段よりぐっと大人びているので，一瞬，あのガイドは誰だろうと思ったほどである。彼は昨日の登山で4300mのピークまでクッキーやティーを運んでくれたメンバーで，キャンジン・リまで行きたかったが，ポットやカップを持って下山するようカルマ親分から指示されたため行けなかったのである。

　それで氷河探勝には志願してガイド役を仰せつかったという次第である。彼は17歳のまだ可愛らしい少年で，非常に語学熱心，ロッジではいつもノートを持って質問してくる。ポーター役としてスタートしたばかりであるが，将来はガイドになろうと意欲満々である。氷河グループは氷柱にも触ったし，すごい雪崩も見たと興奮の報告。

　寺田夫人の高山病症状が思わしくない。本人気分はどうもないと言われるが顔のむくみが大きく，腹もむくんでいるとのことなので，カルマ君と相談し，暮れかかった時間ではあるが，ランタン村まで即下りてもらうことにした。寺田君，サブサーダーのチョワン君，ポーター一人が一緒に下りる。

　夕食後，平部さん，石黒さん，シェルパ君たちがマッチ棒遊びをしていると，外人さんがゲームを挑戦してきた。英語でのルール説明が理解できるのは平部さんだけ，当然彼が勝負を受けることになり，最初1回は理解不十分で負けたものの，次からは何度やっても平部さんの勝ち。頭脳勝負で平部さんに勝つのは無理なこと。なごやかな国際親善だった。

▷ 4月23日　晴れ　キャンジン・ゴンパ～ラマホテル

　いよいよ帰途に着く日。5時に外へ出てみると，ランタンリルンの夜明け
が昨日までのより一段と素晴らしい。日の出とともに白雪が黄金色に輝く。

　4泊して思い出尽きないキャンジン・ゴンパをあとにする。ランタンの
ロッジで休憩。寺田夫人より「体調が良くなったのでご心配なく，先にラマ
ホテルに向かう」との置き手紙があり。ゴラタベラで昼食。シャクナゲの開
花は往路より一層進み，色とりどりの満開で，撮りまくる。ラマホテルで寺
田夫人が元気に出迎え。

▷ 4月24日　晴れ　ラマホテル～シャブルベシ

　往路苦労した登りも，楽しかった思い出を詰めてルンルン気分で下る。新
緑が進んだ森は気持ちが良い。スタートのドンチェは登り返しがあるので
シャブルベシへ下る。本当に素晴らしく，楽しい旅だった。

　いろんな見聞，ふれあいを通じて家内は人生観，価値観まで大きく変わっ
てしまったほどである。カルマ君以下，シェルパ諸君の温かい心遣いとチー
ムワークのおかげである。感謝，感謝。

名峰シニオルク（6888m）

シッキムヒマラヤの旅

(2002.4.21-5.26)

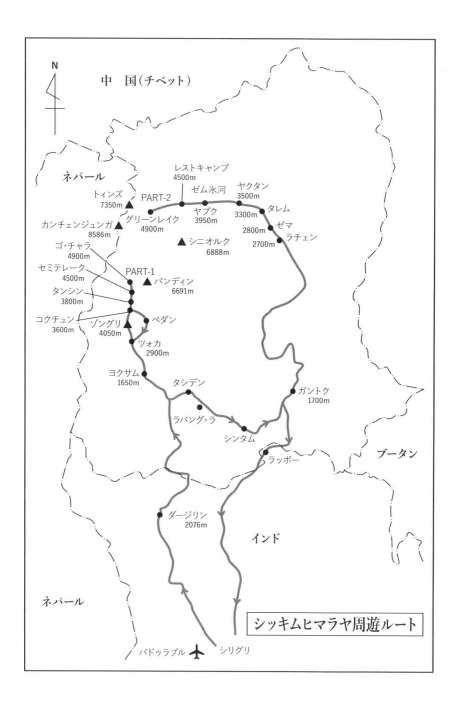

N

中　国（チベット）

ネパール

トィンズ
7350m

カンチェンジュンガ
8586m

グリーンレイク
4900m

PART-2

レストキャンプ
4500m

ゼム氷河

ヤブク
3950m

ヤクタン
3500m

タレム
3300m

ゼマ
2800m

ラチェン
2700m

シニオルク
6888m

ゴ・チャラ
4900m

セミテレーク
4500m

タンシン
3800m

コクチュン
3600m

ゾングリ
4050m

PART-1

パンディン
6691m

ペダン

ツォカ
2900m

ヨクサム
1650m

タシデン

ラバング・ラ

シンタム

ガントク
1700m

ラッポー

ブータン

ダージリン
2076m

インド

シッキムヒマラヤ周遊ルート

ネパール

パドゥラブル　　シリグリ

●この旅の目的, 興味

1) ヒマラヤ山脈東部の巨峰カンチェンジュンガ（8586m, 世界第 3 位）を, 次の二つのコースをトレッキングしてその偉容を仰ぐ。

　PART-1：West Sikkim の Dzonguri, Goechala コース

　　最も一般的なカンチェンコース, シッキムのトレッキングのメッカ。

　PART-2：North Sikkim の Green lake コース

　　従来, 外国人入域禁止区域, 今回の主目的地でアドベンチャー的魅力のある所。

2) 旧シッキム王国（1975年インドに併合）としての興味, 人種的興味……日本人に非常に似ている人が多い。シェルパ族が多くネパール語が一般的。

3) シッキムはヒマラヤでも屈指の花の宝庫であり, このためトレッキング時期をモンスーン直前に設定した。

●概略日程

2002/ 4 /21　日本出発〜カトマンドゥ

4 /23　ネパール航空でバドゥラプルへ, ジープで国境を越えてダージリンへ

4 /25　ダージリンから PART−1 の登山口ヨクサムへジープで移動

4 /26〜5 / 6　PART−1　Dzonguri 〜 Goechara コースのトレッキング

5 / 7　ヨクサム〜ガントク, ジープ移動

5 /10　ガントク〜PART−2 の登山口ラチェンへジープで移動

5 /11〜5 /19　PART−2　Green lake コースのトレッキング

5 /20　ガントクへ戻る

5 /22　ガントク〜バドゥラプル〜カトマンドゥ

5 /23〜25　カトマンドゥ滞在　5 /26　帰国

●事前の学習, 検討資料

　下記本, 日本に何冊ありや？　保有していたことが不思議。

・ガイドブック『SIKKIM』：大矢 Kathmandu で入手, Green lake 入域緩和見込みを知り計画。

・『NATIONAL GEOGRAPHIK』1963年 5 月号「特集記事 Sikkim」：平部氏

が所有していた。40年前の辺境情勢，王室，宗教など。50代主婦・畑さんの翻訳奮闘に脱帽。
・『Round Kanchenjunga』の抄訳：昭和初期発行の山岳書に100年以上前，英国人 Freshfield の旅記録の中に Green lake ルートの記載あり。この本は学生時代に入手して保管していた古本だがまさか今回コースのイメージに役立つとは！

1　ネパールからシッキムへ

▷ 4月22日　トレッキング準備のためカトマンドゥ滞在

　この日はネパールの大安吉日。ヒンズー広場みたいな所で何組も結婚式が行われていた。我々も，サーダーのカルマ君知人であるヒンズー教の結婚式へ参加。昼間は結婚式，夕方よりパーティー。何れも肩のこらないフランクなやり方で，外国人である我々もスムーズに参列できた。それほどこの国の人々の心がやさしく，善人の集まりであり，心豊かさを感じた楽しい一日であった。

▷ 4月23日　カトマンドゥ～ダージリン

　この時期ネパールは，王政に反対する Maoist（毛沢東主義者）の反乱で市内の要所，空港は武装兵士で固められていた。Maoist もツーリストには危害を加えないとのことだが，空港はカトマンドゥ，東部のバドゥラプルとも厳戒態勢で我々も少しばかり緊張。カメラを向ける勇気はない。
　バドゥラプルからジープ3台分乗で田舎道を走る。インドとの国境まで銃を構えた兵士を乗せたジープが我々を先導し，我々3台の後方も護衛車が走る。
　我々のジープの運転者は陽気な男で，武装先導車を指しながら「You are super Vip!」と冷やかす。鎌田夫人がカッコ良く銃を構えた先導車と珍しい景色に「映画のヒロインになったみたい！」と感激。何せ鎌田夫妻は結婚40周年記念旅行であり，初めての海外旅行でもある。
　後で聞いた話では，ダージリンから来たこの運転手がバドゥラプルの警察に「日本から VIP が来る」と吹き込んだらしく，それなら護衛をつけようと

なったらしい。

それを聞いて平部氏，「早く言ってくれてれば良かったのに！　そうと知らない我々はあまりにも普通に振る舞いすぎ，甚だ国威を下げた」と。

ともあれ，国境近くの大きなハイウェイまで送ってくれた護送車と手を振って別れた。

国境の手続きはネパール側・インド側それぞれの国で行うが，全てカルマ君がやってくれるので，我々はサインの呼び出しがあるまで近くで写真でも撮りつつ待機。ネパール人，インド人，シッキム人は何の手続きもなく自由に往来。

上：折り返し点の展望所
下：霧雨のダージリン

シリグリからダージリンへと登りにかかる。道路と狭軌の鉄道が平行になったり，クロスしたり，絡み合いつつ登る。鉄道は Toy Train として有名な "The Darjeeling Himalaya Railway"──1881年開業，1999年世界遺産指定。

この鉄道が何とも言えぬ旅愁をそそる。勾配の急な所にさしかかると，Rail は道と別れ森の中へ入って行く。しばらく走った所で森の中から現れて，道路とクロスしてくる。道路と Rail がクロスする所に遮断機のような不粋な物はない。互いに汽笛警笛で合図し合うのみ。Toy Train で森の中に入るのはお伽の国へ入る気分だろう。

道路と Rail が何度もクロスしつつ森から2000m 近い丘陵に出ると，所々集落もあり，道路端には品物を広げた商店も並ぶ。小さな Rail は店の軒をかすめるように続く。踏切も柵もないが，危ないという気持ちは全然おきない。これまたお伽の世界へ来たような楽しい気持ちになる。

学校帰りの子供たちをいっぱい乗せた Toy Train が汽笛を鳴らして下ってくると，童心に返り手を振り合ってすれ違う。

旅愁たっぷりの終着駅ダージリンは標高2076m，これまでの光景と一変し山の中の大都会である。

我々のホテルはかつて英国人の邸宅だったが，彼が帰国する時，世話になったチベット人に譲り，今は小さなホテルとして利用されている。各部屋はクラシックな造りで寝室と居間があり，暖炉まで付いている。こんな落ち着いた部屋に泊まるのは小生初めてだが，平部さんも「昨年スイスで泊まった五つ星ホテルよりこちらが格上」と唸る。往時の英国人の豊かさが偲ばれる。

▷ 4月24日　ダージリン

長年夢見てきたタイガーヒルからの夜明けのカンチェンジュンガ展望は，霧のため中止。

＊今回のシッキム計画のきっかけとなった山岳紀行の名著，フレッシュフィールドの『カンチェンジュンガ岳麓一周』は，彼が1899年にこのタイガーヒルからの大パノラマを展望して，その威厳にうたれたのがきっかけとある。小生若い時にこの書を読み，今回の旅より20年前，バングラディッシュへ出張の折，休日を利して何とかタイガーヒルへ立てないかとチャンスを窺っていたが，願いを達せず無念の思いだった。——当時これほどヒマラヤへ踏み込めるとは夢にも思わず。

今回の旅はそういう夢の世界からもっと深く，現実にその山麓へ突っ込む旅だから，タイガーヒルは未練もなくあきらめ，霧雨のダージリン観光を楽しんだ。特にトイトレーン乗車は楽しかった。

ダージリンはまさに山上の大都会である。大きなビルもあり，車も行き交っている。英国人が住んでいた頃のダージリンは素晴らしくシックだったことだろう。今はインド人の観光客であふれて，街もごみごみしており，大きな建物，施設は100年以上の歳月に大した手入れもされず傷み放し。英国人が残した財産をインド人が食いつぶしている感じ。Toy Train でお伽の国との落差がひどすぎる。

ダージリン〜シッキムの道，茶摘み風景

　ダージリンでの楽しみの一つだった茶畑散策も，霧雨のためあきらめ，山岳博物館へ行くとエベレスト初登頂者ヒラリーとテンジンのその時着用した装備が展示してあった。こんな重い装備でやったのかとビックリ！　1950年代，当時の英国の国威を賭けたエベレスト登頂だったので，自国が築いたヒマラヤの都市ダージリンへ納めたのだろう。

　中学時代，新聞の遠征記をワクワクしながら読んでいただけに，思わぬ懐かしさと半世紀経ってその現物を見れたことは，思いもよらなかっただけに忘れられぬ日となった。

▷ 4 /25　ダージリンから西シッキムのヨクサムへ：紅茶園と加工工場に興奮

　ダージリンから北側斜面に展開する紅茶畑と森の中を巡るようにジープで下って行く。丁度茶摘みのシーズンで，茶畑でドッコを背負った女性グループの光景には興奮してシャッターを切りまくった。

　シッキム州近くまで下った所に大きな紅茶加工場があった。昼食タイムであり，工場内をじっくり見学させてもらった。その設備の立派さに驚かされた。

　工場内あちこちに紅茶の加工工程に応じて配置された大型加工機の構造の素晴らしさ，100年位前に設置されたのであろうが，英国人が去ったあとも立派に稼働しており，自分が造船屋として船体建造合理化設備の開発，設置を人一倍取り組んできただけに，ここの機械を見てこういうアイデア，設計ができる者が今の時代に居るだろうか，と思ったほどである。しかもこんな辺鄙な山地にこれだけの機械を運搬，組み立てた英国技術者の能力に Toy Train と共にかつての大英帝国の強さを見た（現在の英国の印象とあまりにも違う）。

　下りきった所の大きな渓谷（Rangit river）に出て，これからシッキム領と

なる。大河から支流に沿って緩やかな上りで北上，登山口の村ヨクサムの小さなホテルに入る。

2　PART-1 〈West Sikkim〉
Dzongri～Goechala トレッキング (4.26-5.5)

●構成
　トレッカー7人，サポートスタッフ10人＊，ヤク6頭，馬4頭
　＊ネパールより総監督　Mr・カルマ，キッチン指導　Mr・ランバト
　　シッキムのサーダー　Mr・トプテン，ガイド Mr・チリン（ダージリン
　　在住のシェルパ）

▷ 4 /26　ヨクサム (1650m)〜ペレクツ (2220m)
　シッキムは「蘭の国」と予習で頭に入れてはいたものの，標高2000m前後の森の木々に白，黄色の蘭の花が見事に着生，まさか野生のものをあちこちで見れるとは思っていなかったので大感激。
　福岡の地元で蘭園芸の会長をしている鎌田さんは，これを見ただけでもシッキムへ来た甲斐があったと大喜び。最奥の村ツォカへの登りは生活用村道ではあるが，我々ロートル・チーム（若い横山さんは番外）にはちょっと厳しいので，途中の谷の上でテント泊。
　野営といっても小屋掛けの炊飯設備はあり。ヨクサムで仕入れた生きたニワトリが初日の料理。

▷ 4 /27　最奥の村ツォカ (2900m)
　ツォカへは昼に到着。ここはシッキムスタッフのサーダーであるトプテンさんの出身の村で12戸。シッキムのトレッキング・メッカであるだけにロッジもあり，我々もロッジ泊でゆっくり休養。
　ロッジのすぐ上にトプテンさんの姉さんが住んでおり，夕食時に「トンバ」という地酒をご馳走になり，大いに盛り上がった。トンバは，発酵させた稗を大きな竹筒に入れ，お湯を注いで，細い竹をストローにして吸い飲むのである。そう強くはなく，旨くて飲みやすい。つい調子に乗って3回程お湯を注ぎ足すとすっかり酩酊してしまう。往路はこれからの体調，高山病を用心

してぐっと控えた。

　（後日の帰路では解放感で調子に乗って飲み過ぎてしまい，腹の調子まで2，3日おかしくなってしまった）。こういうこともあり，九州の山奥，椎葉村の民謡「稗つき節」の時代，このトンバと同じ地酒は作っていなかっただろうかと想いを馳せた。

●トンバについて

　ヒマラヤ全域を旅してこのトンバにありついたのは，このシッキムヒマラヤと隣のカンチェンジュンガだけである。エベレスト街道を含む以西のヒマラヤでは，稗栽培する所でもトンバにありつくことはなかった。カンチェンジュンガ周辺の東部ヒマラヤ限定の地酒である。

　　小生の珍説：このトンバは東に流れ，沖縄の「泡盛」や宮崎，鹿児島の「芋焼酎」のベースになった。理由は南九州の焼酎は本来サツマイモが原料であり（麦や蕎麦はずっと後年になる），南九州以外の日本に焼酎の産地は聞かない。ところがサツマイモは，江戸時代に青木某により日本へ入れられたと歴史で習った。当然，日本広域に入れられたはずだから，芋焼酎は宮崎，鹿児島以外日本酒のようにもっと広域で造られたはずである。

　　　ところが南九州にはそれ以前にトンバがあり，稗に代わり原料が大量に入るサツマイモとなったと考える。

　東ヒマラヤの山村で稗突き光景を見ると，"椎葉でもトンバを"と連想する。
　夕食はトンバで盛り上がり，トレッキングのことよりシッキム全体についてトプテンさんを中心に話を聞いたり，論議をした。以下この時の内容について記する。

1）シッキムの民族について
　ブチア族……シッキムの原住民
　レプチャ族……日本人に近い。ナットウが好き
　シェルパ族……ヒマラヤの山岳民族でチベット系
　＊シッキムは熱心なチベット仏教の世界であり，ネパールのシェルパ族MR・カルマが現地の人と何不自由なく話せるのは，シッキム全体としてはシェルパ族が多いのか。

２）王家はどうなったか？
　　＊シッキムはかつて王国であり，年代は憶えていないが，アメリカの女学生
　　　がシッキムを旅した折，王様に見初められ後妻として迎えられた，と新聞
　　　の海外話題に載っていたのを憶えている（米女優グレース・ケリーがモナ
　　　コの王妃になったと大きく報じられたより数カ月後である）。その後シッ
　　　キムは，南洋へのルートを作りたい中国と，それを阻止したいインド（ネー
　　　ル首相時代）のせめぎ合いの狭間で，結局インドの州として併合された。
　　　こういうことで，旅の前から"神秘の国シッキム"そのものに興味を持っ
　　　ていたのである。

──インド併合と共に王家の人は平民となった。土地などを広く持っている
ので，彼らの子孫は平民であるが，生活には困らない。
──インド併合のゴタゴタで，併合後１年位で王様は亡くなられた。
──王様の後妻アメリカ人王妃は，併合１年前に子供２人（男，女）を連れ
てアメリカへ帰った。その後，娘はシッキムへ戻りポリスの高官と結婚した。
　以上の話を聞き，小生らアメリカ人王妃の行動に大いに不満。畑さん，「許
せない！」と。もし彼女が王様を心からサポートしていれば，あるいはシッ
キム出身の女性であれば，インドに併合されても王家としての扱いは残って
いたはずである。
　インドに併合されてもシッキムの象徴としての王家は残されたはずであり，
そうあって欲しかった。……ネパールにおけるムスタン州の如く王家は残っ
ている。
３）トプテンさんに，王家が残っていたが良かったか，と質問した。
　　──彼は「インドに併合されたから経済的にも，昔のままのシッキムより
良くなった。王家が残っていた方が良いかどうかは，人により考えはマチマ
チ。シッキムはインド州でも特別の扱いをされている」と。
　小さな山村出身で素朴なトプテンさんであるが，ツアートレッキングの
サーダーとして都会人や外人と接しているので冷静な見方。
　日本での象徴天皇を当然に受け止めている小生らにとって，州全体仏教色
強いシッキムに王家への想いが少ないのは以外だった。それだけ併合による
経済効果が大きいということか。

▷ 4 /28　ツォカ（2900m）～ゾングリ峠（4050m）

　ツォカからゾングリへ一気に高度をかせぐ。高山病症状もボツボツ出だすところなので，ビスターリ歩きである。ビスターリと言えど，きつく長い登りだった。この高所での標高差1100m は，低地の2000m 位に相当するだろう。シャクナゲの森は凄いが，まだ開花前。

　高所影響か，前日のトンバの影響もあってか，腹壊し，微熱などで体調を壊した人もいた。なんとか3時前に広い高原状のゾングリ峠へ辿り着いた。

　ゾングリ峠は本来見晴らしが良いはずではあるが，到着頃より小雪となり，設営終わる頃より雪と風が激しくなってきた。ダイニングテントは支柱が弱く，皆で風圧を支え合う。

　小生はこの程度の風雪のキャンプは何度か経験しているので大して気にもならなかったが，皆初めての高所キャンプでいきなり風雪に遭遇したので相当不安な一夜となったことだろう。

　まして夜中にトイレに出て，積雪の中，トイレ・テントがあったとおぼしき所に来て見れば，テントは吹き飛ばされていたのでなおのこと。

▷ 4 /29　ゾングリ滞在

　一夜明け風雪はおさまったが，一面の雪原（積雪10cm）。天候曇りで眺望はなし。Chaurinkang へのハイキングはとりやめて，おとなしく高所順応滞在とした。

　高山病症状が出始め，元気のない顔が多かったが，とにかく大テントでワイワイ楽しく過ごすことや周辺散歩をやっていたら，夕刻全員の顔色が非常によくなった。

　昨日の強風雪来，三度の食事も手抜きせずやってくれるキッチン・グループの働きに多謝。彼らは陽気にやっているが，こんなコンディションでやるのは大変なことである。

▷ 4 /30　ゾングリ（4050m）～コクチュン（3600m）

　まだ高山病症状が脱せず朝から食の入らない人もいるが，コクチュンへ雪の道を上下しながら緩やかに下って行く。周りの斜面一帯，シャクナゲの木々がビッシリだが，この時期末だ開花していない。

ゴチャ・ラのカンチェンジュンガ（8586m）

ただここの木々は
ちょっと傷みがひどく
見えた。開花時期に果
たして花のジュウタン
が展開されるだろう
か？

コクチュンは大きな
沢が流れ、パンディン
（6691m）が奥に聳える
別天地。ここにシッキ
ム観光局が建てた立派な木造小屋があった。昼前到着であるが、日程に余裕
あるのでここで泊まることにした。全員、高山病症状から解放されて川原で
くつろぐ。

ロッジでは体力回復の平部さんのフルート、近藤さんの唱「はるかなる友」
に拍手喝采。

▷5／1　コクチュン（3600m）〜タンシン（3800m）

川沿いにゆるやかに登ると広い草原タンシンへ。すぐ横の丘に登ればカン
チェンジュンガが見えるはずだが、終日ガスで登る意欲わかず。

▷5／2　タンシン（3800m）〜セミテレーク（4500m）

この日は小生63歳の誕生日、ゴールを前にした最後のテントで皆さんに
祝っていただいた。トプテンさんのリードで「ハッピー・バースデー」の唱
和、そして一緒に記念写真。こんな素晴らしい仲間に祝福され、カンチェン
が間近に拝めるヒマラヤ山中で誕生祝いしてもらえるなんて、感無量だった。

▷5／3　セミテレーク（4500m）〜ゴチャ・ラ（4900m）往復〜タンシン（3800m）

早朝7：10、最後の到達点ゴチャ・ラに立つ。カンチェンジュンガ、カブ
ルー、パンデムとぐるり360度、迫力の氷壁、氷河。この光景を見るための1
週間のきつい旅、わずか30分少々で下山にかかり、タンシンまで下りる。

＊山旅は道中をいかに楽しく，充実させるかが大切。

　トレッキングスタート時の顔合わせで無愛想に感じたトプテンさん，慣れるにつれて純朴な人柄がにじみ出てくる。夕食後に彼が話してくれるシッキムの民話，地名の由来は含蓄があり，皆興味深々で聴き入った。もちろんカルマ君の通訳である。

例１．ゴチャ・ラ：ゴチャとは鍵，ラは峠の意味

　昔，チベットの高僧がここを越えてシッキムへ入ろうとした時，山の神に止められ，色々お願いお祈りして，１カ月後にようやく許されたという故事に基づく。

例２．ヨクサム：ヨクはラマ（僧），サムは３人

　南，西，東から３人のラマが集まってシッキムの国をまとめる相談をした所が現在の地名。ヨクサムに史跡あり。

　シッキムの旅は，野はなくて山を越え山を越えである。各山麓毎にいろいろな民族が住んでいただろうから，ヨクサムの会談が納得いく。

▷5／4　タンシン～コクチュン～ペダン～ツォカ

　コクチュンから先ゾングリへ登り返さず，山腹を巻いて直接ツォカへ。全員ゴチャ・ラの関門を突破した喜びと，人里に戻れば豪勢なチキン料理でトンバが一段といける。

　すっかり調子に乗り，やりすぎてしまった。翌朝（5／5）隣室の畑さんが平部さんに，小生のいびきが凄かったですねと。ところが同テント，同室の平部さん，「慣れてしまっているから知らなかった。或いは自分のものだったかも知れぬ」と，やさしい心づかい。

▷5／5　ツォカ～ヨクサム

　ヨクサムまでの長い下り，昼食タイムやランの撮影などでゆっくりペースとはいえ８時間かかった。村の人たちは買物に下りるとしても大変だと思い，トプテンさんに聞いたら，現地の人は４時間位とのこと。カルマ君に「あなたの村もこんな山奥か」と尋ねたら，まだこの２倍はあると聞いてびっくり。我々から見れば大変なことだが，彼らにとって何でもないこと。

　大きな観光地のないシッキムにとって，このゾングリルートは州にとって

重要な収入源。州の長官が視察に来るとかで，今回の全コース登山路，山小屋の整備が進められていた。

　都合で視察は今回中止となったが，日本で言えば知事クラスの政治家がこんなきついルートを自ら歩いて視察しようと計画するだけでも大したものである。

　無事，ヨクサム（1650m）にゴール。夜はスタッフへのお礼パーティーで飲んだ！　食った！　チキン旨かった！

　今回の山旅で食べたチキンは本日で10羽とのこと。山へは生きたまま連れていったので，いつも新鮮な鶏肉だった。

▷ 5 / 6　ヨクサム滞在（ガントクへのジープ都合つかなかったため）

　ヨクサム会談の史跡を見たり，周辺散歩でのんびり過ごす。小さな山村であるが，会談の史跡に見られる如く仏教色濃く，寺院の黄金色の反り返った屋根の造りは印象的。

▷ 5 / 7　ヨクサム（1650m）～タシデン～ラバング・ラ（峠2100m）～シンタム（低地）～ガントク（1650m）

　シッキムは野はなくて山越え山越えの旅である。山岳道路であるがしっかりした車道である。

　耕地はこの時期"棚田千丈トウモロコシ畑"である。

　シンタムは低地の宿場町風商店街で，人種は色々。ここからガントクへの道はスケールは違うが，椎葉の山里を走っている感じ。ブーゲンビリアと山フジがきれい。

　やっと待望のガントクへ着いた時の印象。ガントクもインド人であふれ，神秘の国のイメージが壊れた。40年前の『ナショナル・ジオグラフィック』での光景，今や無し。

▷ 5 / 8　ガントク滞在

・シッキム入域許可の更新。グリーンレイク方向入域許可は軍事基地のため現地民族も必要とのことでガイド，キチングループまで写真が必要。

・5 / 8夕　シッキム旅行社の社長チェリン氏（今回のグリーンレイク入域は

彼がインド政府と交渉して実現）招待の夕食会（シンガポールのヤングたちと
合同。チェリン夫人がシンガポール出身の関係で，社のメインの客はシンガポー
ル）を楽しむ。久し振りに都会のワインとメシが旨かった。

トンバ特急止まらぬのに，またまたワインで号沈に陳謝。

▷ 5／9　ガントク滞在。市内見物，トレッキング準備（長靴購入）。

・王宮は閉鎖立ち入り禁止。王家を廃止しているのに何故？

・チベッタンミュージアム見学。絵画，書物などチベット文化の宝庫。分
　からぬながらも展示品，陳列品に厳粛さを感じる素晴らしさだった。

・Enchey Monastary　教室でのラマの卵たちの勉強振り，先輩が後輩を
　指導する光景が面白かった。活発，活気がある。

・Runtek Monastary　シッキムNo.1の大きな寺院だけに見物したかった
　が，途中道路壊れのため引き返し。

　終日ガントクを見て，神秘のイメージはこわれたけれど，だんだんシッ
　キムの良さが出てきた。以下その実例，感想。

・初めインド人の顔が目立ちすぎたが，日が経つにつれ日本人に近いブ
　ティア，レプチャの顔が目立ってきた。特に女性の顔に特徴あり，オ
　シャカ様の顔。

・生活に溶け込んだ仏教，人の気持ちがおだやかさと，安らぎを覚える所。
　タクシーで移動中たまたま質素な葬儀の歩きを目にした時，ドライバー
　は一旦停止して合掌。全然無関係の人にも自然とこの態度は忘れられな
　い。

・街にはラマ衣装の若者が多い。州にはなったが，仏教王国には変わりな
　し。

・物価がめちゃ安い。例：床屋へ行くと25Rs（ルピー）＝70円，我々外人に
　は高く取ると思ったのに。

以上，住めば住むほど良くなるシッキムの味である。

＊ダージリンが英国人が造った山上都市に対し，ガントクはシッキム住民が
　築き上げた山上都市だと実感。同じインドの州であるが，ダージリンは観
　光で賑わっているがインド人に食いつぶされていく感じなのに，奥地のガ

ントクはインドに吸収され経済効果で良い方に向かっていると感じるし，これからの観光増加でもっと良くなるだろう。この差は住民の意識のパワーの差からか？　ダージリンは英国にリードされることで繁栄し，それに頼り住民の自主性が弱くなったのか？　一方シッキムは，外界から孤立し仏教国としての良さが維持されてきた上に，原住民代表である州長官の政治姿勢が立派だからだろう。

＊ガントクの書店で購入したシッキムのトレッキング・ガイドに，次の目的地グリーンレイクの記載について，ルート途中の森の湿原通過には「長靴有効」の記載あり。トレッキングに長靴とは聞いたこともなかったが，一応の準備として半信半疑ながら全員長靴を購入，まさか後日，本当に役立つとは！

3　PART- 2　〈North Sikkim〉 Green Lake トレッキング（5.10-5.19）

このシッキム旅の最大の目的地「グリーンレイク平原」は，カンチェンジュンガ東側の長大かつ広大なゼム氷河と三方を山に挟まれた標高約 4900m の平原である。

ところが，北シッキムのこの地域はチベット（中国）との国境に近く，軍事的対策から外国人の入域が禁じられていたため，トレッキングの空白地帯となっていた。

シッキムについての詳しい本は日本では見たことないが，2001年春たまたまカトマンドゥの本屋で『Sikkim』（Sujoy Das 著，2000年 9 月刊行）を購入。その中で「グリーンレイクについて間もなく入域が緩和されるだろう」と述べてあり，トレッキング・ルートについても簡単に紹介されていた。一方，小生は，学生時代偶然に手に入れていた昭和初期の山岳書に100年以上前の英国人登山家 Freshfield の『Round Kanchenjunga』の抄訳が載っており，特にこのグリーンレイクで苦戦した記載が印象に残っていて，それから100年後の光景はどうなっているかと大いに興味をそそられた。

それで小生なりに検討・計画し，トレッキング会社のディレクターであり山岳ガイドである友人カルマ君に相談した。幸い彼はシッキムの旅行社の有能なツェリン氏と懇意であり，ツェリン社長が手を尽くし，インド政府と掛

けあって特別入域許可をとってくれ，入山が実現した。

　この許可は入域3カ月前までにデリーで手続きを要するため，インド・ビザ（6カ月有効）を早めに取り，そのコピーをカルマ〜ツェリン氏に送りデリーに飛んでもらった。

　ツェリン氏によると，我々がトレッカーとしてこの山域に入る初めての日本人だそうである。勿論この期間，我々以外外国人1パーティーも入山していなかった。

　経営者でもあり，ヒマラヤのプロであるカルマ，ツェリン両氏共このルートは初めてであり，将来の新企画として役立てようと，自ら陣頭指揮をしてくれた。カルマ氏はサーダーとしてスタッフ・グループの統括，ツェリン氏はポーター・グループの陣頭指揮，ポーター約20人は彼が近郊の村から掻き集めるのである。

　シッキムのメイン・トレッキング・コースであるゾングリ，ゴチャ・ラ方面はヤク，ゾッキョがポーターであり，要所にはロッジもあるが，このグリーンレイク・コースはヤクも入れず，宿泊設備一切無し。ポーターもネパールのように組織だった訓練は受けていない（そういう仕事がほとんどなかった。ただし山での野宿生活能力は充分ある）。

　そういうことで我々トレッカー7人に対し，スタッフ＆ポーター約30人。合計40人近い大部隊となったのである（ゾングリではスタッフ10人，ヤク6頭，馬4頭だった）。

　いずれにしても日本では考えられない大名旅行であるが，それでも費用は日本の国内旅行よりずっと安いのである。

　＊自分の誕生以前の山岳本，カトマンドゥで目にした『Sikkm』本，偶然のこととはいえこの2冊に出合っていなかったら，この旅の計画は思いも付かなかっただろう。グリーンレイクは遙かな昔の紀行文の世界のままであっただろう。夢にも思わなかった世界へ入るのが不思議な感がする。

▷ 5 /10　ガントク（1700m）〜ラチェン（2700m）

　ガントクからテースタ川沿いに曲がりくねり，アップ・ダウンを繰り返しつつ北上して行く。約120km の距離であるが，7時間位かかった。山また山を越えてのドライブですごい悪路もあり，ジープでないと走れない。

ラチェンに近づくにつれ，テースタ川の渓谷美が素晴らしい。深々とした原生林がすごい高さでV字型をなしてテースタ川に迫っている。丁度新緑の美しい時期であったが，落葉樹も多いので秋もさぞかしと思われる。

ラチェンはアーミー基地であり，最北でありながら今まで通過して来た村々より大きく，また風情のある村である。ロッジ，店も多く，これから観光地として発展しそうだ。我々日本人に対する感情も非常に良く，散歩の途中で会った老人から「We are all Mongorean」と握手を求められた。

上：タレム渓谷の高巻き　下：雪渓歩き

▷ 5 /11　ラチェン～ゼマ（2800m）～トレッキング開始～タレム（3300m）

ラチェンからすぐ北側村外れのゼマの渓谷入口までジープで送ってもらうと，いきなり厳しい渓谷歩き。谷のトラバース徒渉，雪渓歩き，ガレ場の高巻きと，トレッキングというより登山の世界。

しかし新緑と雪渓の渓谷美，美しい森の中と興奮の歩きで，きつさは感ぜず。群落ではないが，各種花木，草花が美しい。特にシャクナゲは赤，ピンク，黄，白，オレンジ，紫と珍品が多い。テント地タレムは森，草地，岩，流れと揃った別天地。

地名の Talem は Training の意で，ここはアーミーの訓練地だそうである。そういう意味では未開放だったこのグリーンレイク・ルートは一般のトレッキング・ルートと異なりアーミー訓練ルートだったのかも知れぬ。

キャンプ準備ができた頃，ツェリン社長自ら大きなザックを担いで，ポーター一行を引き連れ到着。ポーター20人のところが14人しか集まらず，初日から苦戦。

それにしても都会住まいで普段ネクタイ，背広で旅行者を案内しており，少々腹も出かかった人がこんなことができるとは！　彼はシェルパ族で，この地方の出身者なので民族としてのDNA，少年時代の生活が，こういう思いもよらぬ事態になっても当たり前のように対処されるとは大したものである。

　ここは解放されたとはいえ，ほとんどトレッキングが来ないのでポーター・システムが未完なのである。夕刻，散歩していると，ブチア族の若い3人組が岩屋で飯焚き中，森の中のあちこちから炊飯の煙が上がり，ポーター諸君の分散野宿が分かる。

▷ 5 /12　タレム（3300m）〜ヤクタン（3500m）

　沢沿いを高巻きした森を歩く。約3時間の短い歩きであるが，太古の森，湿原，草原が繰り返し展開。多種多様に咲くシャクナゲと草花，バックの雪山，とにかく素晴らしい手つかずの自然。

　湿地が多いことを予測し，ここではガントクで全員購入した長靴着用歩きが大正解。それでも周囲を色とりどりのシャクナゲに囲まれた直径20m位の浅い沼地で，長靴でも用心しながら先頭を歩いていた小生，周囲の美しさに気をとられた瞬間，あっという間に片足を膝までズブリ！　長靴をはいたままでは足を上げられず，長靴から脱いで足を引き上げ，長靴は手で抜き上げた。

　それを見て小生のすぐ後を歩いていた鎌田夫人が，後を振り返り「お父さん，用心しなさいよ！」と叫んだ途端，自分が両膝までズブリ！　自力で抜き上がれず，カルマ君たちに引き揚げてもらうというハプニング。

　その後は全員慎重に用心して無事沼地を横断。

　森や斜面の草地にはヤブニンニクやキロラーという山菜の自生が多く，キッチン・スタッフは道中，摘み集め，夕食には美味しい山菜料理を作ってくれた。

　ヤクタンは谷の流れのすぐ横に壊れかかった山小屋あり，そこに宿泊。

5 /13　ヤクタン（3500m）〜ヤブク（3950m）

　沢沿いに進む。森，湿原，草原が繰り返し展開し，森の切れ間からは山々

ヤブクの光景

の展望が開ける。標高を増すにつれ、シャクナゲや草花の種類も少しずつ変化してくるのがよく分かる。

標高3600m辺りで森を抜け出た所で、後方から鎌田夫人の素っ頓狂な声に、何事かと振り向けば、ブルーポピー！　まさかこの時期、こんな所に咲いているとは思わなかっただけに感激もひとしお。

群生ではないが歩くにつれ、あっちにもこっちにも、皆カメラに夢中。

あちこちで足並みを乱されながら、緩やかに登って来て、ヤブク近くで一気に急坂となり森林限界を抜け出す。息もたえだえにこの急坂を登り切った次の瞬間、皆、眼下のヤブクの光景に息を呑む！　広くゆるやかな傾斜地に黄色のシャクナゲの海と背景の雪山の取り合わせの美しさ、こんな世界があろうとは夢想だにしなかった。

シャクナゲの海の中に日本庭園のような美しい湿原もあり、また黄色のシャクナゲの反対の斜面には紫色のシャクナゲが群生していた。ここはまさにシャングリラ（天国）である。

そこで小生の提案。この花、自然をテーマに俳句なり、川柳なり、短歌なり、各人夕食後発表と。

皆さん、何とか言いながらも自分の心境に応じた立派な句を詠まれた。以下、その中より（各位様、著作権借用御容赦願う）。

　　　亡き友に青いケシよと語りかけ　　（鎌田美佐子）
　　　　＊前年に親友の急逝あり
　　　合掌し心にしみる青いケシ　　（同上）

　　　空青く輝く花に導かれ妻と手を取り初めてのシッキム　　（鎌田邦彦）
　　　トレッカーの足並み乱すヒマラヤの花　　（同上）

肌を寄せ暖をとり合うヒマラヤの旅　　（同上）

　　登り来てあえかな青に会いそめし　　　（平部）
　　急坂を登って着いたシャングリラ　　　（同上）
　　人知らぬ森の姿をあまた見つ　　　　　（同上）
　　杜甫にでも出合いそうな森の道　　　　（同上）
　　シッキムの山菜持って帰りたい　　　　（同上）

　　押し花で持って帰りたいシッキムの花　（大矢）
　　奥山に色彩り競うシャクナゲの花　　　（同上）
　　青いケシヒマラヤの空映し咲く　　　　（同上）
　　天を突く槍より立派な無名峰　　　　　（同上）

　　大濁流リンと見下ろす花青き　　　　　（畑）
　　青いケシ激流の音でも心地よし　　　　（同上）
　　空の青岩間の花にしみこみし　　　　　（同上）
　　我　も　忘　れ　な　ス　ミ　レ　草　　（同上）

　　寝ころんでレモンジュースの花の海　　（横山）
　　シャクナゲの絨毯を敷く雪の城　　　　（同上）
　　風　に　咲　く　天　国　の　花　青　い　ケ　シ　（同上）
　　カラフル　ラリグラス　パフェ　オブ　シッキム　　　（同上）

　畑さんのビシッと決めた句，若い横山さんの思いも寄らぬ奔放な表現に拍
手喝采。小生，平部さん，「我々のはどうも形にとらわれすぎるなあ」と反省。
その横山さん，「句ができず，頭をかかえていたら，カルマ君が加勢しようか
と心配そうに言ってくれた」と，いくら日本語上手でも，これは無理なこと。
　以上，傑作とか駄作とか云々ではなく，ここまで歩いた自然の素晴らしさ
を単純明快に表現されていると思う。

▷ 5 /14　ヤブク (3950m) ～レストキャンプ (4500m)

　ヤブクのシャングリラから一転して，ゼム氷河横のゴロゴロ石の上を上へ上へとひたすら登る。登り切ると，きれいな流れのある草原と石の平地，ソナーキャンプ (4270m) に出る。

　ソナーキャンプより灌木の草原帯を緩やかに登る。仙境を行く気分である。すると広い砂の海に出る。こんな山中で異様な光景である。また灌木の広い草原帯を緩やかに登り続ける。夏はさぞやと思わせる光景である。

　レストキャンプは岩石と灌木の広大な所。ここはシニオルク (6886m) のベースキャンプと言われ，対岸にシニオルクが裾野から頂上まで優雅な山容で聳える。

　近くのモレーンに登ってみると，長大なゼム氷河に圧倒される。源流も下流も遥か視界の彼方であり，幅も 1 km 以上ありそうで，ここからシニオルクに取りつくとなるとどうやってこの氷河を渡るのだろう？　と。　氷河は高さ数十メートルはありそうなガレ山の集合体で，所々氷の断面がのぞき，とてもこの上は歩けそうにない。

　シニオルクはシッキムのシンボル的存在で，国民 (州民) は遥かに遠くその姿を拝むしかできないのに，我々外国人が真近に神秘の姿を目にするとは……。

▷ 5 /15　レストキャンプ (4500m) ～グリーンレイク (4900m)

　レストキャンプの夜明けは素晴らしい。名峰シニオルクの端正な姿が朝日に輝く時は溜め息が出るほどである。シニオルクに先んじて遥か西方，カンチェンジュンガが全面オレンジ色に染まる。

　さすが8000m 峰は朝日が早いと感じるが，あまりにもズングリ，ノッペリしたオレンジのカンチェンである。その点シニオルクは，姿の美しさと山襞の繊細な陰影が素晴らしい。

　グリーンレイクへは，ゼム氷河の低いモレーンに仕切られた広い草地と石の河原の平原を，ほとんどを登りと感じないくらい緩やかに登っていく。北側の山の斜面をブルーシープ (野生山羊) が15頭位の群れをなして移動している。枯れ草の色に近いので，かなり大きいのだが，視力の良いシェルパ君たちに教えてもらうまではなかなか気付かない。昨夕以来何組も見たが，いず

グリーンレイクのカンチェンジュンガ（8585m）と
右にトィンズ（7350m）

れも10頭以上の群れで
ある。

　景観を楽しみつつ，
のんびり歩きで今回の
旅の目的地，夢の世界
だったグリーンレイク
へ着く。

　そこは三方山に囲ま
れゼム氷河に接した大
平原。「グリーンレイ
ク」と何でこういう地名がついたのか？　かつて氷河湖があって消滅したの
か？　現在は浅い池だったらしき痕跡の小さな，水の無い窪地が平原の奥に
あるのみ。

　テント地には川も谷もなく，本来水に困る場所ではあるが，今回好都合な
ことに，北側の山からの雪解け水が小さな流れとなって下りてきたのに助け
られた。

　奥に大きな大きなカンチェンジュンガ（8585m，世界3位）が真っ白に聳え，
氷河の対岸とこちらの草原側に6000mクラスの山々が並行して走る。ゼム
氷河の迫力にも圧倒される。

　広々した草原でのんびりと，こんな大景観を楽しめるとは！

▷5/16　半日グリーンレイク周辺散策〜昼食後帰路〜レストキャンプへ

　ポーター諸君は前日このグリーンレイクへ着くと，彼らは野宿しやすいソ
ナーキャンプ（4270m）まで戻っていた。彼らが再度登って来るので昼まで，
我々は周辺の好きな場所へ遊びに出掛ける。小生は撮影ポイントを求めて下
をウロウロしていたが，元気の良い皆さんは何としても5000mを越える地を
踏みたいとの欲求強く，頑張って5200mのガレ山まで登って行った。

　昨日までは晴天の中を歩いて来たが，モンスーン近くなった本日あたりか
ら雲りがちで一時小雨もあり。気温も上がってきたので雪解けと小雨でレス
トキャンプへの帰路は川原が増水，徒渉に手間どる。

▷ 5 /17　レストキャンプ〜ヤブク

　曇りと霧雨の中の約３時間の歩き。往路に水のなかった広い河原のあちこちに強い流れがあり，徒渉ポイント，通路選択にシェルパのガイドが有難い。

　4300m辺りの草原は薬草（冬虫夏草？）が多いのか，シェルパ諸君が時々土砂の中よりこれは良い薬になると採りながら教えてくれるが，こちらは天候と流れで，それを楽しむ余裕はなし。

　水のため往路と復路の感覚が全く違う。ヤブクへ戻りホッと落ち着く。草花の開花も一層進み，桜草の開花が印象的だった。

▷ 5 /18（雨）ヤブク〜ヤクタン〜タレム

　ヤブクから急坂を下ると，懐かしのブルーポピーに再会。あちこち開花も進み，雨に濡れて一層の風情，良い写真も撮らせてもらった。しかし楽しむ余裕のあるのはここまで。

　雨の中の急ぎ歩き，ヤクタンでの昼食して一気にタレムまで下る。

▷ 5 /19（雨）タレム〜ラチェン

　往路楽しんだ美しい森や渓谷も，ここは本来登山的な厳しいルート，楽しむ余裕なし。谷のトラバースは水流激しく，シェルパ諸君におんぶされて徒渉。山岳民族のシェルパは本当に強い。

　無事，ゼマへ下山。ジープでラチェンのロッジへゴール。

＊太古の森から花の台地，氷河の世界と，これ以上ない素晴らしい場所のトレッキングができた。

　モンスーン直前の花の時期として絶好のタイミングだったことが，この山旅を最高のものとした。

　これほど神秘な自然の美しいシーンは，生涯忘れられないものとなるだろう。献身的サポートでこんな素晴らしい旅を可能にしてくれたカルマ氏，ツェリン氏，他スタッフ一同に感謝する次第である。

▷ 5 /20　ラチェン〜ガントク

・ラチェンの機織姫：朝の村を散歩中鎌田夫妻が見つけ，行ってみると……。

　小さな納屋の窓辺の光で美しい女性が機織り中。その優雅さ雰囲気は童話

の「鶴の恩返し？」の世界。夢中で撮る。自分の写真史に残る傑作が撮れた。写真にだけではなく記憶の中にもこのシーンはいつまでも焼き付いている。

ラチェンの織り姫

・道中の村の結婚式への参加：ガントクへジープで向かっている道中の村で，民族衣装の御婦人たちが道の横で10人肩組んで唄い，ラインダンス中。テーブルにはビールらしき飲み物も置いてある。車を停めると一緒に参加せよとのこと。道の反対側のテントには村の男性陣とラマ僧が宴会中。ラマはもう三日目とかで完全にグロッキー。家の中では新郎新婦がおとなしく並んで座っている。我々も祝いのお布施をして結婚式へ参加。ちょっぴり入れた御婦人方はラインダンスへも。映画，テレビでもお目にかかれないようなドラマに突然飛び込み，忘れられない思い出を作ってガントクへ。

＊カトマンドゥでの結婚式参加といい，今回といいヒマラヤ山麓の人たちは実に大らか。人間の幸せとは何かどんなことかを，偉そうにしている先進国文明人に見せてやりたいもの。

▷ 5 /21　ガントク滞在〜ハザール（市場）見物，荷物整理
▷ 5 /22　ガントク〜シリグリ〜バドラプール〜（フライト）〜カトマンドゥ

　途中，ランポーでウィスキーを購入。ランポーはウィスキーの良い原料が採れる所で，安くて旨いウィスキーの産地だと『ナショナル・ジオグラフィック』誌で事前勉強。

　山奥のラチェンから下って来たテースタ川は，ランポーより少し西へと下るとヨクサムへの往路に通ったランジット川と合流し，ダージリンの東裾を巻いて南下する。

　バグラコットでテースタ川と別れ，シリグリ，バドラプール当たりに下りてくると街路樹や田園の花木が素晴らしく美しい。この花の下で牛とサリーの女性を撮って見たい想いがする。

▷ 5 /23 〜 25　カトマンドゥ観光，土産物買い，帰国準備
▷ 5 /26　バンコク経由，帰着
　通常では考えられない夢のような千変万化の思い出深い旅を終えた。

●後記

　この旅は小生のヒマラヤ初期のもので，紀行は帰国後バタバタと記していたものの，最近見直してみるとあまりにもお粗末。この旅の後もヒマラヤ全域を深く厳しい旅をし，見る目の向上，カメラの技量向上もあり，それなりの紀行文を含め記録を残した。

　このシッキムの旅は最も忘れられない思い出として残っている。しかし記憶の世界である。記録としてもしっかり残しておこうと，17年後の最近，当時のお粗末紀行と雑なメモ，少しの写真，記憶で改めてこの紀行文を書いたのである。

　書くにつれ，細かなことは忘れているが，要所要所では17年前の光景，情景が昨日の如く蘇り，再度，旅をしているような気分だった。特にグリーンレイク・ルートの太古の自然の神秘的美しさは忘れ難く，実は 7 年前，当時73歳の小生が最後のハードなヒマラヤ旅として，ラチェンの更に北部奥地から5000〜4500m の山越え盆地越えでカンチェンジュンガを眺めつつ，北側山域からゼム氷河へ降りるルートを検討し，ヤブク〜タレム〜ゼマへ下る懐かしのルートを計画し，メンバーを揃えカルマ氏〜ツェリン氏へ伺い出た。

　ところが，中国―インドの軍事境界上ラチェンより北側は入域許可ならず，シッキム再訪は断念した。予想はしていたことなので，グリーンレイク裏側のネパール側カンチェンジュンガへ変更し，同じ花の時期に実施した(第 2 回カンチェンジュンガ周遊)。素晴らしいシャクナゲの開花で，スケールはカンチェンだが，神秘性ではグリーンレイクルートである。

　おそらく我々以降，日本人でグリーンレイクへ入ったグループは居ないだろうし，もしかしたらモンスーン直前の自然の素晴らしい光景を目にしたのは世界でも我々だけかも知れぬ。

　それほどの旅をしたことに喜び感じるし，実現させてくれたカルマ氏，ツェリン氏に感謝！

　　　2019年 7 月 4 日

ピケピーク（4065m）からの眺望（中央にエベレスト）

ピケピーク・トレッキング

（2003.10.10-10.20）

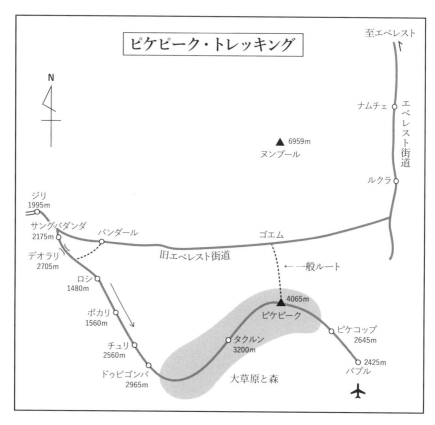

ピケピーク・トレッキング

N

至エベレスト

ナムチェ

エベレスト街道

▲ 6959m
ヌンブール

ルクラ

ジリ
1995m

サングバダンダ
2175m

バンダール

ゴエム

旧エベレスト街道

← 一般ルート

デオラリ
2705m

ロシ
1480m

▲ 4065m
ピケピーク

ポカリ
1560m

タクルン
3200m

ピケコップ
2645m

チュリ
2560m

2425m
パプル

ドゥピゴンパ
2965m

大草原と森

●ピケピーク（4065m）の概要と旅の目的

　ピケピークはエベレストの南約60kmにあり，標高4065mの頂上からは北側
正面すぐ近くにヌンブールヒマール，その右奥にエベレスト山群からマカ
ルー，東側遥か遠くにカンチェンジュンガ，西に目を転じればガウリンシャ
カール，ランタン，かすかにマナスルまで，東西約400kmにわたる長大な屏風
の如きヒマラヤの大展望が得られる。

　一般ルートとしては旧エベレスト街道の Goyem（3200m）からであろうが，
この３年間，登山やトレッキングでお世話になったカルマ君たちシェルパ諸
君のチュリ村を訪ね，ドゥピゴンパの仮面舞踊劇を何としても観たいとその
日程に合わせ，そこからピケピークへ大草原を楽しみ歩くルートとした。

▷10/10　カトマンドゥ～ジリ（チャーター・マイクロバス）

　朝7：40，マイクロバスでカトマンドゥ出発。

　我々6人と同行するのはカルマ君，ニマ君，ランバートさん。この3人は仕事上カトマンドゥに在住しているが，他のスタッフはジリやカルマ君の村の者ばかりで，カルマ君，ランバートさんの指令で，それぞれの村からジリに集結しているのである。

　カトマンドゥ盆地の峠を越えると，黄金の棚田の向こうに，ドルチェラクバ（7000m），ガウリシャカール（7100m）などの白い峰峰が連なり，バスをストップしてカメラ・タイム。

　　実 り ゆ く 棚 田 は る か 白 き 峰

　雪山が見えたのは最初のこの峠だけであったが，バスは標高700～800m位の低地から，2500～2600m位の峠を上ったり，下ったりして行く。

　道中，何カ所も検問があり，乗り合いバスの乗客は都度下りて歩く。民兵も至る所に数人ずつ銃をかついで立っている。これはマオイスト検問のためである。

　政府とマオイストはダサイン祭りの期間中は休戦協定していたが，この日は休戦協定が切れた初日であるための特別警戒体制なのである。小生は民兵を魔除けにもじって「マオ除け」と言った。

　ジリ方面からカトマンドゥに向かうバス便が通常より多く，またどのバスもヤネまで満杯である。祭りのため村へ帰っていた人々が，休暇が終わり，カトマンドゥへ戻るためである。

　途中，休憩，昼食をとりながら8時間かかってジリ着いた。

　そこには懐かしい面々が待ち構えており，握手，握手。3年前，アンナプルナ周遊1カ月でポーターとして，17歳の初陣だったテンジン君の変わりように驚かされた。当時，初めて村を離れ，仲間とも打ち解けきれず，長期の旅で後半すっかりホームシックで元気をなくしていた彼が，人が変わったように陽気で，身体も見違えるように大きく，逞しく成長。2年前のランタンではやや青白きインテリにも見えたチョワン君（彼は村きっての秀才で，カトマンドゥの大学卒業），真っ黒に日焼けして逞しく変身。村で農業に専念しており，ヤク10頭，ヤギ5頭も飼っているそうである。

またメラピーク登山でタマン族のポーターリーダーとして，その強さ，人間性に感心させられたマエラ君も，再会できるとは思ってもいなかったので，懐かしく，嬉しかった。シェルパのカルデ君，ブルパ君，デンリー君，キッチンのオールド・ラクパさん，ヤング・ラクパ君，カジ君，ダワ君，皆相変わらずで懐かしそうに迎えてくれた。

　これだけの大部隊なのに半分は馴染みの顔，初めからリラックスした旅となった。しかも今回は自分たちの村を通るので，彼らも張り切らざるを得ない。

▷10/11　ジリ（1995m）～マリ（2300m）～シバラヤ（1810m）～サングバダンダ（2175m）

　旧エベレスト街道を東に進む。1950年代，エベレスト征服を目指すイギリス隊をはじめ，ヒマラヤ・オリンピックといわれた頃，各国の登山隊が大キャラバンで通ったこの街道も，今は静かなもの。現在のエベレスト街道は旧街道の終点ルクラが出発点である。

　多くのトレッカーや登山者はカトマンドゥからルクラまで飛び，そこからエベレスト山群を目指す。ジリからルクラまで我々だと1週間，現地の人は2～3日で歩く。

　旧街道を歩くトレッカーはよほど物好きか，ヒマラヤの通となったトレッカーである。今回も我々以外トレッカーの姿を見ない。

　街道といっても山あり谷あり，平地民族にとってはまさに山歩きである。

　要所要所にロッジがあり，荷物を運ぶポーターも多い。もちろん，たまにはトレッカーも泊まるだろうが，大半はジリ～ルクラ間を往復するポーターやカトマンドゥへ出かける村人の宿としての役割が大きい。

　ルクラからエベレスト方面へ世界各国から大勢の人が押し寄せ，ロッジも非常に多い。当然，物資が不足してカトマンドゥから供給するわけだが，空輸ではコストが高いため，ジリまで車で陸送，そこからルクラまではポーター運搬となるため，旧街道にトレッカーはいなくても多くのポーターが行き交う。周辺の農作物も小規模ながらも貴重な現金収入をもたらす。

　そういうわけで，この旧街道，この日歩いた範囲では大きな集落もないが，健全で，明るい，素朴な村人の生活が営まれている。

ある谷間で，カルデ君，チョワン
君と一緒に，皆よりずっと後ろを歩
いていたら，上から串刺しの干し魚
をたくさん下げた少女二人と出会う。
ヤマメらしき日干しを一串に10匹位
刺している。夕食の足しに買おうと
いうことになり，3串で120ルピー
（約200円）日本では1匹でも100円以
上しそうなのに，約30匹でこの値段である。

街道のポーター

　汚れたカトマンドゥの川魚（いるかどうか知らないが……）は絶対食べる気
はしないが，この辺りの川はきれいである。

▷11/12　サングバダンダ (2175m) ～デオラリ (2705m) ～ロシ (1480m) ～ポ
カリ (1605m)

　朝，カルマ君と別れる。彼はカトマンドゥへ戻り，最後のパプルで出迎え
る予定。というのは，彼はドゥピゴンパのある周辺の村々では出世頭の英雄
である。彼がゴンパの仮面舞踊劇に日本人客を連れてくるというのが広まり，
その折，「マオイストがカルマ君から大金をせしめようとしている」との情
報が出発数日前にカトマンドゥに入り，一時は仮面舞踊劇はあきらめて，別
のコースからピケピークに行こうかと迷っていたのである。

　直前にチョワン君から，「カルマさんが来ないとなれば，マオイストも心配
ない」との情報で，我々は予定通りドゥピゴンパで楽しむことになり，カル
マ君のみ自分の村へ入らず，前後のみの付き合いとなった。

　＊マオイスト……当時の反政府軍，現在の与党。ネパールは王政であった。

　この日は出発して軽い登りとなり，一旦下ってデオラリへの長い登りとな
る。デオラリという地名はアンナプルナ方面のゴラパニの近くにもあり，他
にもあったような記憶があるので，聞いたところ「峠」の意味だそうである。
ここのデオラリは標高2705mの広く明るく開けた所で，雪山の展望も素晴ら
しく，立派なロッジも14～15軒ある。

　それでも本日のところ，トレッカーは我々だけである。ここで昼食。

　しばらく歩いて，バンダールへ向かうエベレスト街道と別れを告げ，南進

村へ帰るチェトリー族の母子

する。

峠を下ると，広々としたゆるやかな斜面の草原が展開し，豊かそうな大きな集落が見える。あの大きなゴンパがデンリー君の家だと教えられる。皆，「これぞ桃源郷だ」と異口同音。そこへ後ろから子供連れの若い婦人が追いついてきた。振り返ると美しい，感じのよい，チェトリーの女性である。撮らせてもらおうと声をかけたら，恥ずかしそうにしながらも快く，皆のカメラに応じてくれた。

チェトリー族の小さな集落で樹下に憩っている人たちも快く撮影に応じてくれるし，その横でバレーボールをしている人たちの仲間に馬場夫人がすんなり入って一緒に楽しむ。

この辺りの村人は実に素直に打ち解けてくれる。明るい性格の人ばかりである。

チェトリー族と限らず，行きかう女性の黒髪が新鮮で，健康さを感じる。最近，若い女性に黒髪を見ることがほとんどなく，茶髪，金髪ばかりなので，もう違和感も感じなくなっていたが，年寄りの偏見か，やっぱり黒髪がいい。

　　黒 髪 の 裾 ひ る が え し 麦 畑

標高2000m近いバンディー村，ここから見る棚田のスケールがすばらしい。一斉にカメラが向く。

ここから川に向かって標高差約500mをどんどん下り，140mの吊り橋を渡り，少し登り返したポカリの民家の広場でキャンプ。ポカリとは「池」の意味だが，近くにそれらしきものは見当たらない。

ヤング・ラクパ君がデオラリ下の桃源郷からヘム君を連れて来た。彼はデンリー君の弟で，2年前のランタンで一緒に歩き，当時16歳の彼は将来ガイドシェルパとなるべく，ロッジに着くと英語，日本語を我々に聞きながら勉強していたし，非常に積極的だった。

小柄で，おとなしいデンリー君とはとても兄弟には見えない。デンリー君

が既に正社員としてシェルパの仕事をしていること，また細身で農業には向かないためか，ヘム君が村へ戻り自家の農業に専念することになったらしい。まだ18か19歳だが，ほれぼれするようなガッチリした体格になっている。

ラクパ君に聞いて是非小生に会いたいと，わざわざ遠くからポカリまで出かけて来てくれたのである。彼らのこんな気持ちが小生をヒマラヤへ呼び寄せる。

水汲みのシェルパ族の主婦

▷10/13　ポカリ (1560m) ～チュリのカルマ宅 (2560m)

カルマ君がカトマンドゥへ戻ったので，このトレッキングで日本語ができるのはニマ君のみ，サーダーの彼はゆっくり先導する。続いて馬場夫妻，森田，石黒，峰の順で歩き，小生はチョワン君と一番後ろからついていく。

チョワン君は英語が上手い。小生は「ベイビー・クラスだ」と言ってやると，チョワン君は笑って，それなりに合わせてくれる。

写真で見せてもらった彼の奥さんは，シェルパニにはめったに見られぬ，すばらしい美人である。そのことで彼を冷やかしたり，漫才みたいな話をしているうちに，ベビークラスながら，それなりに大分通じ合うようになってきた。

歩いているうちに，V字谷の対岸の山の斜面に点在する家々の高い所にチョワン君の家が見え出す。彼は上と下と2軒の家を持っており，季節，畑仕事に応じて家族ごと移動するそうである。

このV字谷の対岸にある集落の住み分けが面白い。谷のすぐ上標高1600m辺りにはライ族（力持ちが多い，ヒンズー教），その上の集落にチェトリー族（美人が多い，仏教とヒンズー教），さらに上の集落にグルン族（グルカ兵で有名，仏教），最上部の2300～2900mの高所にはシェルパ族（山のガイドの代名詞，仏教）と，まさに典型的なネパールの民族住み分け縮図が見事に出ている。

ネパールには他にたくさんの民族あるが，高低の住み分けはどこに行って

も，このようになっている。これは数百年以上昔の民族移動に起因する。例えばシェルパの先祖は，チベット人で塩の交易でヒマラヤを越えているうちに，高所でより住みやすい場所を見つけ，移住してきたのではないか？　カルマ君によると，チベットに行ってもシェルパ語でほぼ通じるそうである。

シェルパとは「東方から来た人」の意味で，東部チベットからの移住である。同じ民族であるが，西方のアンナプルナやマナスル周辺の高地に住む人は単にチベッタンと呼び，シェルパと区別している。言葉も若干違うそうである。

V字谷へ下りていく途中，「ナマステー！　ナマステー！」の声でチェトリーの子供たちが集まってきた。菜の花も咲いている場所も良い所だし，彼らをモデルにしばらく撮影タイム。谷の橋を渡れば，カルマ邸までの標高差約1000mの登りである。

途中のブシンガ村に小学校があり，生徒数70人というから，こんな田舎では大きい。馬場夫人が校庭の子供たちの中に入ってバレーボール。昔とった杵柄まだ錆び付かず，上手いものである。小柄であられること，芸術家で気難しい馬場さんを見事にコントロールされることから，「セッターでキャプテンだったのに違いない」と聞けば，やっぱり当たり。

運動部のキャプテンは人間ができ，人望がなければなれないわけで，馬場さんは幸せである。

畑の中の急坂道を登り続けていたら，忽然とこの辺りでは見られぬ大きく立派な家が現れた。カルマ邸である。家の人たちや子供たちが総出で出迎えてくれる。

鉄平石を敷き詰めた広い庭でキャンプとなった。ヌンブールヒマールが大きく望める。

▷10/14　カルマ邸（2560m）～ドゥピゴンパ（2965m）

朝，ヌンブールヒマールを撮ったり，カルマ一族と記念写真を撮って出かける。カルマ君のおじいちゃんがニコニコしながら一緒についてくる。

途中でカルデ君の家に立ち寄る。住居の横に立派なゴンパを持っている。皆でお布施をする。カルデ君，デンリー君と将来，お坊さんになる人は若い時から，人一倍おだやかで誠実な人柄である。

カルデ君の家からしばらく登ると，ブルパ君の家である。オールド・ラクパさんの家も近くである。ブルパ君，ラクパさんは小生のこれからの長い旅（マナスル周遊，カンチェンジュンガ山群）にも付き合うため，昨夜は家族とのしばしの別れに帰った。

ドゥピゴンパとヌンブールヒマール

　昼，ドゥピゴンパに着き，昼食後，仮面舞踊劇を観にゴンパへ上がる。踊りは中庭で行われる。 2 階の観覧席は遠方からも集まった村人であふれている。

　我々はゴンパへのお布施として，3000ルピー / 6 人，踊り手の祝儀に600ルピー / 6 人を献上した。このおかげか我々には特別席が与えられ，踊りが始まる前に僧侶より「遠い日本からわざわざおいでいただき有難うございました」と感謝を述べられた。

　高らかな吹奏楽で豪華な衣装を着た踊り手たちの入場。小生は特別席から離れカメラに夢中。するとそこへも，わざわざイスを持ってきてくれる親切さ。

　厳粛な儀式に始まり，赤鬼・青鬼に仮面舞踊で最高潮に盛り上がる。踊りの内容は分からないが，ラマ教の教えをいっているらしい。

　ストロボ撮影の経験不足で，どう撮れているか自信ないが，とにかくシャッターを切りまくる。昼の部が終わり，一旦引き上げ，夜の部に備え早めの夕食。

　夜の部は喜劇的なものが多く，観客は大いに沸くが，我々は言葉が分からないので，雰囲気を味わうのみ。高千穂夜神楽の喜劇の部に似たものもある。

　超満員の観客は，最後の出し物まで一人も帰る様子なく楽しんでいるが，我々は言葉が分からないのと，凄い音に疲れ，最後の出し物（トラ踊り，これが一番面白い）を前に引き上げることにした。

　　ダサインに集う村人喜びあふれ　　（ダサイン：ネパール最大の秋祭り）

途中退席したので，翌朝，ゴンパの好意でわざわざ最後の出し物「トラ踊り」を演じてくれることになった。まことに感謝，感激である。

どこで聞いたのか，村人約60人見物に来ていた。

トラ踊りは人気出し物だけに，言葉が分からずとも，非常にユーモラスで面白かった。これが終わると，鬼仮面で衣装をつけた3人が外に出て，ヌンブールヒマールをバックにポーズをつけることまでしていただいた。

うまく撮れているかどうかにかかわらず，仮面舞踊劇見物の念願は達した。

▷10/15　ドゥピゴンパ（2965m）～タクルン（3200m）

ドゥピゴンパでの特別公演を見物後出発，すぐモミの木の森へ入る。シャクナゲも多く，色々な種類がある。尾根に達すると眺望が素晴らしい。広大な放牧場でもある。

ここより南約100kmがインド国境，3000mクラスの山々が80km続き，その先20kmはタライ平原を経てインド国境となる。北はチベット国境まで約50km。秋リンドウが咲いており，シャクナゲの群落も多くなってきた。

ピークを巻きながら，緩やかにアップ・ダウンしていくが，とにかく雄大な草原の尾根である。東北の飯豊山地の尾根歩きに似ているが，スケールが全然違う。

タクルンのテント地周辺はヤクの放牧場，放牧に上がって来ている人たちとテント内でお菓子を食べながら交流。

▷10/16　タクルン～ピケ（3635m）

昨日に続き雄大な草原の尾根を左（北側）にヌンブールヒマールを眺めつつ，足元は一面のリンドウが咲く中を歩く。ここのリンドウは大きめで色は青いが，花弁の模様は日本の夏の高山植物トウヤクリンドウによく似ている。

シャクナゲの群落は想像を絶するほどで，どこまで続くか分からない広いこの高原の至る所に群生，それも小型のこんもりした株状のもので，種類も赤，黄，紫など多岐である。森の大木のシャクナゲより風情がある。しかも草原に岩や大きな石も点在し，庭園の趣もある。ベストシーズンは4月20日頃～5月初旬だそうで，シャクナゲの凄い所はあちこち見てきたが，範囲の広さではナンバー・ワン，種類でもシッキムと互角だろう。シャクナゲの咲

く頃，家内に見せたいものだが，病後にここまで歩けるようになるだろうか？　ヘリコプターでも連れてこれるだろうか？　と思ってしまう。

　この素晴らしい高原の山に名前をつけようとなり，馬場さんが，ラリーグラス（シャクナゲ）からとって，「ラリー・ピーク」の提案あり，全員賛成。

　桃源郷を一日中歩いて，ピケピーク直下の快適なテント地に着いた。こういう所では，皆，歌ごころが出て，メモ係の森田さん以外は各人1句ひねり出し。

　　　リンドウ道白き峰峰眺めつつ　　　　　（大矢）
　　　ラリーヒル秋リンドウは咲き乱れ　　　（馬場）
　　　リンドウの幾重にもゆれネパールヒマラヤ　（馬場）
　　　ヒマラヤの岩かげに見るリンドウかな　（石黒）
　　　ヒマラヤに美をみせるリンドウかな　　（峰）

▷10/17　ピケ（3635m）～ピケピーク西峰（4065m）往復

　前夜，ニマ君に「ピケピークまで，我々の足でどのくらいかかるだろう」と聞けば，3時間と言う。日の出前には着きたいし，6時の日の出に間に合うためには夜中3時に出発せねばならぬ。それで，早く行きたい組と，ゆっくり行きたい組に別れることにした。

　早い組は，石黒，峰，小生で，予定通り3時にライトを点けて歩き出す。ところが，頂上までわずか50分しかかからず，4時前に着いてしまった。

　それから2時間以上，風の当たらぬ岩陰で熱いティーを飲みながら，寒さをしのぐ。何でこんな誤差が生じたのか？　ニマ君が以前来た時は，雪が深くてラッセルに時間がかかり，その時の印象が頭に残り，更に我々のスローペースを加味してしまったのである。

　日の出とともに大パノラマの展開。東の彼方カンチェンジュンガから，正面奥のエベレスト，ローツェ，マカルー，西はマナスルまで8000m以上の山々がずらりと一望。

　2年前に登頂したメラピーク（6654m）も懐かしい。手前のヌンブール（6959m）の高度感の凄さと比較し，よくぞあんな高さまで登れたものだと，我ながら感心。

日が上るにつれ，刻々変わる展望にシャッターを切りまくる。

　ところが，撮影に一番張り切っていた森田さん，今まで12年間一度も故障しなかったカメラが，この大事な時に故障の不運にがっくり。

　馬場さんが，山々の名を聞きながら大パノラマを手帳にさらさらとスケッチしていく。さすが県展洋画部門の入賞常連の名手だけに，そのデッサンの素晴らしさに見とれてしまう。あげくには，帰国したら，それをコピーしてくださいと全員依頼。

　オーストリアの4人パーティーも登ってきた。彼らは我々が来たルートと直角の北側からのルートで，ピケピーク地図での一般ルートである。我々のルートは未だ地図に記載されていない。カルマ君ら地元の者のみ知る穴場ルートである。遠回りではあるが，あの素晴らしい高原歩きができたことで，このトレッキングの良さが倍加したことを改めて思う。東峰がこちらより5m高いが，往復するのに1時間はかかりそうだし，展望も変わりないので，ここで遊んで9時半下山。

　連泊なので，午後はテント周辺でのんびりすごす。

　翌日は，ピケピークの北側を迂回しての下山ルートであるが，ピケピークの展望撮影ができなかった森田さん，あきらめきれず予備のカメラでもう一度登りたいと希望。小生と峰さんが付き合うことにした。

▷10/18　ピケ（3635m）～ピケ西峰（4065m）～東峰（4070m）～ピケコップ（2645m）

　迂回ルート組（馬場夫妻，石黒）と峰越えルート組（森田，峰，大矢）に別れ，昼食地点で合流することで出発。

　昨日の雪辱とばかり，森田さんの登りは普段の弱気から一転して気迫があり，快調。西峰は昨日と変わらぬ展望，森田さんのみ激写。

　東峰は予想に反し，西峰より山頂にリンドウ咲き乱れ，一段と素晴らしい。登り返してよかった。こういうことになった森田さんに感謝。

　　青リンドウ白き峰峰雲もなく　　（森田）
　　咲き乱るリンドウの彼方白き峰　　（大矢）

昼食合流地点 (3320m) に他組が30分遅れて到着。彼らは12名のマオイストと遭遇したそうである。行き交いだけで何事もなかったが，3名は銃所持，3名は女性。四日前にこの辺で政府軍と交戦があったとのこと。

　昼食後は，苔むしたブナとシャクナゲの大木の谷間を下る。ブナは高さ30m以上，シャクナゲは幹の直径が1m近くありそう。深い森林の谷である。谷から山の腹道に出て，やがて民家が出てくる。

　ある小さな民家で，先を行く馬場さんたちが何かを見ている。何事かと思ったら，そこに10歳位のタマン族の美少女がいる。実に可愛らしい。はにかみながらカメラ撮影に応じてくれる。あいにく小生は風景用のリバーサルフィルムしか入れておらず，しかも残り1カット。

　馬場さんに，上手に撮って1枚焼き増しを願う。粗末な服装だが，天使のような笑顔だった。キャンプ地は谷川の横の広場，久し振りに身体を拭き，着替えた。

▷10/19　ピケコップ（2645m）〜パプル（2425m）

　谷沿いにどんどん下って行く。民家も大きくなり，豊かな村と感じる。

　小さな学校があり，下から子供たちが仲良く連れ立って登校してくる。「ナマステー！　」を交わして行きかうと，すぐに丸木橋があり，4m位だが2本の丸太の上に板を1枚を置いただけのもので，渡るのに緊張する。こんな所がちっちゃな子供たちの通学路にあるとは！

　ルーコシで昼食後，パプルまで300mの急坂の登り返し。

　上からカルマ君が迎えに下りて来た。朝，ルクラから歩いてきたと聞いてびっくり。数回の山越え，谷越えだから我々だと二日かかる。それを大きなザック担いで半日だから。翼をつけて歩いているようなもので，まさにヒマラヤのスーパーマンである。空港近くの広い芝生の庭があるホテルで，楽しかったトレッキングに乾杯！

　スタッフ諸君に感謝！　感謝！

ロー村から望むマナスル（8163m）

マナスル周遊記

(2003.10.24-11.10)

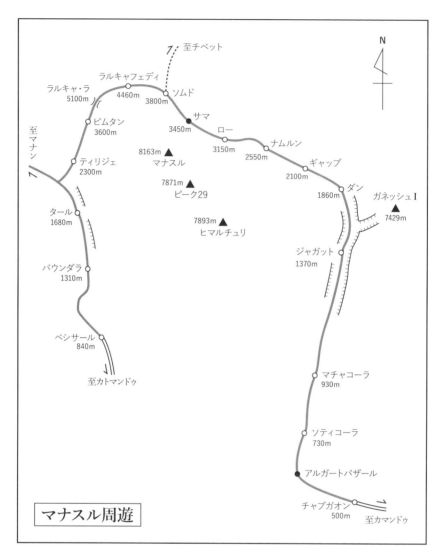

至チベット

N

ラルキャフェディ
4460m

ラルキャ・ラ
5100m

ソムド
3800m

サマ
3450m

ビムタン
3600m

ロー
3150m

ナムルン
2550m

至マナン

ティリジェ
2300m

8163m ▲
マナスル

ギャップ
2100m

ダン
1860m

ガネッシュ I
7429m ▲

7871m ▲
ピーク29

タール
1680m

7893m ▲
ヒマルチュリ

ジャガット
1370m

バウンダラ
1310m

ベシサール
840m

至カトマンドゥ

マチャコーラ
930m

ソティコーラ
730m

アルガートバザール

チャプガオン
500m

至カマンドゥ

マナスル周遊

●旅のはじめに

　マナスル（8163m）は日本隊が初登頂した山であり，日本人がヒマラヤの8000mを初めて踏んだ山である。この山域のピーク29（7871m），ヒマルチュリ（7893m）も日本人により初登頂された。即ち，世界各国がヒマラヤの高峰初登頂を競った1950年代，この山域の入山許可は日本に優先的に与えられた，いわゆる日本人の山々なのである。

マナスルはカトマンドゥの北東約120km，ネパールヒマラヤのほぼ中央に位置し，その東にランタンリルン（7246m），西にアンナプルナ（8091m）とトレッキングで人気のある山群にはさまれているが，マナスル山域は今なお秘境である。

　日本人の山々ながら，ここを訪れる日本人は年間10人も居るだろうか？（今回我々が出会ったのは欧米人数組のみで，日本人には一人も会わなかった）。

　ロッジがほとんど無いこと，きついトレッキング・ルートであることが秘境たらしめている。ブリガンダキ大峡谷，その別天地「サマ」，そして外界との接触も少なく，昔ながらの生活を営んでいるだろう諸民族。多くのトレッカーが行き交い変貌しつつある人気の山域では味わえない，本当のヒマラヤがここでは見れる。

　折あれば訪れてみたいと思っていたが，たまたま，この秋のカンチェンジュンガ長期トレッキングの日程とうまくつながるし，そのためのトレーニングとしてもよく，秘境探勝を楽しむことにした。

●日程

10/24　カトマンドゥ（チャーター・バス）～チャプガオン（500m）

10/25　チャプガオン～ソティコーラ（730m）
　　　　＊ブリガンダキ大峡谷に入る

10/26　ソティコーラ～マチャコーラ（930m）
　　　　＊アップ・ダウンが厳しくなる。

10/27　マチャコーラ～ジャガット（1370m）
　　　　＊マオイスト（武装反政府団）の巣窟感

10/28　ジャガット～ダン（1860m）
　　　　＊厳しいアップ・ダウンの繰り返し，大峡谷の核心部

10/29　ダン～ギャップ（2100m）　　＊チベット仏教圏に入る

10/30　ギャップ～ナムルン（2550m）

10/31　ナムルン～ロー（3150m）
　　　　＊ローでブリガンダキ峡谷を抜け，初めてマナスル登場

11/01　ロー～サマ（3450m）　　＊広い高地の大集落　ローからは大仏教圏

11/02　サマ滞在

11/03　サマ〜ソムド（3800m）　　＊最奥の定住村

11/04　ソムド〜ラルキャフェディ（4460m）

11/05　ラルキャフェディ〜ラルキャ・ラ（5100m）峠越え〜ビムタン（3600m）

11/06　ビムタン〜ティリジェ（2300m）

11/07　ティリジェ〜タール（1680m）

11/08　タール〜バウンダラ（1310m）

11/09　バウンダラ〜ベシサール（840m）

11/10　ベシサール（チャーター・バス）〜カトマンドゥ

　石黒さん，小生含めて総勢20人，キャンピング用具，食料を満載した小型のチャーター・バスで，カルマ君に見送られカトマンドゥを出る。彼もまだマナスルへは行ったことがなく，同行したいのだが，ビッグサーダーであり経営者でもある彼は，シーズン最盛期の今は何組ものトレッキングの手配で何日もカトマンドゥを留守にできない。今回も我々二人だけのために素晴らしいスタッフを多数手配してくれた。

　カトマンドゥ盆地を西へ出ると，車窓前方にマナスル，ガネッシュヒマールが大きく見えてきた。道はベシサール，ポカラ方面への幹線だけに舗装もされ，ネパールとしては一級品。

　途中の大きなドライブインで早めの昼食。結構おいしいダルバートだった。

　小さな町ルンデでベシサールへの幹線と分かれ，山道へ入って行く。山道といっても定期バスが通っている。狭い道で，わずか数センチの離合に神業の運転を見せられる。

　しかし，ひどい車道である。バスは大揺れ，時々息が詰まるほどガクンとくる。小生の万歩計は，先日のジリへの車中ではカウントせず，ピケピークへのトレッキング時には，いつも適正な数値を出していた優れものだが，ルンデからの約2時間で5800歩も記録した。如何にひどい道だったかが窺えよう。

　車道の終点アルガートバザールの手前4kmで，アンクーコーラ（川）の橋が壊れており，バスはそこまで。広い川原であるが，橋の近くの浅い所を裸足で渡った。スタッフ諸君はもちろん，石黒さんも足裏の皮が厚いのかサッサと渡る。小生は面の皮と同様，足裏の皮が薄いため，痛くて踏ん張れずヨ

ロヨロ歩き。ブルパ君に支えられてどうにか渡る。

　対岸の丘陵へ登り，菜の花に囲まれた芝生の広場でキャンプ。たちまち子供たちが20人位珍しげに集まる。鉛筆か何か彼らが喜びそうな物の持ち合わせがなくて残念である。

▷10/25　ブリガンダキ峡谷をソティコーラへ

　小さな村チャプガオンから北側斜面を下り，車道を北上して商店が並ぶアルガートバザールに着く。ここは，ブリガンダキ峡谷沿いに生活する村人たちへの物資の供給地である。

　マオイストのためか武装したアーミーがあちこちいるが，のんびりしている（これより奥地にはアーミーは入っていなかった）。

ブリガンダキの吊り橋

　商店街横の橋を渡り，ブリガンダキ右岸に沿って100m位の標高差を上下しながらゆるやかに登っていく。ティハールの祭りの買い物のために着飾った女性たちが奥地から下りてくる。

　今年のティハールの祭りは，10/23－カラス，10/24－犬，10/25－牝牛，10/26－牡牛，10/27－人だそうである。何かにつけて祭り好きなネパール人の気持ちがこういうところによく出ている。

　奥に進むにつれ，両岸に急峻な山が迫り大峡谷の様相を呈してくる。所々に高さ数百メートルの棚田があり，上部はガスのためどこまで続いているのか分からない。ポツン，ポツンと民家はあるが，こんな急斜面で収穫物をかついで上がるのは大変なことである。

　　実　り　ゆ　く　棚　田　千　丈　雲　の　中

　ソティコーラまで万歩計3万2100を記録。アップダウンも多く，しかも低所の暑さで歩きの初日としては予想以上にハードだった。キャンプは川の右岸山裾の小さな広場。

　テントに入っていたら，川と反対の山側からゴーゴーと音が聞こえる。滝でもあるのかな？　と外に出てみるが，何もない。川の音が切り立つ岩壁に

コメを突く嫁と姑

反響して，テントでは川と反対方向から聞こえて
いたのである。

　また，秋というのに，ホタルがちらほら。これ
にも驚いた。

　　　秋の夜にブリガンダキのこだまとどろく
　　　岩をかむブリガンダキにもホタルかな

▷10/25　ソティコーラ（730m）〜マチャコーラ
（930m）

　要所要所に立派な吊り橋があるが，高巻きのた
めのアップ・ダウンも昨日より多く，万歩計2万
7570は昨日より少ないが，よりハードになってき
た。しかし足の方は軽く，調子が出てきたのを感じる。

　狭い土地だけに民家も小さく，決して豊かそうではないが，村人たちは明
るく陽気である。道中，チェトリー族の民家が数軒並ぶ水場で休憩していた
ら，バッティー（茶店）でパンを作っていたおばさんが小生の方へニコニコ
と寄ってきて，いきなり握手。両手でしっかり摑み，なんと粉を小生の手に，
べっとりと塗りつけて大笑い。それを見て周囲の人たちも大喜びで拍手。

　さらに上流へ行くと，タマン族の地域へ入る。ここで3人のオジサンが
ティハール祝いのための肉（豚肉？）を切りながら分けていた。撮らせても
らおうと身振りで頼むと，ニコニコ快く応じてくれボディ・アクションも大
きくなった。

　マチャコーラの村入口で，銃を持ったマオイスト二人に待ったをかけられ
た。そのうちの一人，眼つきの鋭い，ちょっとインテリ風の男が小生と石黒
さんに，そこに休んで待っておけと指示し，ニマ君と20分位話し込んでいた。
もう一人のまだ幼い顔立ちの若者は銃を持って小生たちの横で見張っている。

　その間，キッチンやポーターグループはしばらく見ていたが先へ行った。
特に危険な雰囲気はなく，小生たちはニマ君とマオイストの会話を眺めてい
た。やっと先へOKとの指示で5分も歩いたら，また10人位のマオイストた
ちがたむろしていたが，今度は検問されなかった。

あとでニマ君に何の話だったのかと聞いたら，小生たちの国籍や行先を聞き，あとはつまらない話ばっかりだったとのこと。彼らは米国籍や英国籍の者は絶対通さないという。

　そのくせニマ君から我々二人分の通行料4000ルピー（約7000円）を巻き上げている。ネパールでは大金である。この地域への入域料はちゃんと政府の機関へ払っているのだし，全く非合法であるが，銃で武装しているのでどうしようもない。

　マオイストの溜まり場から支流の川を渡り，ひと歩きした大きい民家の下の広場でキャンプ。

　夜，その家の前でティハール祭りの踊りが始まった。大人も子供もにぎやかに楽しそうに踊り歌いまくる。日本でいえば小さな村の盆踊りといった感じである。

　やがて彼らは我々の広場へ来て踊り出した。キッチンやポーターの若い衆も加わる。石黒さんと二人分200ルピーの寸志をしたら大感謝された。踊りの集団は下の村へ下って行った。

　深夜12時過ぎ頃トイレに出たら，彼らが唄いながら戻って来ている。どこまで遠く行ったのだろう。

▷10/27　マチャコーラ（930m）〜ジャガット（1370m）

　暑い峡谷歩きも三日目にして涼しい所へ出た。万歩計は30000just を記録。小生快調であるが，石黒さんの調子がおかしく疲労大に見える。

　この地では珍しく割に大きなロッジ風の家の前で昼食をとったが，ここでも数人のマオイストを見かける。武装した者もいたが，そうでない者もいる。武装していなくても，こんな素朴な土地では彼らの眼つき，雰囲気でマオイストだと分かる。

　ここへ着く前，ニマ君に話しかけ，しばらく一緒に歩いていたインテリ風の優男を見て，「はあ，ニマ君にマオイストのPR，勧誘しているな」と感じ，彼が去ってニマ君に聞いたら，そうだと言う。マチャコーラの上流からジャガットにかけてはマオイストの巣窟だという。

　それはこの辺りの地形が入り組み，アーミーとの戦闘では隠れやすく，下からも奥地からも攻め込まれにくく，かつ寒くなく隠れての生活がやりやす

いからだそうだ。

アルガートバザールのアーミーもここまでは危なくて入れないのか？

昼食待ちでぶらついていたら，明るい感じの30代の男性に英語で話しかけられた（こんな辺鄙な所で英語ができるとはロッジの人だったかも，マオイストではない）。

小生の会話は全くのベイビー・クラスだが，ピケピークに始まるこの半月間で急速に上達中。彼はアメリカ嫌いで日本好き，日本を良い国だとほめそやす。それでこちらも「ネパール大好き，素晴らしいところだ」と言ったら，彼は「自分もこの国は好きだが，決して平和ではない」と渋い顔。マオイストは我々から運動費として金を巻き上げ，生活面で村人に食料を無心しているとのこと。おまけに一軒から一人，マオイストになることを要請しているらしい。

自給自足で平穏に暮らしている中で，教育が行き届かず判断力のない若者が変に洗脳され，きつい農作業に意欲をなくしたら，村の将来はどうなるのか。

▷10/28　ジャガット（1370m）〜ダン（1860m）

今までの行程も連日ハードさを増してきたが，この日は更に厳しい。

大峡谷の核心部に入り，切り立つ岩壁や廊下状のため，右岸を歩いたり左岸を歩いたり，また右岸に戻って高巻きのため松林の中へ登って行ったりと，アップ・ダウンも一段と激しくなり距離も長く，標高差500mの何倍分を上下したか分からない。

高所影響のない快調な足でこの実感である。強いキッチンやポーター諸君もさすがに疲れたらしく，ダンへの登りにかかる松林の一軒家の前で，先に着いていた彼らはそこの庭でキャンプしたそうに待っており，ニマ君が我々と到着するや，今日はここまでにしようと持ち掛けた。

ニマ君は周囲の状況を見ていたが，キッパリと目的地のダンまで行くと決断，皆を立たせた。

今まで，まじめでやさしいニマ君しか見ていなかったので，彼の厳しい表情に改めてサーダーとしての強さと実力を見た。小生が日程，キャンプ地を計画し，ほぼその通り実行されてきたが，この場合，彼らが決める通りで構

わないと黙って見ていた。確かに疲れてはいるが，内心では，ここは少し湿気のある感じだし，狭くもあるので，あまり気が進まなかった。

それでニマ君の決断に賛成だったし，よしもうひと踏ん張りだ，と気合が入った。

それから約1時間半登り，村の入口の仏門（カンニ）をくぐりダンに着いた。数軒の小さな村で，これよりチベット仏教圏に入る。子供たちの服装がラマ（僧）となった。

万歩計は3万6200。強烈なアップ・ダウンの道で，実によく歩いたものである。石黒さんの疲労は極限に近い。高所に入る前に飲もうと誘ったウイスキーを，酒好きの彼が一滴も口にせず，食欲もない。

▷10/29　ダン（1860m）～ギャップ（2100m）

万歩計2万1200。昼過ぎに到着した。草地の快適なキャンプ地。ここまで奥地に入ると，外界とはほとんど閉ざされた世界。大人も子供も着の身着のまま。あまりにもみすぼらしい様子にカメラは向けられない（彼ら自身は貧しいと感じていないかも知れないが……）。

ニマ君も「こんな所には住めない。すぐ逃げ出す」とのこと。

▷10/30　ギャップ（2100m）～ナムルン（2550m）

これまでの北進から西進へと変わる。峡谷も終わりに近づいた所の小さな盆地。道中，マニ石（経文石）が多く，チベット仏教の色彩がだんだんと濃くなってきた。

マチャコーラ～ギャップ間に比し，ナムルンは村が豊かになった感じ。電灯も来ている。奥地に来て豊かになったのは何故かと不思議だったが，ここまで入ると上からチベットの物資が入ってくる。

このは日9970歩の休養日歩きだったが，石黒さんの体調は戻らず，彼はこのマナスル周遊後のカンチェンジュンガ・トレッキングへの参加は断念する。

▷10/31　ナムルン（2500m）～ロー（3150m）

放牧されている草原や山腹道を登るにつれ，展望が開けてくる。今までの峡谷歩きでは拝めなかった白峰が次々に顔を出し，最後にローの入口にか

かってからマナスル（8163m）が忽然と現れる。この時は思わず歓声を上げた。その姿の素晴らしいこと！

ローは大きな村で、入口からチョルテン（仏塔）の列とマニ石が続き、その奥にマナスルが聳える。周囲には麦畑が大きく広がり、これまでの景観と一変する。ブリガンダキ峡谷に点在していた小さな村々ばかり通って来ただけに、奥地でこんな光景が展開するとは思いもよらなかった。宗教色も濃く出ている。

チョルテンが並ぶ坂を登り切った所が村外れで、小さな草地がキャンプ地である。

12時丁度に着いたら、米国のトレッカー数名が食事中。米国人は絶対通さないという武装マオイストの検問をどうやって抜けてきたのだろう？　聞けば、彼らはヘリコプターで直接サマへ乗り込み、今から少し下った所で帰りのヘリコプターと落ち合うのだという。

マチャコーラ周辺がマオイストの巣窟だが、彼らはこんな上までは来ない。何故なら、こんな高所では生活環境が厳しいこと、空からアーミーに狙われるからである。

キャンプ場のすぐ横の麦畑で男女と子供の3人で収穫作業をしていたので、彼らを前景に写真を撮っていたら、男性が英語で声を掛けてきた。最初、小生を日本人か韓国人か分からなかったらしい。こちらも彼をこの村の人と思っていたら、韓国人のラマで、ここに来て2年経つという。今までタイや香港で修行してきたそうで、来春ここを出て韓国に戻る予定だと。

小生が長崎だと言うと、すぐ近くだと懐かしそうに話す。このロー村が如何に桃源郷であろうと、たった一人でこんなヒマラヤの最奥地へ入り込み、言葉も通じない村へ溶け込み、2年も過ごしてきたなんて驚きである。

こんな所で日本人に会えたのがよほど懐かしく、嬉しかったらしい。彼ほど意志強固な者でも故郷への想いに駆られたのだろう、夕方仕事の帰りも、わざわざ我々の所へ寄り、しっかりと握手して村へ下りて行った。

ここは熱心な仏教徒村である。昼食後、すぐ近くの山のゴンパへ一人で出かけた（心配だったのか、後でニマ君も登ってきた）。山の下には長さ約50m位、2階建ての立派な建物を建設中。1階が教室、2階が宿舎。

山上のゴンパも大きく豪華で，日本流でいえば棟上げ完了の状況。絵や装飾品の内装が大変なので完成まであと３年要するという。

　このゴンパの大ラマは現在インドで修行中で，完成後戻り，近隣の子供を集めて教育するのだという。壮大な計画であるが，この建設資金はどうやって出るのだろうと気にかかる。

　ここの住民は先祖からチベッタンであるが，住民登録はネパールのゴルカ族となっており，チベットへ自由に出入りできる（チベット側のチベッタンはネパール側へ入れば戻れない。国境の検問で許可されない）。

　ここから上のソムドまで１日，国境越えに１日，三日目にはチベットの大きな町へ入れる。ネパールのどのバザールより近いのである。ここの農作物をヤクに積んで，生活物資をチベットと交易する。

　従ってここの住民は，下のマチャコーラやダンの人たちより遥かに文明の恩恵に与っている。

　山奥へ進むにつれ，生活も厳しく不便になるのが当然で，実際今までそうであったが，ぐーんと奥に入ればこれが逆転してきたのが見た目で分かった。

　この村の人たちは夕方遅くまでよく働いている。日が沈む頃，谷の方から10人位，身体がすっぽり隠れるような大きく束ねた干し草を背負って，蝸牛のようにゆっくり，ゆっくり坂道を踏みしめながら登ってくる。半分は女性であるが，荷の重さは70〜80kgはあろう。彼らの貴重な家畜であるヤクや馬のエサを冬に備えて蓄えておくためである。

　これを眺めていた時，先の韓国人ラマが別れにやって来たので，「あなたも，あんなに背負うのか？」と聞いたら，「自分はとてもあんなことはできない」と笑って答えた。

　彼は未だ30代，ガッチリした体格にして，である。低地民族と高地民族のDNA の違い，子供の頃から鍛えられた強さを改めて見せられた。

　　身を越える干し草背負い夕日坂

　夕方，一時雲多くマナスルもすっぽり隠れ，夕景撮影はあきらめ，干し草背負いが過ぎ行くのを見ている時，振り向いたら，マナスルがオレンジ色に染まっている。

ローの麦畑

慌ててテントからカメラを取り出し，三脚を立てる間もなく，手持ち開放でシャッターを切った。実に優雅で幻想的光景だった（93ページ写真）。

この日は1万8000歩の半日歩き，万歩計記録は本日まで。

＊高所に入ってベルトレスの防寒用ズボンに着替えたため，装着しても不正確だから。

▷11/01　ロー（3150m）〜シアー（3330m）〜サマ（3450m）

不調の石黒さんはニマ君とゆっくり来てもらうことにして，小生はカンチェンへのトレーニングとポーターを前景にマナスルを撮りたく，彼らと一緒に歩くことにした。

スタートしてすぐから，どんどん下り，谷を渡り，そこから森の急坂を嫌というほど登って行く。この標高くらいでは荷の重いポーターやキッチンより軽装の小生のほうが休憩しない分早く，登り詰めた所のシアーに着いた。森の中から出た途端に立派なカンニ（仏門）をくぐり村に入る。

ここも別天地。森の中の広場といった環境に集落があり，小さな商店もある。周囲はマナスルこそ見えないが雪山に囲まれ，小さな村ながらローより一段と垢抜けした感あり。日程に余裕があればシアーにも一泊して周辺を探索したいところだが，ここでは時間も早く，昼食もとらずサマへ向かった。

シアーから森の中を少し下り，峠までぐんぐん登り，ゆるやかにサマへ下って行く。道が広くなって展望が開け，遠くにサマの集落が見え出す頃，後ろで賑やかな声がした途端，タキギを背負った娘たちが追い抜いて行った。「これはよい被写体，よい所で雪山をバックに撮ってやろう」と追っかけたが追いつけない。こちらは5〜6kg，彼女らは30kg背負っているのに！

　　村娘タキギ背負いて野を掛ける

サマは広い盆地，旧い家々とチョルテン，マニ塚が旧い王国を想わせる。

山の景観も凄い。マナスルはここからでは二つのピークが尖り、アンナプルナ山群の聖山マチャプチャレに似ている。ここではロッジに泊まることにした。

　午後、村内を散歩。どの家々もほとんど同じ大きさ同じ造りの石組みで、一階は家畜小屋、二階が住まい。家の周囲にはマキと干草をどっさり積み上げて冬支度。一見薄汚いが、これがこの地で生活していく上での最も合理的なやり方なのだろう。

　新しいロッジも建ちつつある。何といってもここはマナスル山域のメッカである。

　広い草原もあり、飛行場を造るスペースも充分ある。しかしそんなことはしてはいけない、と考えた。緊

上：サマのマニ塚
下：シアの森からサマへ戻る娘たち。前方マナスル

急時のヘリコプターは別として、村人が飛行機やヘリを利用できるわけはないし、観光客が多数簡単に入れるようになれば自然資源の枯渇、村全体の生活が壊れ、大きな貧富の差が生じてしまう。平和な生活の根源である人の心がすさんでくる。

　３年前歩いたマナン（旧マナン王国）を思い浮かべる。近くに飛行場ができ、沢山の人々が押し寄せるようになると、秘境が秘境でなくなり、一部のロッジのみ富がもたらされ、周囲の民家や周辺の村々は相変わらずの厳しい生活である。

　幸いナムルンから上のこの辺りはチベットとの交易の便利さもあり、しっかりとした生活が成り立ち、精神面含めてカトマンドゥの人々より幸せとみる。もしここにヘリなんかで安易に入れるようになれば、ブリガンダキ沿いの貧しい人々は益々取り残されてしまう。

　ブリガンダキ・ルートを歩きやすく整備し、ロッジを増して（現在ロッジ

間隔が遠すぎる）トレッカーが容易に入れるようになれば，ブリガンダキの若者にポーターの仕事が出てくるし村の農作物は売れるし，このサマへも心身健康な人のみがより多く来るようになり，村のバランスを失うことなく豊かさも増してくると思う。

　環境も壊れない。飛行機で沢山の人が押し寄せれば，ここは生産物の供給が追い付かぬため，結局他所から空輸で物資を購入し，また貴重な燃料（マキ，ヤク糞）が足りず，木が伐採され，長い目で見れば村人の燃料不足，環境破壊が生じてくる。

　マナンとよく似た環境条件だけに第2のマナンにしたくない気持ちが強く働く。ここにはマオイストはいないが，ブリガンダキに居候するマオイストたちは村人たちに無心ばかりせず，村人のためにこんなことを考え，政府に要求してくればよいのだが……。

　ところで，我々のロッジの若おかみはそのマナンから嫁に来た。乳飲み子をあやしながらもよく動き回る働き者である。マナンからここへは我々が目指すラルキャ・ラ（5100m）を越え，彼女の足でも四日はかかるだろう。同じチベット系民族同士だし，マナンの人はマナン商人として行動範囲が広いから，こんな遠くへも縁があったのだろう。

　赤ん坊に「ランブロッサ！（可愛い）」と言ったら「ダンネバード（ありがとう）」とにっこり喜んでくれた。

　　新雪のラルキャ・ラ越えて嫁ぎしサマ
　　乳飲み子を胸に語りしいろりばた

▷11/02　サマ滞在

　夜明け，ロッジのベランダより，刻々染まりゆくマナスルを撮影。ピンクからオレンジ色へ変わりながら長く伸びていく光は息を呑む美しさである。

　　（白　雪）
　　白い肌ピンクに染めて夜あける

　朝食後，石黒さん，ニマ君，ブルパ君とマナスル・ベースキャンプ近くの氷河湖へハイキングに行く。ここからの氷河，氷瀑の光景は迫力がある。日本隊が登頂したルートも見当がつく。

氷河横のモレーンに沿って登っていき，氷瀑より上まで行けば，ゆるやかな雪原がある。その雪原から横に山頂への雪稜が上がっていく。

日本隊が初登頂した当時，ベースキャンプから第6キャンプまで，身体を順応させながら数週間かけて頂上征服しているが，現在の装備とカルマ君クラスのシェルパならば，2カ所の設営で三日あれば登頂できるだろう。

往復で四日見た。それほどシェルパの能力は高いのである。

▷11/03　サマ（3450m）～ソムド（3800m）

ブリガンダキ源流に沿って，紅葉した灌木混じりの草原の道を緩やかに登っていく。あれほど凄かった峡谷の源流とは思われぬ小さな流れである。サマから西北方向に進路となり，右手の6200m前後の山々はチベットとの国境ですぐ間近に見える。

ソムドから国境への峠越え道があり，我々の足でも4時間位で国境へ達しそうな距離である。途中，上からヤクの隊商が下りてきた。農産物，チーズなどの乳製品を持ってチベットへ行き，塩や生活用品を仕入れてサマへ戻っているのである。

　　枯野行く塩を背いたヤクの群れ

ソムドの素晴らしく立派で大きなカンニをくぐり村へ入った。最奥の定住村である。広い畑（主としてジャガイモ）とヤク，山羊の放牧生活で，民家は数十個。サマの10分の1位の集落だろうか？

民家の造りは同じ。バッティーもやっている民家の広い庭でキャンプ。

この家の主人は立派な馬が自慢。下から馬で颯爽と帰ってきて，可愛くてたまらぬように丁寧に洗っている。鞍の敷物も立派な織物。

午後，ニマ君と上方のチョルテンへ高所順応のため散歩。上から見ると，あちこちドッコを背にヤクの糞拾い。灌木しかないここではヤクの糞は貴重な燃料である。

夕方，テント地の民家の炉端でポーター君たちがロキシー（焼酎）を飲みながら暖をとっている。小生が中に入ると，火の傍へ寄れと席を空けてくれる。火はもちろんヤク炭である。おまけにロキシーまで回してくれるので，高所＝禁酒であるがちょっぴりいただく。

屋根裏のスス黒々と暖をとる

▷11/04　ソムド（3800m）～ラルキャフェディ（4460m）

　ラルキャフェディへだらだらと長い登り，快調に歩けるが，紫外線が強く目がくらくらする。頭痛はしないが，時々高所の影響を感じる。

　昼食後，一人でラルキャ・ラへ向かって4900mまで登って行ったが，まだ先が遠くて引き返した。

　大分下った所で小生を呼ぶ声がする。すぐ下の谷で石黒さんがニマ君やランバトさんたちと遊んでいた。石黒さんが疲れで出歩くこと少なかったので，ホッとした。高山病の心配はなさそうである。

　実はニマ君も，サマでは「このままラルキャ・ラを越えるか？　引き返すか？」と迷い，心配していたそうである。もうここまで来れば越えるしかない。

　夜，石黒さんと「明日が勝負，頑張ろう」と言い合った。

▷11/05　ラルキャフェディ（4460m）～ラルキャ・ラ（5100m）～ビムタン（3950m）

　昨日の登りをもう一度。この高所では急ぎもできぬが，自分のペースよりゆっくり歩いても楽にはならない。石黒さんにはニマ君とゆっくり来てもらうことにして，マイペースで歩くことにした。

　高所でも低所でも変わらぬキッチンやポーター諸君は，とっくに行ってしまった。急な登りではないが，行けども行けども峠は近づかないし，雪道（積雪10～20cm）となり，滑らないよう，ゴロ石の間に足を踏み込まぬよう回り道するのでよけいきつい。

　ようやくタルチョはためく峠に着いた時は，ヤッターという気持ちより，これから楽になるという気持ちで特に感慨なし。広い峠だから下の展望がしにくい。

　一服しながらブルバ君に「石黒さんが来ているか見れないか？」と言うと，来た方へ少し戻り，ここへはまだ1時間はかかりそうだという。

　じっとしていては寒いので，先へ下りていくことにした。こちらの下りは急なこと，その上にガレ道で滑りやすく，バランスとるのが大変。

うんざりするほど下った所へ，ポーターのマエラ君が熱いティーの入った
ポットとミカンを下げて登って来た。有難くいただく。今度はブルパ君が
「石黒さんへ持っていくから待っててくれ」と言う。

こんな急坂をまた登り返すのかとびっくりしたが，勢いよくどんどん登って
いく。1時間以上待たされるかなと覚悟していたら，30分位して上方に彼
の姿が現れ，ジグザグの急坂をジグザグに歩かず，一直線に駆け下りてくる。
その早いこと，バランスの良いこと，信じられぬ凄さである。

この下りでは，右前方にペリヒマール（6700〜6800m）が連なり，大きな氷
河も見えるが，ベタ光線であり，下る方に消耗して撮る気にならない。

急坂を下りきった先の小さな水場で昼食。そこからビムタンへの下りは緩
やかだが長いこと，これまた行けども行けどもである。

この日はラルキャ・ラへの登りに4時間，ビムタンへの下りに昼食時間（1
時間）を含めてだが5時間半かかった。朝5：30出発で，ビムタン到着15:00
となった。

ビムタンは四方を雪山に囲まれ，甲子園球場の数倍はあろうかという広ー
い芝生の中に，きれいな小川が流れる仙境。定住地ではないが，新しいロッ
ジのみ数軒あり。

ここのロッジの前にビールが並べてあるが，チャン（どぶろく焼酎）を飲み
たくて注文したら，ここではムスタンコーヒー（ロキシーとコーヒーをミック
スしたもの）しかないとのこと。どんなものかと飲んでみたら結構旨い。そ
れを聞いてランバートさんが，もう1杯持ってきた。2杯ですっかり酩酊，
夕食は入らず。

▷11/06　ビムタン（3950m）〜ティリジェ（2300m）

ビムタンから森の中をひたすら下る。昨日来，下る下る。「サマの若おか
みはこんな山道を登りに登って，嫁に行ったのか，里帰りなんてとてもじゃ
ない」とつい思う。

ティリジェの民家の庭にキャンプ。ビムタンのロッジの経営はこの村の人
たちだとのこと。

▷11/07 ティリジェ (2300m) ～タール (1680m)

川に沿って2時間位下ったダラパニで，大きな流れのマルシャンディ・コーラに合流。ここから上流へはマナンへのルート。小生も3年前ここを通りマナンへ向かった。

西洋人トレッカーが次々にマナンへ向かっていく。大きなロッジが立ち並び，人の服装もきれいになる。振り返れば，ラルキャヒマールの白い峰々が青空に映え，あの向こうから超えて来たのかと感慨深し。

　　　朝 霧 の 谷 の 彼 方 越 え し 峰

タールはマルシャンディ・コーラが緩やかに流れ，崖下の平坦地できれいな所だったと3年前の印象に強くあったが，今は立派なロッジが建ち並び，すっかり様変わり。

▷11/08 タール (1680m) ～バウンダラ (1310m)

下りルートだがアップ・ダウン多い。3年前に比しロッジも増え，行き交うトレッカーも多い。ただし日本人はゼロである。マナンへの国別客数では日本は1，2を争うが，忙しくて，きついのが嫌いな日本人は直接，飛行機で，しかも団体で入るからである。

トレッカーが増えた分，ポーターやロバ隊も多くなった。

　　　米 を 背 に ロ バ 隊 あ え ぐ 九 折 坂
　　　　　　　　　　　　　　　つづら

長く歩いた後だけに，最後にバウンダラへの急坂登りはきつかった。

▷11/09 バウンダラ (1310m) ～ベシサール (840m)

バウンダラから急坂を下れば，少しのアップ・ダウンあるが平坦な長い長い道。ブーゲンビリアも咲いており，暑い暑い。昼食地点で振り返れば，マナスル三山が天高く聳えている。

下方のマルシャンディ流域は，収穫直後の田園の幾何学的模様がきれい。

終点のベシサールは今まで歩いてきた所から見れば大都会。ホテルに泊まる。

▷11/10 チャーターバスでカトマンドゥへ戻る

カトマンドゥへの車窓から川の流れに見入った。マナンを源流とするマルシャンディ，ラルキャ・ラの下から細々流れ出し大峡谷を抜け出たブリガンダキの流れ，ランタンを源流とするティスリコーラが車窓の川に合流してくる。

皆，チベット国境の源流からはるか遠くインド洋まで，自然の恵みと試練を与えつつ悠久に流れる想いにひたった。

これらの源流を見，歩いたことに，改めて感慨深し。

●後記

この紀行でマオイストについて大分悪口述べているが，3年後の2006年4月20日，王政を倒して（当日夜は戒厳令で外出禁止令は忘れられない）ネパール政府はマオイストが実権を握り現在に至っている。王政時代とマオイスト政権になってからの違いは，我々トレッカーにとっては特に大きな違いは感じないが，ヒマラヤ・トレッキングに関しては不要な開発(車道化)で素朴な村々の生活を壊しているのを多々目にする。

具体的なことはその時の紀行に述べているので略するが，今まで単純に神々の座を眺め楽しむだけだったのが，民族への興味，彼らの生活を通して「人間の幸せとは？」の思いで新たな眼でその後のヒマラヤを旅するようになったのは，ブリガンダキの歩きがきっかけである。きつい旅だったが，小生のその後の人生観に貴重な体験だった。

ブリガンダキ峡谷の村々が現在どうなっているのか知らないが，できるだけ多くのトレッカーが訪れてほしいと思う。そのためにはロッジの間隔が短くならないと，一般的トレッカーには無理かなと思う。

そういうこともあり，今の政府には，間違った車道化よりトレッカーを呼び込むロッジ建設指導してほしい。

現在，日本の旅行社のマナスル山域トレッキング・ルートはビムタンかからラルキャ・ラを往復するルートであり，ブリガンダキ・ルートは敬遠されているようである。マナスル山域の神髄を堪能しトレッキングの本当の面白さはブリガンダキからのルートだと今でも思う。

(2019.5.20)

パンペマのカンチェンジュンガ（8598m）

カンチェンジュンガ山群探訪記

(2003.11.17-12.14)

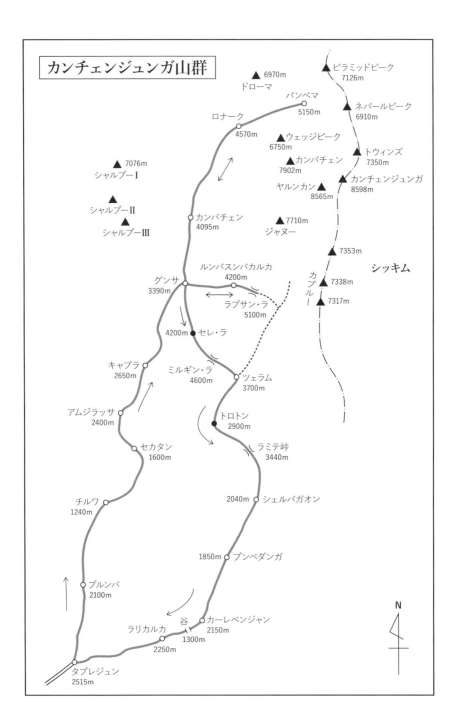

カンチェンジュンガ山群

▲ 6970m
ドローマ

バンペマ
5150m

▲ ピラミッドピーク
7126m

ロナーク
4570m

▲ ネパールピーク
6910m

▲ ウェッジピーク
6750m

▲ トゥィンズ
7350m

▲ 7076m
シャルプー I

▲ カンパチェン
7902m

▲ カンチェンジュンガ
8598m

ヤルンカン ▲
8565m

▲ シャルプー II
シャルプー III ▲

カンパチェン
4095m

▲ 7710m
ジャヌー

ルンバスンバカルカ
4200m

グンサ
3390m

シッキム

ラプサン・ラ
5100m

▲ 7353m

▲ 7338m

カ
ブ
ル
ー

▲ 7317m

4200m ● セレ・ラ

キャブラ
2650m

ミルギン・ラ
4600m

ツェラム
3700m

アムジラッサ
2400m

トロトン
2900m

セカタン
1600m

ラミテ峠
3440m

チルワ
1240m

2040m シェルパガオン

1850m プンペダンガ

ブルンバ
2100m

ラリカルカ
2250m

谷
1300m

カーレベンジャン
2150m

タプレジュン
2515m

N

●カンチェンジュンガ山群概要と旅への取り組み

　カンチェンジュンガ山群はネパールとインドのシッキム州との境に連なる一大山塊で，ヒマラヤの東端に位置している（カトマンズの東約275km）。

　盟主カンチェンジュンガは，主峰8598m（世界第3位）をはじめ8000mを超す五つの峰からなる巨大な山塊で，チベット語で，カン＝雪，チェン＝大きい，ジュ＝宝，ンガ＝5を表し，「偉大な雪の五つの宝庫」となり，仏教の五大宝庫を意味しているとのことである。この他，カンチェンジュンガに勝る存在感の怪峰「ジャヌー」（7710m）をはじめトゥインズ（7350m），カブルー（7353m）など7000m級の山々がひしめきあっている。

　しかしこの山塊へ入るには長期かつハードなアプローチとなるため，現在のヒマラヤでも最大の秘境である。

　1899年，イギリスの著名な登山家ダグラス・フレッシュフィールドはダージリンから眺めたカンチェンジュンガに心を打たれ，その登頂は思いもよらぬことだが，登路発見者として後に来る者の踏み台になれば満足だと，山岳写真家などを伴いカンチェンジュンガ岳麓を一周した。2カ月近い悪戦苦闘の旅の末，登路はついに発見できなかった。

　しかし，セラの傑作写真を組み込んだこの時の紀行『Round Kang-chenjunga』は不朽のヒマラヤ古典となっている。初登頂はこれから56年後の1955年イギリス隊で，エベレスト初登頂から2年後である。

　小生がカンチェンジュンガ探訪を計画したのは，2000年冬のエベレスト山群トレッキングを終える頃，共に歩いた寺田・花木両君と「3年後にカンチェンをやろう」と約束してからである。たまたま小生は若い時に手に入れた山岳書の中のフレッシュフィールドの旅の抄録に心惹かれており，彼のルートを辿ろうと，2002年春にシッキム側のゴチャ・ラ（カンチェンの南面）とゼム氷河（カンチェンの東北面）を訪ね，荒涼とした迫力のある世界，道中の素晴らしい森，湿原に魅せられた。

　今回，3年前に約束したメンバーでネパール側をできるだけ深く，広く歩き回った。小生としては，2年がかりでフレッシュフィールドの国境越えの部分（チベットからネパールとネパールからシッキム）を除き，小生なりにROUND-KANNCHENJUNGAを達成した。最高に充実した山旅と同時に夢が叶った喜びで胸がいっぱいである。

●日程

11/17（晴れ）カトマンドゥ〜（フライト）〜タプレジュン（2515m）……スタッフ合流

11/18（晴れ）タプレジュン〜ブルンバ（2100m）

11/19（晴れ）ブルンバ〜チルワ（1240m）

11/20（晴れ）チルワ〜セカタン（1600m）

11/21（晴れ）セカタン〜アムジラッサ（2400m）

11/22（晴れ）アムジラッサ〜キャブラ（2650m）

11/23（晴れ時々曇り）キャブラ〜グンサ（3390m）　＊最奥の定住村

11/24（晴れ）グンサ滞在，高所順応のため周辺散策

11/25（晴れ）グンサ〜カンバチェン（4095m），待望のジャヌーと対面

11/26（晴れ）カンバチェン滞在　＊朝−12度℃
　　　　　　〜シャルプー側の谷を4500m地点のカルカまでハイキング

11/27（晴れ）カンバチェン〜ロナーク（4570m）

11/28（晴れ）ロナーク〜パンペマ（5150m）　＊カンチェン北壁と対面

11/29（晴れ）パンペマ滞在〜カンチェンジュンガ氷河へハイキング

11/30（晴れ）午前：パンペマ北側の丘陵（5400m）へハイキング ＊朝−18度℃
　　　　　　午後：ロナークまで下る

12/01（晴れ）ロナーク〜カンバチェン

12/02（晴れ後曇り）カンバチェン〜グンサ（3390m）

12/03（晴れ）グンサ〜ルンバスンバカルカ（4200m）

12/04（晴れ後曇り時々雪）ルンバスンバカルカ滞在
　　　　　　ニマ君たち3人，ラプサン・ラ（5100m）へのルートを調査の結果，峠付近の雪が深く通行不可と判明，帰路はミルギン・ラ越えに変更決定。

12/05（晴れ後曇り）グンサのカルカへ引き返す。＊ルンバスンバの朝−22度℃

12/06（曇り）グンサのカルカ（3500m）〜セレ・ラ（4200m）
　＊小林氏は往路をタプレジュンへ戻るので，カルカでお別れ。

12/07（晴れ後曇り）セレ・ラ（4200m）〜ミルギン・ラ（4600m）〜ツェラム（3700m）

12/08（晴れ後曇り，夜雪）ツェラム〜トロトン（2900m）〜ラミテ峠（3440m）

12/09（小雪後曇り）ラミテ峠〜シェルパガオン（2040m）

12/10（晴れ）シェルパガオン〜ママンケ〜プンペダンダ（1850m）

12/11（晴れ）プンペダンダ〜カーレベンジャン（2150m）

12/12（晴れ）カーレベンジャン〜谷（1300m）〜ラリカルカ（2250m）

12/13（晴れ）ラリカルカ〜タプレジュン（2515m）

12/14（晴れ）タプレジュン（フライト）カトマンドゥ

▷タプレジュン（11/17）

　タプレジュンはカンチェンジュンガ山群への基点で，ネパール北東端の空港である。カトマンズ空港から小型プロペラ機で1時間，進行方向左手（北側）に延々と続くヒマラヤ山脈の大パノラマの最後に，目指すカンチェンジュンガやジャヌーが登場すると着陸態勢に入り，あっという間に視界から消えた。

　空港は広いなだらかな丘陵の上にあり，有視界飛行とはいえ，山々に囲まれ猫の額のような，ルクラ空港（エベレスト山群の基点）の怖さはない。マオイスト（過激な共産党主義者）と政府の決裂のため，この辺境の，のどかな空港も武装したアーミーで物々しく警備されている。

　棚の外に，先に陸路で到着していたキッチン，ポーター諸君の顔が待っている。実はここへ来るまで我々もスタッフ側もそれぞれ思わぬトラブルに巻き込まれ，やっと辿り着いたのである。寺田・花木両君は11/12に関空からカトマンドゥ入りする予定であった。ところが，ロイヤルネパールの航空機エンジン故障のため上海空港で四日間も足止めをくらい，16日夕方やっとカトマンドゥに到着できた。

　一方小生は，マナスル周遊トレッキングから10日にカトマンドゥに戻り彼らを待っていた。ロイヤルネパールの応答は「明日は飛ぶ，明日は飛ぶ」と連日の肩すかし。上海組との連絡もつかず，彼らも情報を摑めず，同乗していた客はほとんど日本へ戻るし，本来なら14日にカンチェンへ向かって飛び立つ予定なので，「カトマンドゥに着いても小生らが出発しているのではなかろうか？」，「自分たちもあきらめて日本へ戻ろうか？」などと悶々としていたそうである。

　15日夜やっと，それも偶然のタイミングで花木君の電話がカルマ君に通じ

た時は万歳！ をする思いであった。「待っているから安心してくれ」とのカルマ君の声を聞いた時，花木君の声は涙声だったとのこと。

　小生たちと一緒に飛び立つニマ君と諸手続きを済ませ，後から追いかけるカルマ君を除く他のスタッフたちは小生とのマナスルから帰着した翌11日にカトマンドゥからバスの乗り継ぎでタプレジュンへ向かった。14日に先方に着き，我々と合流する予定である。

　ところが14日になっても到着の電話がなく，こちらの出発遅れの連絡のつけようがない。実は彼らも，あちこちでマオイストによる交通ストップで到着が16日になったのである。双方のトラブルがたまたま「結果オーライ」のタイミングとなったのは幸運だった。

　さて，ヒマラヤ東部の村々は「トンバ」が旨いところである。トンバとは醸酵させたヒエを直径10cm，深さ30cm位の筒の容器に入れ，これにお湯を注ぎ，細い管で吸い飲むもので，若干甘みもあり，アルコール度数も10％位で飲みやすい。お湯は何度でも注ぎ足しができるが，小生は3回の注ぎ足しで酩酊してしまう。

　九州山地椎葉村民謡に「稗つき節」があるが，トンバはなかったのか？
昔から芋焼酎である。

　このトンバはエベレストやアンナプルナなど，他のヒマラヤ山地にはなく，カトマンドゥでも場末の飲み屋にしかないそうである。

　10月のピケピークトレッキング時，シェルパのチョワン君から「カンチェンはトンバが旨い」と聞いていたので，カトマンドゥに戻るや寺田・花木両君に「ツマミを持参してくれ」と葉書を送った。

　色々あったが，無事スタート台に立てた。これからの長い山旅の前途を祝おうと夕食前にトンバを飲むことにした。花木君が小生からの葉書要請に応じて見たこともない立派な“サケの燻製”を持ってきた。北海道の地の者ならでは手に入りそうもないもので，その旨いこと！　ところが彼は，アルコール類は体質に合わず一切受け付けないとのこと（食べ物は何でも人一倍食うのに！）。知っていればツマミ要請もしなかったのに。またも結果オーライ。待望のトンバにこのツマミ，調子の上がる三人に彼はティーで付き合い。

未 知 の 旅 ト ン バ 飲 み 飲 み 夢 語 る　　　（大矢）

　夜間，小用でロッジのトイレに行くのが面倒くさくて，テントの近くで
キャップランプを点けたまま用足しをしたら，ニマ君があわてて出てきて
「ライトは消して下さい」と言う。ライトは，マオイストを警戒するアー
ミーの標的になる恐れがあるためである。人里では夜間のライトは禁物であ
る。用心！　用心！

▷ブルンバ (2100m) へ (11/18)

　往路の最奥の村グンサへ向かうには，一旦タムール川（カンチェンジュンガ
氷河を源流とするグンサコーラとヤルン氷河を源流とするシムブワコーラが合流
したもの）へ向かって，尾根を巻きながら，ゆるやかにアップ・ダウンしつ
つ下っていく。

　この山域の広大なこと。急峻だろうとの予想に反してゆるやかに，大きく
裾野が広がり，民家も他地域ヒマラヤの山村のものより大きく，豊かそうに
見える。特に直前にブリガンダキ峡谷（マナスルへの道）の貧しそうな村々を
見てきただけに強く感じるのかも。

　朝露の道は，昔の日本の山里を歩いているような気分である。秋なのに桜
の花もあちこち咲いて風情あり。初日の軽い足慣らしとあってタプレジュン
から約3時間，300m下った標高2100mのブルンバのテント地は昼食時に着
いた。

　　　朝 霧 に 浮 か ぶ 家 々 山 裾 ひ ろ し　　　（大矢）
　　　ナ マ ス テ と 手 を 合 わ せ 過 ぐ 山 の 里　　　（小林）

　ヒマラヤには季語の適用が難しく，またスケールが大きすぎるため俳句に
ならぬが，適当にその印象を句にすることにした。しかしあまり駄作ばかり
で，数日後は戦意喪失し，1句も出なくなった。

▷チルワ (1240m) へ下る (11/19)

　カンチェンジュンガを目指そうというのに，山腹を巻きながらまだまだ下

り続ける。行き交うのは重そうなドッコを背負って登り来る村人のみ。

　　たきぎ負う山の乙女のひとみ澄みし　　（大矢）

　山腹巻きは必ず谷とクロスする。都度，吊り橋や丸木橋を渡る。大きな谷にはしっかりとした吊り橋が架けられ，何人同時に歩いても心配ないが，この日の谷で，長さ40m位の，老朽化し，床板も所々抜け落ち，サイドのワイヤーも摑みにくい吊り橋があり。ここばかりは一人ずつ用心して渡った。

　　谷深く朽ちたる吊橋息を呑む　　（大矢）
　　渡り終え尚息やまず朽ちし吊橋　　（小林）

　タムール川へ向かっての下りの道中，ある民家（リンブー族）の庭先で昼食となる。こういう場合，ちょっとしたお礼はキッチンの方で払っているのだろう。
　この家の主婦が稗を搗きだした。夜の亭主のトンバを作るためだろう。ニワトリがその稗をついばもうかと周りをウロウロする。我々は早速カメラを取り出して撮らせてもらう。農作業が好きで得意な寺田君が，杵を借りて搗いてみる。かなり重いそうで，楽にやっているようであるが，見た目以上にきつい仕事のようである。

　　山の神稗つくキネの音かるし　　（小林）

　午後も山腹道を登り下りしながら徐々に標高を下げ，1240mのタムール川畔のチルワに着く。カンチェンジュンガを目指そうというのに，カトマンドゥと同じくらいまで下がってしまったのである。チルワにはカンチェン山群の入域許可証のチェックポストがあり，狭い谷間に数件のロッジがあって近くに適当なテント地がなく，結局ロッジ泊まりとなった。
　ロッジの食事テーブルでティーを飲んでいると，隣のテーブルで我々をジロジロ見る若いグループ（女性一人含む）がいる。通常の村人が我々を見る目と違う。そのうち彼らは吊橋を渡って対岸の方に登って行った。あとでニマ君に聞いたら彼らはマオイストで，我々四人のトレッカーに対し，一人当たり2000ルピー（約4000円）要求され支払わせられたとのこと。どうも彼らは空

港から我々をマークし，彼らにとって安全な場所で姿を現したらしい。

　マナスルでもそうであったが，辺鄙な村で，こそこそと行動し，旅人や村人にたかっている彼らには腹が立つ。主義主張がどうあれ，カトマンドゥで堂々と述べ，市民の同意を得る努力をすべきで，何も分からない村人は，若者が変に洗脳され，働く意欲をそがれては大変なことになる。

▷セカタン（1600m）へ（11/20）

　チルワからタムール川左岸沿いに歩き，広い平坦地で数十軒ある村に出た所の草原で早めの昼食。

　ここでは藁を牛で踏み固めさせている光景が面白かった。冬の牛の餌としてたくさん貯えておくため圧縮させるのである。子供たちも藁の上で飛び跳ねして楽しそうである。

　村を過ぎ，樹林帯に入り，山腹を巻きながら徐々に登って行く。ヤルン氷河を源流とするシンブア・コーラが右から合流し，さらにしばらくすると目指すカンチェンジュンガ氷河を源流とするグンサ・コーラが合流し，タムール川と別れ，グンサ・コーラ沿いにアップ・ダウンを繰り返しつつ登って行く。セカタンの民家は山奥に点々と見えるのみ。

　テント地は，一軒家バッティー前の快適な芝生の広場。チルワから400mしか登っていないが，距離が長く，アップ・ダウンが多いため結構な歩きであり，道中の樹林帯は南アルプスの山中を歩いているようで，大分山深く入った感じである。

▷アムジラッサ（2400m, 11/21）

　いきなり急坂登りでスタート，グンサ・コーラ沿いにアップ・ダウンの繰り返し。急流の淀みで猿の集団が水浴中を見る。暑いから水浴しているというより，水遊びではしゃいでいる感じ。

　最後に急坂をどんどん登りアムジラッサに着いた。これから上はシェルパ族のゾーンとなるが，アムジラッサの民家はポツンポツンと数えるほど。その内の一軒の上下2段の広い庭がテント地。

　家のすぐ下に肥えた土の畑が広がり，庭では若い主人が屋根壁用の竹材搬きに精を出し，傍で小さな長男坊が熱心に父親のククリ（山刀）の扱いに見

入り，美人の奥方が赤ん坊の守をしながら，ヤギやニワトリの世話をしている。実にのどかで平和な光景である。

　小生はこの光景に民謡「稗つき節」の那須大八，鶴富姫の椎葉村生活を想起させられた。ここの奥方は，顔立ちは驚くほど日本人そっくり，少々気の強そうな，野性味のある，素晴らしい美人である。

　独身のニマ君を，「あんな美人の奥さんと，こんな所で生活するんだったら良かろう」と冷やかしていたら，カルマ君が一人の若者を連れて到着した。我々より三日遅れの昨日，タプレジュンに着き，「今日はブルンバの少し下を発ってきた。何も食べてなく腹が減ったので，セカタンのバッティーで何か食べ物をと頼んだが，チャン（焼酎のどぶろく）しか出せないとのことで，食べないよりいいだろうと飲んできたら，最後の坂はきつかった」と珍しく疲れた顔と弱気の弁。

　当たり前である。如何にスーパーマンと言えど，飯の代わりをアルコールですませ，我々の三日近い歩きを一日で，しかも重いザックを背負ってだから……。しかし，さすがスーパーマンである。こんなことができるのだから……。しかもちょっと臨時の腹入れをしたら，すぐ本来の元気な顔で行動しだした。

　カルマ君が連れてきた若者は唖で通常の会話はできないが，カルマ君とは見事な手話で通じ合う。本来陽気な若者で，日を重ねるにつれ，皆と打ち解け合い，人気者となった。この過程でカルマ君の優しさが随所に発揮され，彼への若者の心酔振りが良く窺われた。

●シェルパニ（シェルパ族の女性）のこと

　アムジラッサの奥方の話題から，シェルパニのことに話が及び，カルマ君の話。

　「シェルパニは働き者で，嫁に行く前は非常にやさしいが，嫁に行くと強くなる。単に気が強いどころのレベルじゃない。ふだんやさしくとも，ダンナがずるけるとポカポカなぐる。酔っ払ったダンナなんか無抵抗で馬乗りでなぐられる」

　まじめで，やさしいニマ君はどうなるのか？　と，またひやかされた。

機織りの主婦（フェレ集落）

▷キャブラ（2650m, 11/22）

　相変わらずグンサコーラの清流沿いに歩く。高巻きが多いためアップ・ダウンも多い。アムジラッサとの標高差はわずか250mであるが、この何倍も登ることになる。

　周囲を4000mクラスの山々に囲まれ、谷筋を歩くことが多かったためもあり、目指す奥山の姿はまだ見えず、キャブラに来て、前衛峰というべきグンサダール（6027m）がやっと顔を出した。改めてカンチェン山群の懐の深さを感じる。

　またタプレジュン以来、他のトレッカーと会うこともなく、この広い山域に我々以外果たしてトレッカーが入っているのかと思っていたら、昼頃、米人組と英人組が各1チーム下りてきた。ここでの挨拶は彼らも「ハロー」ではなく「ナマステ！」である。

　テント地は台地の快適な草原、もちろん我々だけで、スタッフ諸君ものんびりくつろぐ。

▷グンサへ（3390m, 11/23）

　標高差はあるが、ほぼ登り一方なので割りに楽である。ずっと山中にポツポツと点在する民家ばかり見てきたが、初めて大きな集落フェレ（3200m）に入った。旧いゴンパや、はためくタルチョでチベット仏教の色彩濃い所である。ここで昼食。

　訪れる人が少ないためか、村人が珍しそうに我々を眺める。昼食場所の横の家は、若くてチャーミングな奥さんが織ったジュウタンや小さな敷物が掛けてある。もちろん売り物としてである。花木君が手頃な大きさの気に入ったものを買った。小生も気に入った図柄のものがあったが、荷物として少し大きすぎると思い、その横で奥さんの写真を撮らせてもらうだけにした（帰国後、その写真を見た家内から、これは無理してでも買ってくればよかったのに、と言われた）。フェレからまた一歩きして待望のグンサへ入った。

　グンサは最奥の定住村で70戸程の大きな村で、学校もある。周囲を4000m

のどかなグンサの朝

クラスの急峻な山に囲まれ，数軒のロッジ以外は，皆同じような大きさと造りの家ばかりである。ここではカルマ君の旧知の家の庭にテントを設営し，食事やティーは家の中を利用させていただくことになった。

この日グンサへ入ったのはもう一組，日本人４人パーティで，タプレジュンからヘリコプターでやって来たとのことである。我々が６日かけて登ってきたのに，彼らはわずか30分。それで本当にこの山域の素晴らしさを味わえるのか？　と皮肉りたくなる。高山病はじめこれからの高所，難所で楽しむ能力に差が出てくるはずである。

▷グンサ滞在（11/24）

朝の気温は－８度℃（小林さん持参の寒暖計）。

午前中は高所順応のため上の方へぶらぶら歩き。約２時間登ったが，未だジャヌーは見えない。ジャヌーは翌日の楽しみにして，昼食に間に合うよう下った。

●小林健康講座

博学で話し好きの小林さんは，ティータイムや夕食時，色々と面白い話で楽しませていただいたが，この日の講義から一部紹介。

１）高山病予防薬にバイアグラが効果的？

一般的に高山病の予防薬として実際に使用されているのは利尿剤のダイアモックスであり，これは尿をよく出すことで体の新陳代謝を活発化させるのが目的であるが，人によっては副作用問題があり，それなりの専門知識のある人の指導がなければ使用できない。

そこで新説は「バイアグラが高山病に効く」とのこと。「バイアグラは血管をよく開かせ血流をよくするので，高山病にも効果的で副作用の心配もない」と真面目に話される。

なるほど一理ありと本気で聞いていたが，最後に，「これは小林教授の話で

カンバチェンへ，ジャヌー登場

した」とオチがあり，本人が試用したことも，聞いたこともないそうで，ガクッと一本とられた。しかし本当にそうかもと思えぬこともない。だがどんな薬があろうと，やっぱりよく水分を採り，ほどよく動き，体を徐々に高所に慣らしていくのが本筋。

2）尿健康法

　利尿剤のことから尿健康法についての話になり，「尿には身体に良い成分がたくさん含まれている。だからこれを飲むのは健康に非常に良い」（これは本当）。「冷えたのはダメで，暖かいうちに」ということから，朝の"一番しぼり"で大笑い。

　以上，元小学校校長先生らしからぬユーモラスな話に沸いたが，彼の実践健康法は，よくストレッチをされること。歩く前も，歩き終えても，欠かさずきちんとされる。

▷カンバチェンへ（4095m，11/25）

　昨日歩いた道をさらに上へ，グンサ・コーラ沿いに樹林帯や川原を歩く。途中，川原で休憩しているところへグンサ村のシェルパニが追いついて来て，キッチンやポーター諸君と談笑をしていたが，先に登って行った。カンバチェンでの彼女のロッジを開けるためである。

　中年の女性とはいえ，さすがに山の女，その歩き振りはとても我々が及ぶところではない。高所の急斜面をさっさと登って行った。

　休憩地点からは急坂を登ると，次は急斜面のガレ場のトラバース，緊張を要するところで，ヘマをすれば100m位下のグンサ・コーラまで滑り落ちかねない。ガレ場から草つき山腹を登ったところで（4200m位），待望のジャヌー（7710m）がドーンと姿を見せた時は，思わず歓声。歩き出して8日目にようやく巡り会えたのである。

ミルギン・ラのジャヌー

ジャヌーは今回の旅で一番撮りたかった山であり，先でじっくり撮りまくるとしても，取りあえずこの峠で雄姿をカメラに収め，カンバチェンへ下って行った。

カンバチェンはヤクの放牧地で定住者はいないが，数軒のロッジがあり，トレッキング・シーズンや夏季の放牧のためグンサの人たちが上がってくる。我々は先のシェルパニのおばさんのロッジの敷地にテントを張り，食事，お茶の場所にロッジを利用させてもらうことになった。ポーター諸君はここで自炊宿泊である。高所ではアルコールはダメだが，スタッフ諸君は囲炉裏でチャンを旨そうに飲んでいる。

お茶を飲んでいたらガスが上がりそうになったので，ジャヌーの夕景を撮ろうとあわててカメラとライトを準備し，グンサ側の高所へ出かけた。この時ばかりは高山病の懸念も捨て，駆け登るような勢いである。

三脚を据え，時間とともに変化するジャヌーの輝きにシャッターを切るが，赤く染まりだす前にまたガスが立ち籠め，楽しみは後日に残し，テントに戻る。

夕食へ行こうかと外に出ていたら，年配のシェルパのおっさんに日本語で話しかけられた。20年位前，日本隊と一緒にカンチェンジュンガへ登頂したとのこと。そしてなんと彼は小生・寺田君のメラピーク登頂時，ガイドとして我々を導いてくれたアンダワ君の奥さんの父だったのである。奇遇である。彼も娘婿が世話した客に会えて嬉しそうだった。今回彼は，上から下りて来たオーストラリア組のサーダーとしてである。さすがに，カンチェンの登頂者だけにがっちりした体格で，50歳とかだがバリバリのサーダーである。

▷カンバチェン滞在（11/26）

朝は−12度℃。グンサより上がった分，冷え込んだ。

午前中，高所順応とジャヌー撮影ポイント探しを兼ねシャルプー（6433m）

ブルーシープ（野生山羊）が斜面を走る。
前方トゥィンズ（7350m）

側の谷へ寺田・花木両君と３人でハイキング。広い谷間の小さな流れに沿って左側にシャルプーを眺めながら，灌木の中のヤク道やゴロ石伝いに登って行く。右手は5000m位の急斜面の尾根が続き，その山腹を数十頭のブルーシープ（野生の山羊）が走っている。

　正面方向にこの谷の源流の氷河が見え，そんなに遠くないと思えたが，行けども行けども近づかない。結局，500m位登った所にカルカがあり，そこでジャヌーを眺めながら１時間程日向ぼこして下った。

　滞在日はキッチンやポーター君たちはトランプに興じている。彼らもこの旅が本当に楽しそうである。

　ティータイムを早めにしてジャヌーを撮影しようと昨日の所へ登って行ったが，5時になってもガスは上がりそうもなく，あきらめて下った。

▷ロナーク（11/27），パンペマ（5150m，11/28）へ

　第一の目的地パンペマへ向かって，ロナークまでは東北方向に，ロナークから東方向に徐々に高度を上げていく。急坂は少ないが予想以上に距離があり，高所影響でゆるやかな上りといえど結構きつい。3000以下の低所では荷の重いポーターやキッチンと軽装の我々では同じくらいの歩きであるが，高所になると，ガタッとペースが落ちる我々低地民族に対し，彼らは低所と変らぬペースで先に行ってしまう。

　ロナークの手前で右側からラムタン氷河がグンサ・コーラへ合流し，その奥にカンバチェン（7903m）が白く光る。この辺の川岸は氷混じりで逆光に映えてきれい。

　ロナークの入り口で左側からロナーク氷河からの流れが合流し，これを渡って，ロナークの草原に出る。グンサ・コーラは広大なカンチェンジュンガ氷河となる。

右手にウェッジピーク（6750m）の見事なヒマラヤヒダを見つつ，山腹の草つき道や，ゴロ石の岩場を歩き，目的のパンペマ（5150m）へ着いた。思い描いていた地へついに来た。

　パンペマの光景はダイナミックそのもの。灰色の荒々しい氷河がここで大きく曲がり込み，正面の氷河の先に凄い氷瀑とその奥に何段もの氷壁を重ねたカンチェンジュンガの巨大な山塊，単に主峰の標高が8598mで世界第3位というだけではなく，8000クラスのピーク5峰からなる巨大さはエベレストさえ上回る。左手前のツインズ（7351m）が小さく感じるほどである。残念ながらあまりにも巨大で同じような高さのピークが並ぶため，姿がまとまらず，この迫力をカメラでうまくとらえきれない。

　氷河をはさんでツインズと反対側の右手には，ヒマラヤヒダのウェッジピークが見事な三角形でそそり立つ。背後の丘陵奥のドローマピーク（6970m）のヒマラヤヒダも美しい。夕日のカンチェンを撮ろうと三脚を据えレンズをそちらに向け構えていたが，一向に焼けそうになく，背後のドローマピークが見事なピンクに染まりだしあわてて向きを変えた。

▷パンペマ滞在（11/29）

　パンペマ周辺を楽しもうと当初から連泊計画していたが，あまりにもスケール大きい地形だけに，シェルパの足ならいざ知らず，我々の足では少々歩いても景観は変わらない。

　行動食を準備し，カルマ君，ニマ君ガイドに，ピラミッドピーク（7126m）を見に行こうと，地図上でシッキムへ抜けるルート沿いに登ろうと思ったが，山腹がガレて通過困難なため氷河上を歩くことにした。一旦モレーンの下におり，氷河の端を歩き出したが大きな岩石がゴロゴロ。カルマ君，ニマ君はほいほい歩くが，こちらはそうはいかない。遅々として進まず，ピラミッドピークが見える所までは辿りつきそうにない。ついにあきらめ，大休止して引き返すことにした。

　戻る途中，小生一人，小高い斜面に立ち寄りカンチェンジュンガを撮影していたら，下方のテント辺りでワーワーと声がする。何だろうと思っていると，突然背後で凄い地響きがする。振り向いた途端に仰天，何と小生からわずか数メートルの斜面を，ブルーシープの群が猛烈な勢いで疾走している。

無我夢中でシャッターを押しまくった。

　下におりて聞いたら，キッチンやポーター君たちがブルーシープを捕らえてご馳走にしようと，上と下から包囲した結果，小生の方向に逃げ出したので，小生に捕まえろとわめいていたとのこと。冗談じゃない，あれにタックルしたら，こちらが跳ね飛ばされる。

　ブルーシープも一番弱そうな小生の方を突破しようとしたに違いない。貴重な写真は撮れた。

▷グンサへ戻る（11/30～12/02）

　11/30，パンペマの朝，−18度℃（テントの内側，シュラフの口周りは，吐く息で薄く凍りついている）。

　午前中，パンペマ背後の丘陵へハイキング。完全に高所順応しているとはいえ，5000mを超える所での急斜面直登は息が切れる。どこまでも続きそうな斜面，400m位登った所の平らな場所で終点とした。昼食後，ロナークまで下りる。

　12/01，カンバチェン。夕，いつもの所へジャヌー撮影に出かける。今度は見事な夕照。夕食後，寺田君64歳の誕生祝いにランバートさんが豪華なケーキを作って来て，皆で祝う。こんな素晴らしい山旅と仲間の祝福に寺田君感涙。

　12/02，昼グンサへ戻る。また往路の家でお世話になる。我が家へ戻った感じ。

　キッチン・スタッフがお湯を沸かしてくれ，久しぶりに頭を洗い，身体を拭き，総着替えをしてすっきりした頃，小林さんが疲れきった顔で到着した。カンバチェンの緊張するガレ場を渡り終え，下の川原でホッと一息入れていたら，いつのまにかウトウト眠ってしまったと（もちろんブルパ君は横で待っている）。71歳でパンペマまでやりとおした満足感と張りつめていた気持ちから解放され，疲れがどっと出て来たのであろう。

　ティータイムに，パンペマへの第1次トレッキング完了をトンバで乾杯した。

ランバートさんがツマミにとびきり美味いヤクのレバーを焼いて差し入れしてくれた。このグンサのヤクは，クーンブ地方のように荷役目的でなく，食用目的としているので，柔らかく美味いのだという。この日の夕食はもちろん，以後のキャンプでも数日間のヤク肉のご馳走にありついた。寒いので保存の心配がないから……。

　また，この家で出してくれたバタ茶が香ばしくて何杯もおかわりした。一般にバタ茶には独特の匂いがあり，日本人には合わず，中には腹をこわす人もいるが，小生の身体がこの地の風土に馴染んだのかも？

　グンサ土産に，この家の娘さんが織った小さな敷物と超高級薬草「冬虫夏草」を買った。

　明日からの第2次トレッキングはルンバスンバカルカでジャヌーを撮り，ラプサン・ラを越えてヤルン氷河へ出，カンチェン山群を周遊するルートで出発点のタプレジュンへ戻る計画である。

　家の主人の話では「今年は誰もラプサン・ラを越えた者はいない。通れるかどうか？」とのことだったが，我々はかえって冒険心で張り切った。何しろ強力なスタッフがついているので不安は全然感じなかった。

▷ルンバスンバカルカへ（4200m，12/03）

　グンサからすぐ森の中の登りへ入り，グンサダール（6027m）の山腹を巻きながら登る。素晴らしい樹林の中を落ち葉を踏みしめて歩き，高木帯から抜け出し，ヤマタリ氷河のモレーンの手前で昼食し，モレーンに上がり，この上を上流方向へ登っていくが，どこから氷河へ下りるかルートが分からない。

　ラプサン・ラ越えはポーターの一人が10年以上前に行ったことあるが，昔のことで覚えていないという。ルンバスンバカルカは対岸のモレーンの下にあるのは間違いない。地図で確認すると，昼食地点から少し下った所で氷河を横断し，対岸のモレーンの下を上流方向へ登り返すことになっている。

　しかし，ここまで苦労して登ってきたので今更下へは下りたくない。幸い細いヤク道が氷河へ向かってついており，これに沿ってモレーンを氷河へ下りた。ヤマタリ氷河は後退しつつあるとかで，この辺では岩と大きな石コロ

の川原で小さな流れが通っているのみ。

　小さい流れといっても傾斜があるだけに狭い所ほど流れが速く，渡れる箇所がなかなかない。腕力のある若衆たちが大きな石を川へ次々に投げ込み，ようやく渡った。

　次はモレーンの急斜面をよじ登り，反対側に下った所に草原の別天地があり，ここがルンバスンバカルカだった。草原の中に浅い小さな流れがあり（半分は凍っている）岩や石で庭園の風情がある。今は枯れているが，色々な花の残姿が多く，夏は凄い花園だろうと思わせる。標高，土質からブルーポピーも咲くだろう。「カルカ」となっているが，それらしきヤク囲いの石組みの痕跡もなく，ヤクは草原の中やモレーンの斜面で自由に動いている。狭い場所と予想していたのに想いもよらぬ仙境だった。

　ポーター君たちがちょっと居なくなったと思ったら，次々にマキをどっさりかついで来て，山と積み上げた。近くのシャクナゲ群落の中から枯れ木を幹ごとかついで来るのである。ナタ，ノコもなしに素手，短時間でよくもこれだけ集積できるものだと驚きいる。

　明るい時間から豪快なキャンプファイヤーが始まった。

　ここではジャヌーを撮るため連泊だが，この日は我々には時間的にも体力的にも登る余裕がなく，翌日の楽しみにしていたが，カルマ君はちょっと登って来ると，ビデオを持って出かけ，ジャヌーの素晴らしい夕照を撮って来た。足場の悪いゴロ石ルートを彼の足で15分位登った所だそうで，我々の足では1時間とみて，明日15時から登ろうとなった。

　いつもは7時半にはシュラフにもぐり込むのだが，9時頃まで焚き火のそばで楽しんだ。

▷ルンバスンバカルカ滞在（12/4）

　滞在日で久しぶりに朝はゆっくり，いつも6時半朝食・7時半出発だが，この日は8時に朝食。しかしいつもの習性と生理要求で6時半にテントを出ると，もう焚き火をやっている。

　冷え込みが強いので，テント，寝具が不充分な彼らは寝ているより焚き火で温まろうということになったのだろう。夜明けの白い山をバックに火を囲み暖をとっている光景はなかなか絵になり，ストロボがないのが残念だった。

●ポーターの野宿

　ポーターは民家やロッジのある所では土間を借用し泊まっている。もちろん自炊である。ところがルンバスンバカルカでは何もない無人の所なので，キッチンの大きなテントを一張り，ポーター用として提供された。けれど彼らにはテントでの窮屈な閉塞感と寝心地が性に合わなかったらしい。次の日（12/4）マキ採りに行ったら良い岩屋が見つかったのでそこに泊まることにしたと，テントを返上して上の方へ移動して行った。

　－20度Cの世界でたいした防寒着も持たず，毛布一枚でよく野宿できるものだとあきれてしまう。彼らにとってはテントより焚き火のできる岩屋の方が快適なのだろう。

　この日から人家のある村までの五日間，彼らは完全に野宿の旅を続けた。それを苦にもしないで楽しそうに，である。彼らの生活力，生命力は本当に驚異的である。

●ヤクの習性について

1）ヤクが踊れば雪が降る

　午後になって小雪が降り出した。近くにいた子ヤクが，はしゃぐように飛び跳ねする。これを見て，カルマ君が「ヤクが踊れば雪が降る」と言った。踊ることで雪の下の草を出して食べるからだそうだ。

2）人間の小用はヤクにとって貴重な塩分補充

　高山病予防のためたっぷり水分は採るし，気温が低く乾燥しているため汗が出ない。その分，夜間の小用回数は多い。一晩に3〜4回はシュラフから抜け出し寒い夜空の下に立つことになる。出したものはたちまち凍りつくが，朝にはヤクが地面ごと舐めとっているそうだ。ヤクにとって貴重な塩分補充なのである。言われてみればヤクは夜，テントの近くをうろついていることが多く，用足しを暗闇からじーっと見ていたのにも納得。

　人間様も高所ではヤクの糞を貴重な燃料とするので，互いに持ちつ持たれつである。

●ラプサン・ラ越えの断念とミルギン・ラ越えへの変更決定

　朝食後，ニマ君・ブルパ君・テンジン君の3人がピッケルを持ってラプサ

ン・ラへ向かった。ルートの調査と工作のためである。彼らの足では昼前には戻って来ると思っていたが，なかなか戻って来ず，2時過ぎ頃ようやく戻って来た。

　彼らの報告によれば，峠の手前から雪が深く，ラッセルしながら進んだが雪はどこまで続くか分からず，クレパスもあり，あきらめて戻って来たと。彼らが苦戦する所を我々が越えるのは不可能である。ラプサン・ラは断念してグンサに戻り，ヤルン側へのもう一つの峠越え，ミルギン・ラへ回ろうと即決定した。

　15時からジャヌー撮影に行くよう準備をしていたが，小雪の上，ガスが濃く，ブルパ君のラマ教の祈禱もむなしく，好転のきざしなく夕景撮影はあきらめ，翌朝の夜明け前に登ることにした。

▷早朝のジャヌー撮影後グンサへ下りる（12／5）

　6時前のまだ薄暗い月明かりの中を出発。大きなゴロ石ばかりのルートを，カルマ君に先導されて登る。凍結している箇所が多い上，急斜面の直登に息が切れる。それでも朝日のジャヌーにと休まず登り続け，ようやく間に合った。

　ここからのジャヌーは「怪峰」の名にふさわしく，カンバチェンから眺めたのより一段と迫力がある。三脚を据付，時間の経過とともにシャッターを切っていく。

　（オールド）ラクパさんとケサム君がポット，ヤカン，バーナーを持って登って来て湯を沸かし，熱いティーとクラッカーをご馳走してくれた。本当にやさしい人たちである。彼らもジャヌーの威容に感激の面持ちで眺めていたが，下方で撮影している小林さんに差し入れすべく下りていった。そこではブルパ君が焚き火サービスをしながら控えている。

　テントに戻り朝食をとり，カルカをあとにグンサに戻る。
　ラプサン・ラは越えられなかったが，このルンバスンバカルカが今まで歩いてきた中で一番良かった。もしグンサを発つ時に越えられないと分かりきっていたならば，ここへは来ず，初めからミルギン・ラを目指していたろうから，かえってラッキーだった。

カルマ君も，今度グンサへ歩ける客を連れてきたら是非このカルカへ連れて来よう，ビデオをヨーロッパの友達に送ってPRしよう，と喜んでいた。

　ヤマタリ氷河を往路のずっと下方で渡り，往路の昼食地へ出て，同じ山道を下り，グンサの集落上方の森に囲まれた放牧地がキャンプ地となった。

　早速ポーター君たちは我々のために，森の中からでっかいマキを山ほど担ぎ出し，ねぐらの森へ姿を消した。

　さて，明日からのミルギン・ラ越えはアップ・ダウンが激しく，距離も長いことから，小林さんには体力的に難しいとの判断から，ブルパ君と（ラマ）ラクパ君をつけてグンサから往路をロッジや民家泊まりで戻ってもらい，タプレジュンで合流することにした。

●ラクパ名の区別

　小生が世話になったカルマ君支配下のサポート・スタッフに，今回含めて3人のラクパ名あり。いずれもフルネームがラクパ・シェルパである。そのうち二人が最初に同時に知り合ったので，年配者をオールド・ラクパ，若い方をヤング・ラクパとしていた。

　今回，ヤング・ラクパ君は参加していないが，オールド・ラクパさんと共に別の若いラクパ君が参加した。彼がゴンパでラマ僧の修行をしていることからラマ・ラクパ君として，先輩のヤング・ラクパと区別することにした。ラマ・ラクパ君は10代後半，色白で日本人に似た明るい少年で，テントでもよく読経していた。

　オールド，ヤング，ラマは，我々仲間内の話の中で使い分けているだけで，本人たちへ話す時は，ラクパさん，ラクパ君である。

▷ミルギン・ラ（4600m）を越えてツェラム（3700m）へ（12/6〜7）

　12/06，小林さん，ブルパ君，ラマ・ラクパ君と別れて，グンサのカルカ（3600m）からすぐ森の中の登りにかかる。針葉樹やシャクナゲの素晴らしい原生林である。

　かなり急登であるが，4000m以下となると楽である。キッチンやポーターに遅れず一気に展望の良い尾根に着いた。大きな岩に上がると，はるか下を

グンサコーラが南北に長く白い帯となり，尾根のすぐ下にフェレの集落，それから南の来し方は山また山の連なり，その谷あいを縫って来たのであるが，よくぞこんな奥地へ来たものだと感慨。

　北を見れば，すぐ下のグンサからカンバチェンへ結構距離があり，カンバチェンの草原や周囲の山は低い雲に覆われて見えず。

　展望を楽しんで，4000mの尾根縦走，周囲の灌木には霧氷がつき，きれいであるが，ガスが立ち籠めて展望が効かない。アップ・ダウンを繰り返しながら徐々に高度を上げて行く。途中の小さな水場で昼食をとる予定だったが，予想以上に早く歩いたし，冷えるので一気にキャンプ地まで行くことにした。

　最後に大きく登り少し下った所で突然，浅く小さな池のようで，清流がゆるやかな流れる小さな草原に出た。セレ・ラ（4200m）である。

　高所の尾根にこんな流れがあるとは想像もできなかった。この尾根唯一のキャンプ地である。大きな石や岩が点在し，素晴らしい庭園である。霧で周囲が見渡せないのは残念でもあるが，この流れと石の組み合わせをより幻想的なものにしている。

　設営，昼食が終わり一段落すると，キッチンやポーター諸君，どこから集めて来たのか小さな灌木のマキをどっさり積んでいる。こんな木もないような所で焚き火できるとは！　このセレ・ラの夜は忘れられない。

　霧も晴れ上がり，満月が周囲の山々の雪を照らす。高々と上がる炎，はじける火の粉が肩に降りかかる度に，横にいるポーター君が払い落としてくれながら，（上着に）穴があいたと，笑いかける。

　明日はミルギン・ラを越えて下りていくので，山上での最後の夜である。テント生活も3週間が経とうとしており，タプレジュンまでまだ1週間もかかろうというのに，我々3人，口々に「まだ下山したくない」とカンチェン山群へ名残を惜しむ。すばらしいスタッフ，仲間に恵まれ，我々は世界最高の秘境を，最高に充実した旅をしている，と3人で言い合う。

12／07，薄い新雪まじりの道をミルギン・ラ（4600m）へ大小の峠を上下しつつ標高を上げていく。この標高の縦走はやはり息が切れる。ミルギン・ラへの最後の登りにあえぐ頃，振り返れば，ジャヌーが現れ，登るほど天高く聳え立つ。雪の中に三脚を立て，シャッターを切りまくる。撮影が終わっ

ミルギン・ラよりマカルー（中央）の右にエベレスト

て，ひょいと周りを見ると，カルマ君が居ない。なんと彼は右手の高いピークの上に居る。そして急斜面を駆け下りて来た。我々では1時間でも登れそうにない所を，あっという間に往復。やっぱりスーパーマンである。

ミルギン・ラを越えてしばらく尾根を歩き，南側の谷へ入った所で昼食。

午後はとにかく物凄い急降下，霧が出て下方が見えなかったのが怖くなくて良かったのかも知れない。1000m以上急降下して，やっとヤルン氷河を源流とするシムブア・コーラに出た。

そこから1時間程上流へ登り返し，川の横の草地でキャンプとなった。ツェラム（3700m）である。すぐ横は森であり，あっという間に一晩中でも燃やし尽くせない枯れ木が集まった。

連日の豪快なキャンプファイヤーでランバートさんが馬鈴薯を抱えて来て，灰の中に入れる。我々もだが，キッチン，ポーター諸君も，何かと便利な集落より，無人の森や山中でのキャンプの方が楽しいようである。

▷ラミテ峠へ（12／08）

ツェラムからシムブア・コーラ沿いに森の中をどんどん下る。川向こうのカブルー，カンラカンなどの山々はシッキムとの国境であり，昔，フレッシュフィールドはグンサから昨日のミルギン・ラ～ツェラムを通り，カンラカン横からシッキムへ戻っている。100年以上昔のその頃，グンサの人たちは既にダージリンの紅茶園へ出かけていたらしいことが彼の紀行に述べてあり，おそらく同じルートを通ったのだろう。

トロトン（2900m）まで下り，本来ここでキャンプ予定だったが，翌日の行程が長いので，眺めのよいラミテ峠（3440m）まで上がろうということになった。

トロトンで昼食後，シムブア・コーラの橋を渡り，山腹を巻く登りにかかっ

た。

　ラミテ峠をすぐ目の前に，すごいガレ場があり，稜線の近くから，400m位下の川まで一気に崩れ落ち，トラバースする幅も200m位ある。カンバチェンのガレ場の比ではない。

　細いトラバース・ルートは砂利で滑りやすい。先行するキッチンやポーターも慎重そのもの。ストックを突き刺し，充分に安定を確保しながら進む。もたもたしていたら上から落石しそうな箇所もある。スリップか落石を食らえば，地獄への直行便である。渡り終えた時は本当にホッとした。日本の山ならば完全に登山禁止か通行止めとなるところ。しかも崩壊はなお進行中である。峠に出た途端，新しい石敷きの立派な道がついている。

　峠は樹林が切り開かれたキャンプ地で，無人小屋が一軒あり。ここからジャヌーを拝むはずだったが，あいにく雲行き怪しく，展望きかず。しかし周囲に大輪種のシャクナゲが多く，これが咲く頃，ジャヌーを眺めたら，素晴らしいだろうと想わせる。

　夕方より本格的な雪となり，たちまち白くなってきた。これを見て我々は「良い時にあのガレ場を通過したものだ，一日遅れたら絶対に通過できなかった」と幸運を喜び合った。雪の中でもキャンプファイヤーは続いたが，濡れるので早めにテントに入った。

　夜中にテントの外でパンパンと雪落とし。カルマ君たち，シェルパ一同が起き出してテントの万全を期しているのである。本当にご苦労さん。

▷シェルパガオン（村）へ （2040m, 12/09）

　ラミテ峠の積雪7〜8cm。小雪降る中を下山，中腹より雪なし。

　上部の新雪に，中腹の紅葉（オレンジ色）がしぶくてきれいである。2300〜2000mの森の中の木々は苔むし，あちこちに蘭が着生，冬の現在は小さな花の開花であるが，春は大型の白，黄色で彩られるだろう。

　1500m位下って谷に出，谷沿いに登り返して，シェルパガオンに着いた。きれいな村で，深山の山里の風情あり。ゴンパ（僧院）の庭にテントを張る。人々が大人も子供も珍しげに寄ってくる。

　無事下山祝いに，夕食前近くのロッジにトンバを飲みに出かけた。8カ月醸成したとかでとびきり旨い。つい4回もお湯を注ぎ足して飲んだら，完全

に酔いが回り，夕食のチキンカレーは口に入らず。

▷タプレジュンへ（12/10〜12/13）

前日までの登山から村々めぐりのトレッキングとなる。

12／10，大きな村ママンケの先プンペダンダまで，10回以上のアップ・ダウンの繰り返しで20km以上歩いただろう。ランバートさん以下キッチングループもバテバテ。シェルパガオンで村人が教えてくれた近道というのが，どう間違ったものか，えらく遠回りになったらしい。

12/11，カーレベンジャンへ，20km位は歩いたろうが，比較的フラットで快適なトレッキング。広大な丘陵で，グンサへの往路の村々に比し，民家もはるかに多く，家も大きく，豊かそうである。シェルパガオン辺りは畑の作物，ママンケから南は水田の棚田，グンサの肉や乳製品も含めて，彼らの足では村と村の物資の交換が簡単にできるだろう。カーレベンジャンでは思いもよらず，カンチェンジュンガ，カブルーの展望が得られた。タプレジュンの尾根も間近に見え，まだこの旅を終わりたくないとの思い強し。

12/12，カーレベンジャン（2150m）〜ラリーカルカ（2250m），大したことないと思っていたら，一気に谷底へ800m下り，900mの急な登り返し。暑さもあり苦戦。ここでもカンチェン，カブルーの夕焼け，朝焼けが撮れたが，両山共あまりにでかく，平面的で絵にならない。

12/13，いよいよタプレジュンへ戻る。バザールに行く村人たちとのんびり登って行く。尾根に出た所で振り返れば，ジャヌーも姿を出し，カンチェン，カブルーと連なっている。夕方，最後の撮影に来ようと決めて，そこから空港脇のロッジまで40分下った。ロッジには先にブルパ君，ラマ・ラクパ君が着いており，しばらくして小林さんが元気にゴールインされ，全員拍手で迎えた。

かくしてカンチェンジュンガ山群の長い旅は終わった。もう来れることはないだろうが，心の片隅にもう一度グンサのヤク肉を食べ，ジャヌーを見たいの気持が残る。

●あとがき

　念願のカンチェンジュンガ山群の旅，本当に素晴らしかった。約４週間のかなりハードな山旅だったが，一日一日が充実して，あっという間に終わった感じである。

　厳しい寒さも，酸素の薄い高所歩きの苦しさも，それを上回る楽しさ，感動で少しも苦にならなかった。しかもそういう時こそ，サポートスタッフの心づかいと，互いの気持ちの交流で，より充実感を高められたのである。

　旅の記録として整理してみたが，この山旅の充実感を表現することは難しかった。

　なにしろ懐深く，広い山域である。長い旅のようでも，駆け足で巡った感もある。要所要所では日程に余裕を持たせたつもりだが，その場所の本当の素晴らしさは一日や二日で分かるものではなく，特に自然は季節も変えて見てみなければ分からない。そういう意味で写真の方も撮りまくったつもりだが，満足なのは少ない。

　３週間経っても「まだ山から下りたくない」，ゴール１日前になっても「この旅を終わりたくない」と互いに言い合ったのも事実だが，ミルギン・ラの下りや，ラミテ峠ガレ場や下り，後半のアップ・ダウンの激しい数日間の歩きに「このコースをもう一度やれとなれば，その気になれるだろうか？」と言い合ったのも事実である。

　しかし，「喉元過ぎれば，暑さ忘れる」である。花咲き乱れる頃のルンバスンバカルカ，ミルギン・ラからのジャヌー夕景，大輪のシャクナゲ咲く頃のラミテ峠，森に咲くランに想いを馳せれば，やっぱりもう一度行ってみたくなる。

　だが，ヒマラヤ東端のこの秘境，エベレスト山群やアンナプルナ周辺などの人気のある山域のように簡単にはやれない。アプローチが大変だし，入域許可は３人以上，そうなれば体力，気心が揃っていなければならない。やっぱり夢か？

　ともあれ，今回の旅で中部以東ヒマラヤ各山域はシッキムまで含めてほぼ歩いた(延べ８カ月かかった)。次の目標，西の秘境ドルポまではやらねばならぬ。リバイバルするか？　やれるか？　はそれからである。　　　　　(2004.1.6)

●追記

　ヒマラヤのほぼ全域にわたり興味のある所を歩き終えた小生は，ヒマラヤへの別れとして，2012年春，この素朴で懐深いカンチェンを選んだ。

　この旅の9年後であり，73歳になり体力的にも厳しかったが，一回り以上若い6人の山仲間と共に楽しく，懐かしく歩いた。ルートは前回と同じで逆回りをした（ラリーグラスの開花に合わせるため）。

　以下，この時の状況や前回とで変わったところ。

　1）ラミテ峠への登りはきつかったが，山道のラリーグラスの美しさに慰められた。

　2）この紀行のラミテ峠での絶壁トラバースは不可であるが，尾根上への安全な巻道ができている。これを越えるのもきつい。

　3）ミルギン・ラから下ったツェラムにはロッジもできており，ヤルン氷河探勝の基地となった（前回，ヤルン側奥地へはやれなかった）。

　4）4月下旬ではあるが，このツェラム含めて積雪があり（20〜30cm），ミルギン・ラへの登りには苦戦した。

　5）ミルギン・ラからグンサへの下りの森，グンサからカンバチェンへの道中の森は赤，黄，白，紫など色とりどりのラリーグラスや草花が素晴らしかった。不思議だったのは，同じ標高でも赤の群落，黄色の群落，紫の群落などグループ毎に棲み分けていること。動物なら縄張りをよく目にするが，植物にも全く同じことがあるとは知らなかった。

　6）一番楽しみにしていた花のルンバスンバカルカへは積雪のため入れず残念だった。このルンバスンバカルカは世界のトレッカーが誰も知らぬ素晴らしい花園だと思うだけにより心残り。6月がベストだろうが，もうやれない。

　7）女性3人を含む7人の旅であり，小生のヒマラヤ旅で身についた素朴な村人たちとのふれあいが，前回とは違った旅の楽しさを味わえた。

　このカンチェン紀行を数年振りに読み返し，当時のこと，二度目の旅のこと鮮やかに蘇り追記した。

（2019.5.24 記）

五体投地でのカイラス巡礼

聖山カイラス巡礼

(2006.5.4-5.25)

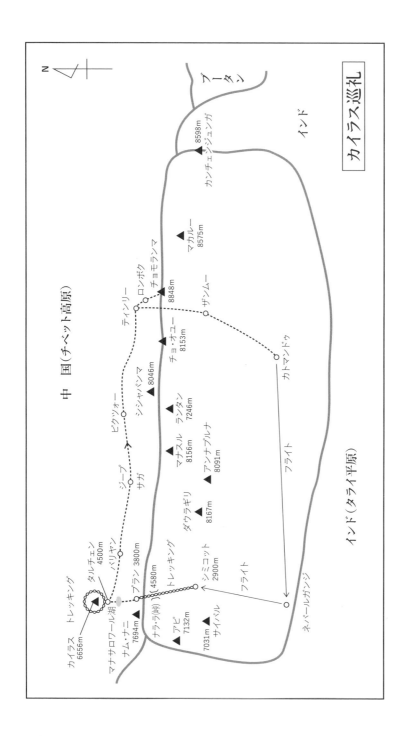

カイラス巡礼

N

中 国（チベット高原）

ブータン

インド

インド（タライ平原）

カンチェンジュンガ 8598m

マカルー 8575m

ロンボク
チョモランマ 8848m

ティンリー

ザンムー

チョ・オユー 8153m

シシャパンマ 8046m

ニャラム

ピクツォー

カトマンドゥ

マナスル 8156m

ラン・タン 7246m

サガ

ジープ

アンナプルナ 8091m

フライト

ダウラギリ 8167m

パリヤン

タルチェン 4500m

トレッキング

ナム・ナニ 7694m

トレッキング

プラン 3800m

ジュミラ 2900m

カイラス 6656m

マナサロワール湖

カルナリ（川）4580m

トレッキング

フライト

アピ 7132m

サイパル 7031m

ネパールガンジ

●カイラス巡礼全体行程

2006/05/04　カトマンドゥ〜（フライト）〜ネパールガンジ（西ネパールのタ
　　　ライ平原にある国境の町）

05/05　ネパールガンジ〜（フライト）〜シミコット（2900m, 西ヒマラヤの村）

05/06　シミコット〜峠（3150m）〜ダラプリ（2300m）
　　　＊これより国境まで8頭のロバ隊が我々の荷物を積んで共に旅をする。

05/07　ダラプリ〜ケルミ（2770m）

05/08　ケルミ〜峠（3050m）〜吊り橋の谷（2800m）〜ヤルバン（3030m）

05/09　ヤルバン〜ヤンガル（岩山を利した家の集落）〜ツムコット（2980m）

05/10　ツムコット〜ダドデュンガ（4000m）

05/11　ダドデュンガ〜ナラ・ラ（峠）（4580m）〜国境の橋（3580m）〜
　　　シェル（検問所）〜ランクル2台, トラック1台〜プラン（3800m）

05/12　プラン〜（ランクル）〜チウ・ゴンパ（マナサロワール湖の北西岸）

05/13　チウ・ゴンパ〜（ランクル）〜タルチェン（4500m）

05/14　タルチェン〜ディラブックゴンパ（4900m）

05/15　ディラブックゴンパ〜ドルマ・ラ（5630m）〜草原（4900m）

05/16　草原〜タルチェン〜（ランクル）〜マナサロワール・ホル（湖東岸）

05/17　マナサロワール・ホル〜バリヤン　＊以下移動はすべてランクル

05/18　バリヤン〜サガ（大きな新興の町, チベッタンの中に漢人進出）

05/19　サガ〜ピクツオー（無人の原野だが, シシャパンマと湖きれいな景勝地）

05/20　ピクツオー〜ティンリー（農耕のチベッタン村, チョ・オユーきれい）

05/21　ティンリー〜ロンボク（5000m）……チョモランマ"どーん"と出る

05/22　ロンボク〜チョモランマ BC（5200m）往復……圧倒的な迫力

05/23　ロンボク〜ティンリー

05/24　ティンリー〜ザンムー（2280m）……急傾斜に建物並ぶ大きな国境
　　　の町

05/25　ザンムー〜（チャーターバス）〜カトマンドゥ

（右側縦書き：トレッキング／車／トレッキング／車）

　聖山カイラス（6656m）は仏教, ボン教, ヒンズー教の聖地として崇めら
れており, チベット人はもとより, インド, ネパールからも巡礼者がはるば
る旅をしてきた。

スタート地シミコットの共同水場

　西チベットにあるこの山にはいずれ行ってみたいと思いつつも，一般的にはラサまたはカトマンドゥから往復3週間の車の旅で，歩くのはたった三日間，費用も高いので，二の足踏んでいるうちに年月は過ぎていった。

　たまたま偶然のことから，西ヒマラヤを横断トレッキングしてカイラスの南80kmにあるチベットの町プランへ出れるルートがあるのを知り，しかもこのルートは古くからチベットとネパール，インドとの交易路として，またカイラスへの巡礼者ルートとして利用されてきたことから，俄然「このルートでカイラス巡礼をやろう！　復路はチベット高原を走り，チョモランマ BC（5250m）で締めくくろう！」と計画し，友人のカルマ君に相談，内容を詰めてもらい，サーダーとしてガイドしてもらうことにした。

　決して楽な旅ではないので，山仲間の中でもやれそうな人に限定し，5人のメンバーとなった。サポートはカルマ君，キッチン担当のオンチョさん，デンリー君の3人のシェルパのみ全行程一緒で，ヒマラヤ越えではロバ隊の馬方さんたちとキッチンのアシスタント，チベット高原では現地のガイドやドライバー諸君と状況に応じてスタッフも替わる。

カルナリ川に沿って北上，国境の峠を目指す

　旅の毎日を書けば色々果てしないので，適当に見聞した中より感想を記したい。

　ネパールガンジからシミコットへ約１時間のフライト。大したことはないようだが，もしこれを陸路でやれば何日かかるやら見当もつかない。離陸してタライ平原を過ぎると，高くはないが，北へ飛ぶ飛行機と直角に東西方向に尾根を延ばす山脈が次々に現れる。「どうやってこれらの山脈を越えていくのか？　回り道できるのか？」。ルートらしきのが見当たらない。

　もちろん車道も無い。貧乏なネパールではこんな所に車道を造るのは何十年先でもできそうにない。日本だったら山脈横断トンネルをドカドカぶち抜いていくかも知れないが，現地の人たちはそんなことをしたら生活体系が崩れてしまう。

　シミコットから歩いて二日目，ケルミ（2770m）が２民族の接点地，即ち北方からのシェルパ族系（チベッタン系），南方からのチェトリー族系，ケルミは２種族の集落があるが，ここより上と下では顔も衣装も宗教も違ってくる。稲作もこのケルミまでで棚田が美しい。

　大分西方になるため，同じ種族でもヒマラヤ中部や東部の人たちとは顔立ちも違っている。交通の便に恵まれないこと，入ってくる外国人も少ない（それだけ金も落ちない）ことから生活レベルも中・東部より大分貧しく見えるが，男女とも全体にのんびりしており，人懐っこい。これがヒマラヤの良さである。

　我々のロバ隊で気づいたが，昔は塩の交易にヒマラヤの東西あちこちのルートをチベットから，ヤクに積んでネパール，インドを目指してキャラバンが進むのをイメージしていたが，これは半分間違いであった。何故ならヤクは高所に強く，パワーもあるが3000mより下では生活できない。従ってヤ

マナサロワール湖畔のヤク供養塚

クに積んできても，中継所があってそこからはロバのキャラバンがインドに向かったのだろう。またロバはパワーはないが高所にも強いので，場所によってはチベットからインドまで長い旅をしたのかも知れない。

　交易路の中継所は色々な利権が絡むので一概に動物の都合で決まるわけなく，一番大きな交易路であるカリガンダキルートはタカリー族が財をなしたことで有名。

　我々が歩いているルートでは，シミコットがチベットからの中継点だっただろう。

　東西に長いヒマラヤの南側（ネパール側）大半は緑豊かで，山岳砂漠のカラコルムと全く趣が異なる。我々が歩いているルートはその中間くらいで，今まで歩いたヒマラヤと比べると随分乾燥地帯に感じるし，植物の種類，量も少ない。それでも国境の峠を境にネパール側は緑が多く，チベット側は全く緑がなく不毛の大地である。数百年前にチベットから移住してきたシェルパ族の先祖は，塩を南に運んでいるうちに，この緑にあこがれ定住地として求めたのだろう。

　シミコットをスタートして以来，ずっとカルナリ峡谷の左岸を高巻きしつつ景観を楽しみ歩いて来たが，四日目のツムコットの手前で初めて右岸に渡った。カルナリ川はツムコットで東側に急カーブし，狭くて急峻な廊下を形成して我々の視界から去っていった。

　二日後，国境の峠（ナラ・ラ）を越えてチベットに入り，西側へターンしてきたカルナリ川に再会した時，水の流れる方向に目をこらしたら確かにヒマラヤの方向へ流れている。これは私にとって驚きと感動だった。何故なら今までヒマラヤのあちこちの峡谷をその源流まで，氷河の雫が流れ始めると

ころまで目にして来たが，いずれも分水嶺を境に流れる方向が決まってくる。カイラスを源流とするカルナリ川は，何とヒマラヤをぶち抜いて南へ駆け下り，ガンジス河へ合流するのである。

　山脈の方向へ流れるのは初めて見たが，二度目はチベットからカトマンドゥへ戻る車道沿いの峡谷となるが，ここはヒマラヤの切れめ的所で，周囲に高い山がなく，チベットの高地から低所のネパール側へ落ち込んでいく感じで，カルナリ川の感動はなかった。それでも黒部の下ノ廊下を数段上回るスケールで，滝のように流れ落ちていた。

　国境の橋で，世話になったシミコットの馬方さんや，キッチンアシストの諸君と別れを惜しみ，中国の検問所に入った。ここではランクル２台とトラック１台が既に我々を待っていた。この手配確認は我々の出発前，カトマンドゥとチベットのラサの会社間でなされていようが，電話も通じない１週間のトレッキングが確実に予定通り進むことを前提とした信頼関係で成立している。こういう旅は我々トレッカーも途中故障で日程を狂わすわけにはいかぬ。幸い全員無事にヒマラヤ越えができ，プランの宿で第一ラウンド完了の祝杯を挙げたいところだが，我々低地民族はチベット高原では高山病予防のため禁酒。

　マナサロワール湖畔で一日休養して，目的のカイラス巡礼の基地タルチェンへ来てみると，あちこちでホテルの建設中，オーナーは漢人だろうが，世界各国から人が来るというのにトイレの数と仕切り方式は旧態依然，中国文化の恥さらしと言える。

　我々が泊まった新しいホテルは，見かけ上各部屋にトイレ，シャワールームを設置しているが，ドアに使用禁止の封印がしてある。まだ新しく一見未完成風に見せているが，小生の見たところ，これは何年たっても未完成なのである。何故なら下水設備がなされてなく，これからもしようとしないのは，増設工事の建屋を見ても上部はどんどん進捗しているが床下は何もしていないし，今更されそうにもない。こんなことが平気でやれるのか，と中国人に腹が立った。きっとトイレ，シャワー付の超一流ホテルという広告を出しているのだろうが……。

五体投地でカイラス巡礼……
近寄りがたい迫力に圧倒される

　タルチェンの喧騒から離れてカイラス巡礼に入ると，流石「聖山」の名にふさわしく，見応え，歩き応えがある。この時期のドルマ・ラ（5630m）は雪でヤクが使えぬため，荷物を最小限にしてタルチェンからポーター7人を雇った。

　三日間のきつい歩きだったが，はるばるやって来た甲斐があったと充実感を味わえた。テレビでは観たことあるけれど，実際に五体投地の巡礼を目の前にした時，まさかこの時期思いもよらなかったので，最初はカメラを持ってオタオタした。

　そのうち，こんな厳しい山道を15日かかるそうだが，よく五体投地で巡礼できるものだと，信仰の強さに圧倒された。シーズン初めだから見ることはないだろうと思っていたのだが，五体投地は満月の夜にスタートするそうで，我々はたまたま，満月に入山した超ラッキーの巡り合わせだったのである。

　ドルマ・ラ越えて，偉くなったとは思わないが，やっぱり越えて良かったカイラス巡礼である。雪に覆われたドルマ・ラに到着した時，先に着いていた西洋人トレッカーたちが一斉に拍手で迎えてくれた。仏教とは縁のない彼らでも，この聖山に対する思いは我々と全く同じだろう。信心深いチベッタン巡礼者ならずとも，この山を回ると，心洗われた気持ちになる。「富士山は眺める山，カイラスは巡礼する山」である。

　チベット高原はまさに不毛の大地，高原と称するからイメージが狂いがちで，砂漠と称した方がふさわしいくらいだ。それでも羊たち丸々と肥り，有るか無きかの草を求めて，せかせかと移動する。時には浅い川らしきのも現れるが，いつの間にか消えうせる。本格的な川はサガに来てヤルンツアンポ川が初めてである。サガは漢人経営のホテルや大きな商店ができつつある大きな町であるが，ゴミ放置のひどさにはあきれる。町建設中の今こそ処理場所や処理法をきちんと形作られるだろうに……。立派な役所はあるのに何も指導しないとは。

チベット高原。左奥は8000峰シシャパンマ，麓の雪線は6000m，歩いているのは4000m。近そうに見えるが，雪の草原ラインまで我々の脚では二日かかる

　サガを出てからも不毛の大地は続くが，これを見ていると，中国は何故チベットをチベッタンに戻してやらないのか，何のメリットがあってこんな土地を手放さないのか不思議。一昔前ならインド対策など軍事目的があっただろうが，今の時代には関係ないはずなのに。プラン〜タルチェン〜バリヤン〜サガと走ってきて，アーミー，役人，大きなホテル，商店はすべて漢人，汗水流しているのは総てチベッタン人，という構図である。

　ゴミやトイレなど目だって悪い物は全部，漢人が持ち込んだ悪習である。

　こんな思いもシシャパンマがきれいに見えるピクツオーに来て，その美しい光景で吹き飛んでしまった。テント場上の砂地の丘陵に羊群を追いかけ，シシャパンマをバックにシャッター切りまくる時は夢のような光景に一人興奮していた。

　タルチェンを出て500〜600km走っても畑はおろか，野菜の一株も見なかったのに，チョモランマへの入口，オールドティンリーに来て初めて農耕を目にすることができた。

オールドティンリーは荒地ではあるが，田園が広がり奥にチョ・オユーが聳え，更に条件がよければチョモランマも頭を覗かせる。商店も含めて完全にチベッタンの村であり，人々の生き生きした顔や行動が今まで通過してきた場所のチベッタンとは違う。

農耕主体の生活だが，ここの住民は春や秋は中国製の生活物資をヤクに積んでナンパ・ラ（5741m）を越えて，エベレスト街道のシェルパの里ナムチェへ商売に出かける。

今やナムチェのバザールは彼らが主役である。もちろん，こちら側のチョモランマBCでの商売もテリトリーである。

上：荒れ地で耕作中
下：母娘が唄で調子を合わせて整地

そういうわけで一見地味ではあるが，中身は豊かな村である。ちょうど春の耕作が始まった頃でテントからかなり遠かったが，彼らの農作業を撮影しようと一人出かけた。

男性が馬で土を起こし，女性が二人ペアでその跡を鍬で鋤く作業が一般的だった。もちろん彼らに挨拶してチョ・オユーをバックに色々なアングルから撮らせてもらった。特に女性二人ペアは唄いながら調子を合わせてやるわけだが，その歌声の素晴らしいこと，民族衣装をなびかせてやる姿にすっかり魅了されてしまい，一区切りついたところで思わず拍手喝采し，お礼を言った。

母娘ペアの娘は可愛らしく，ポートレイトも撮りたかったが，恥ずかしがってだめだった。15歳だそうで，母親も娘が自慢のよう。小生がチベット語をしゃべれるわけないが，こういう感情的会話はなんとなく通じ合うよう

夏のチョモランマ

だ。

　何のお礼も持ち合わせなかったが，来年秋ラッパリ登山でここを訪れる折
には，写真をこの母娘に届けてやりたいものだ。

　最後の訪問地チョモランマ BC は，長旅のフィナーレを飾るにふさわし
かった。今までネパール側のカラパタール，ゴーキョ，メラピークなど色々
な所からその雄姿を眺めてきたが，ここほど間近に，しかも足元から見れる
所はなく，世界一の迫力，貫禄を見せつけられた。言葉でいうより写真，そ
れでも今の春の空気では不充分。ここから入るラッパリ（7100m）登山，で
きれば来秋にしたいのは，チョモランマをより美しく，迫力もって撮りたい
からである。

河口慧海が越境した峠クン・ラ（5411m）。向こうはチベット高原

知られざる世界・ドルポ探訪記

(2006.6.27-7.22)

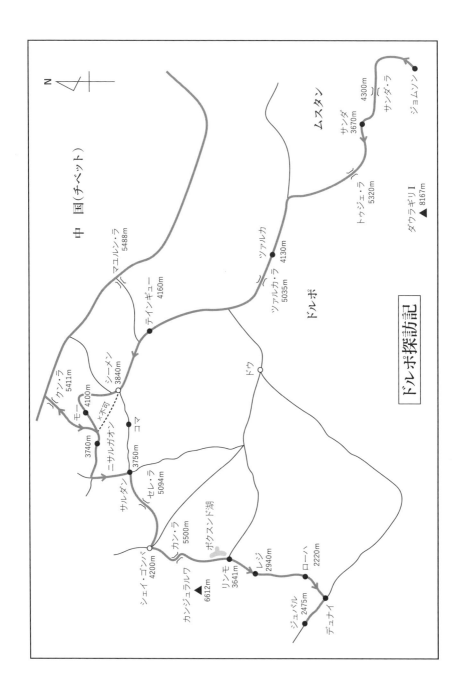

ドルポ探訪記

中　国（チベット）

ムスタン

モー
4100m
3740m
ニサルガオン
サルダン
バイセレ・ラ
5094m
コマ
ジャ(不可)ツン
3840m
シーメン
ティンギュー
4160m
マエルソン・ラ
5488m
リクソン・ラ
5411m
3750m
シェイ・ゴンパ
4200m
カンジ・ラ
5500m
カンジュラルワ
6612m
ポクスンド湖
リンモ
3641m
レジ
2940m
ローハ
2220m
ジュパル
2475m
デュナイ
ドゥ
ツアルカ
4130m
ツアルカ・ラ
5035m
ツアルギュー
5320m
トゥジェ・ラ
5320m
サンダ
3670m
サンダ・ラ
4300m
サンダ・ラ
ジョムソン
ダウラギリ I
8167m

154

●ドルポの概略と探訪ルート

　ドルポと聞いても，余程のヒマラヤ通でなければどんなところかピンと来ないだろう。昔，河口慧海（1866〜1945。黄檗宗の僧侶，仏教学者にして探検家）が仏教の原典を求めて鎖国の厳しいチベットへヒマラヤを越えて入った。その時の潜入路がドルポであると聞けば，たいていの人は何となく分かった感じがする。

　ネパール西北部に位置するドルポは，ヒマラヤ地域の中でも特に素朴で，文明の進歩から置き去りにされたような地域。特に今回のメイン・ルートである UPPER DOLPO は，ネパールでありながらネパール語が通じない世界である（チベット語のみ通じる）。今も河口慧海が旅した頃とほとんど変わっていない世界かも知れない。

　北側はチベットとの国境に接し，南側もヒマラヤの峻険な氷雪嶺に包囲されている。この地域に至る容易な経路は絶無である。どの経路を辿るにせよ5000m級の峠をいくつか越えねばならないし，また峡谷を通過しなければならない。

　我々の旅でも5000m級の峠を3週間で6回越えねばならぬハードさだった。UPPER DOLPO は乾燥地帯でありながら，多くの高峰が林立しているため，谷や川に恵まれ，オアシス地帯が随所に点在し，素晴らしい自然が展開し，厳しい環境の中でも放牧や農耕が営まれている。

　また，生活の中に仏教文化が強烈ににじみ出て，その構造物（仏塔群）が自然の中に芸術品として存立している様に圧倒されてしまった。

　1900年，慧海がこの地域に入ったのが我が国ヒマラヤの第一歩である。以来，1958年川喜多二郎の探検隊まで入域者もなく，その後ネパール政府によりこの地域への外国人入域が禁止され，これが開放された1990年代以降，慧海の足跡に興味を持つ根深誠氏や日本山岳会関西支部が入域したくらいで，まさに「知られざる世界」である。

　実は，慧海は『チベット旅行記』の中で，潜入路やどの峠を越えてチベットに入ったかについて，世話をしてくれた人たちに危難の及ぶことを恐れ，ぼかしていたため謎であったが，克明に記載された慧海直筆の日記が100年以上経った2004年秋，初めて公表されたのである。

　これにより彼がクン・ラ（5411m）を越えたこと，またシェイ・ゴンパに

も立ち寄ったことが明確になった。今回我々は，慧海と同じくジョムソンから入り，北辺の村々を訪ね歩き，クン・ラに立った。そこからチベット高原を展望し，眼下に慧海池が青く澄んで見えた時は106年前の慧海とだぶって感無量だった。

　その後シェイ・ゴンパへ回り，5500mのカン・ラを越えてポクスンド湖へ下り，そのまま南下してジュパル空港へ向かった。

　ポクスンドから下は LOWER DOLPO で，緑濃い世界であり，民族も言葉もネパール。夢から覚めたような気分だった。それほど UPPER DOLPO の印象は強烈だった。

●日程

6/27　カトマンドゥ〜ポカラ

6/28　ポカラ……天候不良のためジョムソンへのフライトは中止（6日連続とのこと）

6/29　ポカラ〜ジョムソン（スタッフ合流）－トレック開始〜パレ（3100m）

6/30　パレ〜モア・ラ（3750m）……高所順応 Stay

7/1　〜サンダ・ラ（4300m）

7/2　〜サンダ村（3670m）……ここまでムスタン州

7/3　〜トゥジェ・ラ中腹（4200m）

7/4　〜トゥジェ・ラ（5320m）〜ヤクカルカ（4800m）……これよりドルポ

7/5　〜タザン（4470m）

7/6　〜ツァルカ（4130m）

7/7　〜ツァルカ・ラ（5035m）〜ドゥからの合流手前の草原（4580m）

7/8　〜ティンギュー手前の広い川原（4160m）

7/9　〜ティンギュー散策〜パアルチュウ（4070m）……マユルン・ラの入口

7/10　〜シーメン（3840m）

7/11　〜峠（5000m）〜モー（4100m）

7/12　〜ニサルガオン（3740m）……ヤンツア・ゴンパへ散策

7/13　〜クン・ラ途中のカルカ（4620m）

7/14　〜クン・ラ（5411m）往復〜ニサルガオン（3740m）

7/15　〜サルダン（3750m）

7/16　～セレ・ラ（5090m）～シェイ・ゴンパ（4200m）

7/17　～カン・ラ（5500m）～カン・コーラの川原（4470m）……雨天臨時
　　　設営

7/18　～ポクスンド湖北緑の草原（3520m）

7/19　～ポクスンド右岸沿い～リンモ（3641m）～レジ（2940m）

7/20　～ローハ（2220m）

7/21　～デュナイ～ジュパル空港（2475m）

7/22　ジュパル～ネパールガンジ～カトマンドゥ

1　ドルポへの出発点パレ (PHALEK) へ

　6月26日午後12：45，ネパールに入国。出迎えのカルマ君から「ニマ君以
下スタッフは全員，先に陸路でジョムソンに着き，食料を買い出ししている。
今回のドルポは現地購入予測が難しいので，食料も多く持っていく。そのた
め馬も4頭手配した。明日ポカラへ飛び，翌6月28日早朝にジョムソンへ飛
びましょう」ということだった。

　27日午後，ポカラへ飛び，ホテル近くの本屋でダウラギリの地図を買った
ら，50歳前後と見える店主が「ダウラギリへ行くのか？」と話しかけてきた。

　「明日からドルポに行く。ジョムソンから入り，ドルポアラウンドだ」

　「オーそれはグッド」と店主は親指を立てる。

　「日本の僧，河口慧海を知っているか？」

　「知ってる，知ってる。彼はドルポからチベットへ行った」

　「私はその河口慧海のルートを辿り，彼がチベットへ越えた峠に立つつも
りだ」

　店主「オーッ」といきなり握手を求めてきた。そして店の者にコーラを
持ってこさせ，飲んでくれと接待してくれた。ポカラで河口慧海にこれほど
のファンがいるとは思ってもいなかった。ジョムソン街道のマルファには立
派な記念館（彼がドルポに入る前世話になった家に記念の品物陳列）もあり，慧
海は西部ヒマラヤの英雄として，この地の人たちの誇りとなっているようだ。

　夏のジョムソン～ポカラのフライトは全くあてにならない。

28日朝，5:00のモーニングコールで飛び起き，空港に行き9:30まで待機するも，雨が上がらず欠航となる。聞けば，これで6日連続欠航とのこと。

　明日の保証もなし，歩けば4〜5日はかかるし，頭をかかえてしまった。昨日も今日も午後からは天気が良いのだが，ジョムソンは午前10時を過ぎるとカリガンダキ峡谷特有の強風が出るため，それ以前にフライトせねばならず，その時霧などで視界不良ならば欠航である。ジョムソン〜ポカラは，季節条件でフライト前提の計画か，歩く日程で計画すべきだと思った。

　29日朝5:20，空港着。祈る思いである。6:00予定のフライトは無し。こちらは雲が高いがジョムソン側がダメらしい。

　8:50，飛び立つ。バンザイ！　6日連続欠航だったのが，わずか1日待ちで飛べたのは超ラッキーだ。ダウラギリやアンナプルナは雲で見えないが贅沢は言わない。

　視界の関係か風の関係か，機は一旦ジョムソンを越えて，ガグベニ上空まで北上し，そこでUターンしてジョムソン空港へ向かった。

　ジョムソンではスタッフ全員が出迎え，ランバートさん，ラクパさん以外は若手の元気者ばかり。全員，カルマ君の村からだそうである。

　ジョムソンから馬4頭と馬方さん一人が加わり，馬方さんのみドルポに行っているがカルマ君始め全員ドルポは初めてで，仕事ながら楽しみな旅のようである。

　早めの昼食をとり，11時にジョムソンを出発。エッカラバッチィー手前の長い吊り橋を渡り，標高差400m位の坂道をぐいぐい登り，14時半にパレ（3100m）に着いた。パレは乾燥地帯であるがすぐ後ろに山があり，そこからの水に恵まれているのか，オアシスの畑が広く緑がきれいである。谷を隔ててダンガルゾン集落があり，学校もそちらにある。

　観光で賑わうジョムソンに近いが，街道から奥に入っているため，ここへ他国者が来ることがないせいか，子供たちが物珍しさにテントに集まって，ピーチク，パーチク雀のさえずり。

2　サンダ村へ

　翌30日は高所順応のため，パレから３時間程の最初の峠モア・ラ（3750m）までとした。サンダ村まで馬を使えば一日で入れるが，4000～4300mのアップ・ダウンの激しいルートだし，サンダからすぐ難関のトゥジェ・ラ（5320m）が控えているので，じっくりと高所対応の体づくりをしようとサンダまで三日かけた。

　慧海（当時36歳）はチベット潜入決行初日と気がはやっていたものか，ものすごく苦労して一日で，それも星と雪の明かりを頼りにサンダ村へ辿り着いた（この間の状況は彼の旅行記によく記されている）。疲れ果てて二日間サンダ村から動けなかったので，結果的には我々と同じ三日要したことになる。

　昼前にモア・ラに着き，のんびり過ごした。ここからの展望は素晴らしい。カリガンダキの上にニルギリ（7061m）が真っ白く聳え，北望すればムスタンの荒涼とした茶色の大地が複雑にうねって果てしなく続いている。

　７月１日，実質的にはこの日がトレッキング開始である。慧海の旅行記を読んで覚悟はしていたが，なかなかの難ルートで，トレッキングというより登山の感覚である。

　地形が複雑で，切り立つ崖のトラバースと最初の4200mの峠まで標高差500mを一気の登り，それからアップ・ダウンの繰り返しと入り組んだ谷をぐるぐるトラバースしていく。トラバースは砂利の急斜面が多く，慧海曰くの「砂車」状態で滑りやすいので用心しつつ歩く。Lungpa Chu（川）をはさんで北側の山と歩いている南側の山で急峻な峡谷をなしているが，対岸のハゲ山に対し，こちらは灌木と草地に恵まれ，色々な種類の夏の花々が路傍に咲き乱れ，楽しませてくれた。化石を沢山含んだ大きな石もあり，カルマ君にピッケルで一かけら砕いてもらい，記念に持ち帰ることにした。

　モア・ラから約６時間で，14時に草原の大地サンダ・ラ（4300m）に着いた。眺めも素晴らしく快適なテント地である。

　７月２日，サンダ村まで３時間ののんびり歩きである。明日からの難所

トゥジェ・ラ越えに向けて高所順応と体力蓄えである。

　出発して50分（8時20分），朝霧で霞む向こうの尾根から山羊の大群が雲霞の如く湧き出して我々に向かって来，交叉してサンダ・ラの方に向かっていった。300頭は居たろう。しかし飼い主はついていず，リーダーの山羊に従って動いているようである。

　2時間後，村に着いて聞けば，毎朝各家の山羊小屋ゲートを開ければ自分たちで出て行き，夕方戻って来て小屋に入るとのことで，確かに明るいうちに黒い行列をなして戻って来ていた。実に手のかからない山羊たちで，リーダーはしっかり者である。

　10時30分，サンダ村（3700m）に着いて驚いた。13戸の集落ということだが，ものすごい斜面に家が密集し，片側は谷底への崖縁にある。対岸はより厳しい急斜面に旧集落の跡がある。どちらにしても冬の雪崩にやられていないのが不思議なくらいである。

　ここまではムスタン州であるが，夏の間だけジョムソンやドルポの人がわずかに往来するだけの山中にひっそり孤立した集落である。

　それだけに人恋しいのか，我々が村に降りていったら，すぐに「寄っていけ」と手招きされた。若い人たちは出稼ぎに出ているのか，ほとんど年寄りの世界に見えた。

　約50年前の川喜多二郎著『鳥葬の国』ではこのサンダにはラマ（僧）がいなくて，死者は崖から川へ落とすとあるので，この件を住民に聞いてみたら（もちろんカルマ君通訳で），現在ラマも居り，火葬しているとのこと。少なくとも現在の人はそんなことは全然知らない，思いもよらぬことであると。

　民家の西側のゆるやかに開けた土地にソバ畑とジャガイモ畑があり，切り立った茶色の世界に安らぎを与えている。

3　トゥジェ・ラを越えてツァルカへ

　7月3日，ドルポへの最難関トゥジェ・ラ（5320m）を目指す。もちろん一日で越えるのは不可能で，途中で設営することになる。サンダの老人に歩いて越えるのかと驚かれた。ジョムソンやドルポの人たちは馬で往来しているからである。トゥジェ・ラの大変さは標高差もさることながら，物凄い急

傾斜の連続で峠が三つあること，それを高所で越さなさねばならぬことにある。サンダから眺めて上部は雲に隠れて見えないが，屛風の如く切り立ちどこをどう登るのか見当もつかない。

　集落を出て何度か入り組んだ谷の砂車斜面をトラバースしつつ緩やかに3500mまで下り，それからチョルテンのある峠（4000m）まで一気に500m急坂の登り返し。

　峠で一息いれたら，250m急降下して「シャ・ロン・タン」と言われる谷底へ下りる。シャは鹿，ロン・タンは谷を意味するそうである。

　村からここまで4時間で，丁度昼食時間となった。この谷がトゥジェ・ラへの登りの起点で，谷を渡ったすぐ先から猛烈な急斜面が続いている。

　先に荷馬を曳いた馬方さんが登り出したのを谷のこちら側から昼食しながら見ていると，なんと猛烈な急斜面の手前で馬から荷をおろし自分で担いで登り出したではないか。4頭分だから大変である。

　食事を終えたニマ君やスタッフの連中が先に加勢に登って行く。馬荷の運びは標高差100m位で，自分たちの重い荷物を運んだ上，ピストン戻りでまた運ぶのだから大変である。いざとなれば馬より人間が強いことを知らされた。

　この日は，谷から約500m登った4200m台地に設営となった。ここはドルポ往来する人たちが野宿するらしく焚き火の跡が点々。ツァルカまではまだまだ遠いといえ，明日はいよいよトゥジェ・ラを越えてドルポに入るのかと興奮も憶える。

　今日の厳しいアップ・ダウンも快調にこなしたし，明日の1000m程の登りも自信たっぷり。1カ月半前にカイラスを歩いているし，高所順応は万全のはずだから，4200mの高所でアルコールを少々入れても問題ないだろうと，前祝いのつもりでティータイムに持参のウィスキーをチビチビやった。生水を使えないからストレートで少量のつもりだったが，これが大失敗。好きだが酒に弱い体質とこの高所。今まで故障したことない自慢の胃がおかしくなり，三日間ツァルカに着くまで苦しむことになった。

　7月4日，朝から胃がもたれておかしい。こんな経験は今までない。昨日は夕食も夜もいつもと変わらなかったので，まさかウィスキーの影響とは思いもよらなかった。

トゥジェ・ラ近く。ダウラグリギリが浮かぶ
下：ドルポの壁，トゥジェ・ラ越え

今まで胃がもたれて薬を飲むなんてことがなかっただけに，登り出せばすぐ治まるだろうし，登りのエネルギーのためにもと，朝食もいつもほどはないにしろ少々無理して押し込んだ。

7：00出発。最初から急坂，8：50第1の峠（4670m）着。これまではいつもの歩きだが，胃のもたれが一向に取れない。途中，ダウラギリが雲海に浮かぶ。

9：50，第2の峠（4900m）着。眠気とむかつきで猛烈にきつくなってきた。最後のトゥジェ・ラは一旦緩やかに谷へ下り，その向こうに壁のごとく立ちはだかっている。谷で昼食をとろうとなり，歩きやすい下りだが猛烈に眠くて朦朧と下る。

昼食は，胃もたれが相変わらずでデザート類しか受け付けない。半分眠りこけた昼食時間だった。

それでもいざ出発となれば気を取り直し，最後の500mを黙々と登り，ついに13：40トゥジェ・ラ（5320m）へ到着した時は「ヤッター！　ついにドルポへ来たー！」とバンザイ。眠気も一時飛んでしまった。しかし本来きつい登りに，この体調，よくぞ登ってきたものだと思う。ボーッとした頭と空の胃袋でも体の貯金がものをいった。

先を見れば，今までの急坂と反対に緩やかな斜面の草原と谷間が延々とうねっている。もし高山病ならば，下りさえすればこの胃のもたれと眠気はとれるだろうと内心期待していたが，下れど全然回復の気配なし。

16：10，タザン・コーラのヤクカルカ（4800m）まで長い長い下りだった。眠くてたまらず，17時から夕食も食べずに朝まで寝た。

最初の村ツァルカ。川喜多二郎隊の「鳥葬の国」の舞台

　7月5日，胃のもたれは相変わらずとれず，まともな食事ができず。

　7：00，出発。ゆるやかな下りだから体力も心配ないと，広い川原を坦々と下るが，体調さえ良ければさぞ快適なルートだろうと思いつつ歩く。

　11：00，昼食地点（4460m）。行動食を口に入れた途端に嘔吐。胃が全く受け付けない。ツァルカの近くまで進む予定だったが，小生の体調で急遽近くの草原に設営することになった。結果的には全員にとってこの方が良かった。きれいな川とブルーポピーの咲く素晴らしい草原をゆっくり楽しめ，シェルパ諸君も楽しく歌っている。

　小生も胃がもたれて，食べられないことを除けば，気分の悪いこともなくそれなりに草原を楽しんでいる。飲み物は通常通り入れているし，夕食も消化の良いものを少しは食べた。

　7月6日，いよいよツァルカへ入る日が来た。最初のドルポの集落である。

　7：30，テント地出発，ブルーポピーが多い谷間で，しばらくは道草ばかりで，なかなか前へ進めず。昨日，小生の体調が良かったら先を急いでこんなに楽しめ歩かなかったろう，と語り合った。胃の調子も少し回復。

　9：30，ムスタン側からの川との合流点に達した。ムスタン側からの道が予想以上に明確だった。ムスタンとの間に馬による交流があっているのだろう。西へ川沿いに歩き，

　11：50，ツァルカ村入り口（4130m）に到着。ここに設営。川辺の快適な所で，天気も良いので，昼食後は皆，川で水遊びをしたり，洗濯をしたり。

　夕方，村へ出かけた。川の対岸のゴンパは廃墟となり，こちらの集落側にゴンパを移し，仏事はますます盛んにやっているらしい。昔は対岸にワイヤーロープに足をからませ，逆さまにコウモリスタイルで渡っていたらしいが，今はその面影のみ。もちろん渡れない。

　慧海の時代はゴンパは対岸だから，彼もコウモリスタイルで渡ったのだろ

うか？　旅行記にはツァルカまでは細かく書いているが，このことは何も触れていない。想像しただけで，ちょっとユーモラスな光景だけに，もしやっていても照れくさくて書けなかったかも？

　店もやっている民家に入りバタ茶をいただきながら，万病に効くという「冬虫夏草」の話になった。東のカンチェンジュンガ山麓やこの地方の5000m近い所で採取され，これの乾燥品は高価な価格で商人と取り引きされ，村の貴重かつ大きな現金収入源となっている。

　主婦が特別の棚から大事そうに包みを取り出し，見せてくれた。一匹150ルピー（約300円）という。めちゃくちゃ高いと思ったが，カトマンドゥでは500ルピー位でも手に入らない，とカルマ君が言う。商人はこれを数キログラム単位で買って行くという。

　胃の調子のこともあり，2匹買った。本当に効けば，安いところでまだ買おうと，早速夜その2匹を食べてみた。見かけによらず芳ばしい味がした。

　翌朝胃がすっきりとして80％は回復したかなと感じた。もともと回復しつつあるとは感じていたが，一気にこれほどすっきりしてくるとは思わなかったので，虫の効果と信じ，100ルピー位で売ってくれるところがないかと買い上手のランバートさんに見つけてもらったが，小さいのが100ルピー，大きいのは150ルピーで，相場はどこも同じ。

4　ティンギューへ向かう

　7月7日，今日は5035mのツァルカ・ラを越えてティンギューを目指す。昨日までの体調なら無理だが，冬虫夏草の効果か胃がすっきりして朝食が入り出すと，峠越えに何の不安も感じなくなった。

　昨日の散歩は下の集落で引き返しているし，ゆっくり村内を見ながら峠への登り口に向かった。上の集落に来てびっくりした。ゴンパやチョルテンがあちこち立ち並び，予想もしなかった光景にシャッターを切りまくった。よく人気のトレッキング・コースには観光用のチョルテン設置が目立つが，観光者皆無のここは違う。自分たちの信仰心のために，これだけのチョルテンを次々に建てているのである。

　村はずれには学校もあるし（Upper Dolpo ではこことサルダンしか見なかっ

た)，子供たちがワッと集まってくる。

　明るく，魅力的な集落に名残を惜しんで峠への登りにかかる。村の人たちの朝は早い。しばらく行くと，上から娘さんたちの集団がドッコに枯れ灌木のマキをいっぱい詰めて，にぎやかに下ってきた。挨拶は「タシデレー」である。「ナマステー」が通用しないネパールである。

　それにしても彼女らは朝何時頃村を出たのだろう？　村からずーっと草もほとんどない砂利の山で，灌木があるのはかなり奥に入らねばならない。しかも枯れた灌木は一見したところほとんど目に入らないので，これだけのマキを集めてもう下山しているのだから凄い。彼女らの健康な姿をカメラに収めたかったが，あっというまに現れて去って行ったので，カメラを出すのが間に合わなかった。いつもは首から提げて歩いているのだが，たまたま病み上がり状態のためザックに入れて歩いていた。

　途中昼食をとり，13：20峠に着く。朝の出発から約6時間，登り応えがあった。振り返ればダウラギリ何峰（？）かは大きく見えるが，1峰は見えない。どこを見渡しても山々の連なりで，ツァルカやティンギューはおろか集落一つ見えない。また峠付近はツァルカ村の移牧者のテントが数箇所見られ，ヤクや山羊を放牧していた。

　14：30，峠から1時間程下った谷川の草原で設営となった。標高4580mで，峠から約500m下った所である。草原にはエーデルワイスもあちこち咲いているが，ブルーポピーは見当たらない。この辺の草は硬くてゴワゴワ，踏みつけるとバリバリ音を出すが，テントの中のクッションは快適である。

　7月8日，谷は下るにつれだんだん広くなり，1時間半程緩やかに下った所（4400m）で右手からも浅い川が合流し，物凄く広く，平坦な灌木地帯となった。浅くて，広い，きれいな流れとともに素晴らしい光景に喚声をあげた。

　渡渉して右岸沿いに進むにつれ，灌木帯から柔らかい草地に変化していき，花も咲くきれいなオアシスの谷となった。四周は岩山，ブルーシープ（野生山羊）の群れも見られ，広場みたいな草地にはヤクがのんびりと草を食み，まさに桃源郷を歩く感。

　14：30，ティンギューの手前3〜4㎞の広い川原（4160m）に設営。ジョ

ムソン以来，道案内してきた馬方さんはここから馬4頭とともに引き返す。無口で無愛想な人だったが，別れは名残惜しい。我々一人一人としっかり握手を交わし，さっそうと馬にまたがり，格好よく引き返して行った。

　テントの近くにティンギューのおじさんが一人，放牧をしながらのテント暮らしでヤクのチーズを作っている。この自家製チーズを分けてくれたが，本当においしかった。

　胃の調子は完全に回復，本来の食欲で何でも食べられるようになった。おかげで，よそでは食べられない美味いチーズにもありつけた。

　夕方，10人位の，女性も交えた民族衣装の騎馬隊が現れた。ツァルカ村の人たちで，あとで聞けばチベットとの国境マユルン・ラ（5488m）越えで米の配給交渉に出向いたらしい（この件は後述）。

　7月9日，ティンギュー内を散策してパアル・チュウへ

　川沿いにしばらく歩くと，左側からも浅く広い川が合流し，河原全体がさらに広々，あちこち移牧生活のテントが増えてくる。左岸上方の褐色の台地に廃墟になったゴンパや集落の跡が見える。右前方の山裾に緑豊かな畑のある現在のティンギューの大きな集落が見える。106年前，河口慧海はどちらの集落にお世話になったのだろうかと，つい思う。

　川床が削られ水位が遠のくか下がるかしたものか，山が禿山なので上からの水が枯れたものなのか，何れにしてもかつての集落は乾燥地の中に残され，現在の集落地に変わっていった。今の集落のすぐ後ろの山も禿山であるが，後方にチベット高原への深い山脈が続く。集落には水路が引き込まれて，水に恵まれている。

　ツァルカのように新しいものはないが，凄い寺院集落である。ドルポについて資料を見つけたが，見当たらず，根深誠氏の本でイメージをしていたが，想像をはるかに超えた光景にすっかり魅了されてしまった。

　村内をぶらついていると，ある民家に呼び止められ，中でツァンバやバタ茶をごちそうになった。ツァンバは小麦粉を炒ったものに（この状態で保存可），バターとバタ茶をこねて食べるのだが，芳ばしくて，おいしかった。トレッキングではコック長も日本人には好まれないだろうと遠慮してか，メニューに登場したことはなかったが，すっかり好きになった小生はランバー

トさんにツァンバも食事に出してくれとたのんだ。

　もちろん通常の食事にも時に出たが，時には昼の行動食に，にぎったツァンバが出てきたのはグッドだった。パンより美味いし，腹にずしりとたまる。

　さてこの民家は主人42歳，妻33歳，子供５人（他に一人死亡），山羊18頭，馬２頭のハッピーな家庭である。一般にこんな田舎では実際の年齢より老けて見えることが多いが，ここの奥方の若く見えること，主人（年相応に見える）と親子かと思った（カルマ君や藤井さんもそう見ていた）。声も若いし子供を６人産んだと聞いてびっくり。太めで決して美人ではないが，幸せ感が顔に出て，若々しく見えるのだろう。

　帰りにヤクの干肉を売ってもらい，ティータイムに焼いたのを食べたが，すばらしい味だった。小生には少々硬すぎたが……。

▷ヤクの大キャラバン

　民家を辞去して，パアル・チュウへと歩いていると，テントのバッチィー（茶店）があり，スラリとした美女から寄っていけと誘われ，女性に甘いカルマ君つい中へ入り，先ほど食べたばかりなのに，またツァンバを注文した。小生はバタ茶で付き合い。

　そのうち「ヤクが来た！」の声でテントの外に出て見ると，数十頭のヤクの大キャラバンが我々が来た方からすぐそこに近寄って来て，目の前で休憩ストップするではないか。すっかり興奮して夢中でシャッターを切る。すると今度は反対側から荷を積んだ数十頭の大キャラバンが悠然と目の前を通り過ぎていくではないか。

　こんな光景は，大金をかけたスペクタクル映画の世界のことと思っていたが，目の前で二組の大キャラバンが行き交うとは！

　一組はマユルン・ラから米を積んで村へ戻る組，もう一組は今から米を取りにマユルン・ラへ向かう組である。途中往復とも野宿するから戻るのは早くて四日後である。

　これは最近実施され出したことだが，北辺のこのドルポへネパール側から大量の配給米を運び込むことは難しい。そこで政府は中国と話をつけ，チベットへ車で米を運び，マユルン・ラや，クン・ラの国境の峠越えでドルポの村々に受け取りに来させるようにしたのである。昨日のツァルカの騎馬隊

ティンギュウでのキャラバン往来（チベットへ向かう）

もそうだが，クン・ラでも村のお偉方を筆頭に騎馬隊を組み，まずどれだけ配給してくれるのか交渉に行き，決まれば，改めてヤクのキャラバンを組みそれぞれの峠越えで取りに行くらしい。

いずれの国境峠でも昔からドルポとチベットの交流はあっており，慧海もこれを利用してチベットには入れたが，今のように活発ではなかったと思う。昔と違って今はチベット側が車でどんどん入れるようになり，中国の物資がすぐ峠の近くへ運ばれる。

米の配給のような大掛かりなことでなくても，ドルポ人のグループや個人で自由に峠を越えて行き来することが急速に増えてくる。これは後日登ったクン・ラでこの動きを強く感じた。そういう意味でドルポは今までは慧海の頃とあまり変わっていなくとも，これからは急速に変わっていくだろう。

ティンギューはドルポ内の各村との位置関係からも有利で，チベットとの交流の中心になりそうだし，往来も活発化してくるので，先のテントのバッティーのような商売も今から増え，繁盛していくだろう。

ヤクのキャラバンの興奮冷めやらぬうちに，そのマユルン・ラへの上り口，パアル・チュウへ来た。ここのゴンパやチョルテンも凄い。しかし古くて壊れかかっている。

ここはマオイストの根城だったので，衰退してきたのか？　ツァルカや翌日のシーメンの建造物が生活に根づいているだけに，放置されていることを感じる。

5　シーメン

7月10日，パアル・チュウを出て川沿いに無人地帯を歩いていると，いきなり眼の前の岩壁や川の岸壁に大きく経文を彫り込んだ光景が飛び込んできた。それもあちこちの岩壁にである。今まで見なかった光景で，ここから

仏事でくつろぐシーメンの婦人たち

シーメンだと強くアピールしているみたいである。どうやって彫り込んだものか？足場もやり難い所だし，彫り込んだ者の執念を感じる。

　途中から，可愛い娘たちや子供たちと道連れとなり楽しい歩きとなった。川の横をアップ・ダウンしながら奥地へ進む。あれがシーメンのゴンパだと娘たちに言われてから，村まで1時間以上歩いたろう。村の手前の峠のチョルテンは圧巻だった。

　今までのと全然形の違うトンガリ帽子のタイプで，岩山をバックに見事なマッチングで収まっている。そこを下ればすぐ村の入り口で，たまたま村人たちが大勢集まり，マニ石作りをやっている。男はチャンを飲み飲み彫り込みをやっているし，女たちも楽しそうに駄弁っている。村祭りの仏事らしく，我々もお布施をしてチャンをいただいた。

　シーメンは小さい集落だと思っていたが，民家の数は多くはなくとも，範囲は相当広い。周囲は凄い岩山に囲まれているが，緑豊かな桃源郷で風格のある大きなチョルテンがあちこちにあり，凄い量のマニ石が積み重ねられ，想像もできなかった光景に夢の世界を歩いている気分だった。娘たちの家は一番奥の集落で，我々のテント場の谷の近くだった。

　テントの近くにも変わった形のチョルテン群が並んでいる。そのすぐ下に小さく石で囲った中に色々と植えてある。試験栽培用の囲いだろうと思っていたら，持ち主の男性が来て水やりを始めた。聞けば政府から補助金をもらってリンゴの木育成研究をしており，このシーメンをリンゴの木で満たしたいとのこと。

　おだやかで，知的な感じの人物で，将来是非，彼の夢が叶ってほしいと願った。ここの人たちも人懐っこく，まして我々外人がこんな奥地に来るなんて何年かに一度だろうから，大人も子供も珍しげにテントの周りに集まってくる。

　そのうち女性たちは，チャンや食料を持って来て買ってくれとカルマ君や

ランバートさんに陳情している。例の冬虫夏草も，小さいが一匹100ルピーだとのことで小生が5匹買った。

　さて，いよいよ慧海のクン・ラへ近づいたし，そこへの入り口ニサルは地図上ではほんの半日の距離でルートも明示してある。ところがシーメンに来て聞いてみると，そのルートは非常に危険で，身軽な軽装備でかつ土地の人間が案内せねば通れない，やるなら案内してもよいとのこと。もう一つのルートはこの谷を登って峠に出て，モーという小さな集落へ下り，そこで1泊し，翌日谷を下ってニサルへ出る。二日がかりでやらねばならぬ。

　日程の問題，5000mへの登りの大変さありで，どうするか相談されたが，危ないことは絶対にしたくないので，即モー経由でニサルへ向かうことに決定した。

6　モーへ

　7月11日，シーメンを去るのが名残惜しい。こんな奥地へもう来れることはないだろうとの思いと，またなんとか別ルートでも来てみたいとの思いが交錯する。

　モーへ，大きな登りあるので，いつもより早く7：00に出発。広い谷を登っていくが，黄色や青の野花がきれいである。途中までヤナン・ラ（5487m）を越えてチベットへ向かう兄妹の3人と道連れになる。チベットへマニ石を彫りに行くとのことであるが，仕事ではなく，ボランティアらしいが，3人にとっては夏の楽しいキャンピングの旅となるだろう。妹たちも装備をうまくまとめ，格好よくかついでいる。

　途中から我々は左の谷へ入り，彼らと別れる。胃が治っているので体調がすこぶる良く，登りでも足がぐんぐん進む。マイペースで休みなく歩いていたが，さすがに5000mとなると，稜線が見え出してからが遠い遠い。もう一息あそこまでと思って行くと，また先に新たな稜線が展開する。いいかげん腰を下ろしたいと思った時に峠のケルンが見え，もうひと踏ん張り頑張って11：40峠着。

　クン・ラはどこかとその方面を見ても，物凄い山の重なりで全然見当がつ

かない。峠で昼食後，モーへ下る。標高差900mの急降下。

14：30モー（4100m）着。登りは4時間半かかったが，下りは1時間半の超特急。モーは10戸位の小集落で，辺境のドルポの中でも一段と辺鄙な所。よくこんな所で生活できるものだと思う。南へ出るにも，北のチベットへ出るにも大変だ。

周囲を高い山に囲まれているため，藤井さん曰く「ここの人たちは，こんな狭い空しか見えなくて可哀相」である。それだけにここに住んでる人たちの身なりもドルポの他の村の人たちと比し，可哀相。薬をくれとテントにやって来る人が多いが，明らかにそれに対応すると分かっているものでなければ（たとえば切り傷など）とてもやれない。「ポカラで医者に診てもらえ」としか言えない。

最初にテントに来たグループの30歳位の男性とのやり取りが面白かった。「サンダ～ツァルカ～ティンギュー～シーメンを通ってここへ来た」と地名順に上げ，野を越え山を越えのモーションをやると，彼もジョムソンに行ったことがあるらしく，「馬に乗って来たか？」とモーションした。「馬には乗れない，すべてトレックだ」と足を叩いてみせた。彼らにとっても馬にも乗らず，これだけ歩いてきたのは驚きのようだった。

小生の年を分からせるのにシクスティーセブンと言っても通じないので，まず両手を広げて10を分からせる。次に両手で6回上下させ60を認識させ，最後に七つを指で示すと分かってくれた。こういう話（モーション）の後，薬の話だったので，小生は健康だから薬は持たない，必要ないと，モーションすると，先の話が前提にあったので，簡単に了解してくれ，皆引き上げた。

7　ニサル，ヤンツァ・ゴンパへ

7月12日，7:30出発。モーの集落を出るとすぐ深い峡谷の中の歩きとなる。シーメンからニサルへ流れる本流へ合流するまで下ることになる。簡単に出るものと思っていたが，なかなか厳しい。峡谷の壁のトラバースはステップが狭くかつ砂車で滑りやすいので，黒部下廊下よりはるかに厳しい。滑れば100m下までノン・ストップである。

これがモーの人たちの生活道路とは！　途中振り返っても，岩山，岩山で

その奥に人の住む世界があるとはとても思えない。

本流へ出るまでたっぷり3時間はかかった。それも下りで，難所以外は結構飛ばしてである。本流の右岸上部から下るとすぐクン・コーラ出合となり，飛び石伝いに渡り，畑の中を登りつ

ニサルのチョルテン群

めて，11：30，ニサルの集落（3740m）に入った。

●河口慧海のチベット越えのルートについて

　一旦話が脇道にそれるが，慧海のルートについて根深誠氏は現地調査含めて深く検討し，1995年『遙かなるチベット』で第4回JTB紀行文学大賞を受賞している。この本は小生にとってドルポ研究のバイブルみたいなもので，この旅にも持参した。この中で彼は，慧海はマユルン・ラを越えたと確信し，またシェイ・ゴンパへの立ち寄りは日程的に無理だろうと判断している。2004年に慧海の日記が公表されてクン・ラを越えたと分かった時も，小生は単純にマユルン・ラを少し西のクン・ラに置き換え修正しただけで，根深論の延長上にいた。従ってティンギュー〜シーメン〜ニサル〜クン・ラが慧海のルートだと思っていた。

　ところがシーメン〜ニサルの直接ルートが無理なこと，またモー経由ニサルのルートを歩いてみて，従者と別れて一人になった慧海がシーメンからニサルに入ることはできない，彼は反対のサルダン側からニサルに入ったに違いない，それならば根深氏が無理と判断したシェイ・ゴンパに立ち寄り，サルダンへ出てそこで従者を帰し，北上しニサルへ来たに違いない，と確信した。自分の今までのバイブルとは反対の考え方である。

　またそのように考えた方が，用心深い慧海は，ずっと国境への入り口となる集落を旅するより一旦南へ転進して（シーメン―コマ―サルダン―ニサル），突然ニサルへ入る方がより安全と考えるはずだと思った。

　推理マニアではないが，ここの旅は何かにつけ慧海にだぶらせて想うことが多い。

ニサルは30戸位の小さな集落であるが，ここの女性たちは，今まで見てきた他の集落の人たちより，ぐんと垢抜けした美しさである。顔立ちや服装が変わっているわけではないが……。

　藤井さんも同じ見方である。人懐っこさも他集落の人たちと同様であるが，接し方に慎み深さや礼儀を感じる。子供たちも同様である。地図上ではシーメンより更に奥地ではあるが，クン・ラを介してチベットに近いこと，また南のデュナイにもシーメン，ティンギューより交流しやすいことで，より進んだ文明と接する機会に恵まれるからか？

　集落から20分程の所にヤンツァ・ゴンパがある。800年の歴史だそうで，壮大なスケールと風格を持っている。後日見た聖地のシェイ・ゴンパよりはるかに立派に見えた。ラマがどこか出かけており，ゴンパの内部を見学できなかったのが残念である。これだけのゴンパを支えてきたのはニサルの人たちであり，強い信仰心がなければできることではない。こういう点がまた前述のニサルの人たちの印象に表われているのかも知れない。

8　クン・ラへ

　いよいよ旅のクライマックス，クン・ラ（5411m）を目指すことになる。

　クン・ラについてのガイド資料はもちろん，地図さえもクン・コーラ入口で紙面が切れているのでクン・ラまでは記載されていない。どのくらいの距離なのか，時間がかかるのかなど，地元に来ての情報のみである。

　とにかく4500m以上の所で水場と設営できる場所見つけて，そこから峠へピストン往復することにした。

　7月13日，7：30出発。クン・コーラへ入っていく。しばらくは入り組んだ峡谷の中だが，道は幅も充分あり，しっかりして歩きやすい。

　2時間程歩くと，上方から馬のキャラバンが次々と数組下りてくる。ティンギュウで見たような大規模なものではなく，5頭前後とほぼ同数の人たちの単位が多い。馬に荷物は当然だが，人も30kg位の荷物をかついでいる。往路は馬で登り，下りの多い帰路は少しでも持ち帰りが多いよう，人も担いでいる。前日のうちにチベットからクン・ラを越え，途中で野宿して朝下りて

チベットの帰りにクン・ラを越えてニサルへ

来ている。翌日のことだが，逆にクン・ラに向かう組は午後，谷に入っている。野宿する場所からこうなっているのだろう。

　キャラバンには仲間単位の小グループ，村単位のやや大きい（10頭位）グループあり，村単位では村一番偉い人（ラマ含む）を先頭の馬に乗せている。帰路で他の村人は荷物をかついで歩いていても，偉い人は帰路も乗馬。彼の役目は米受給を有利にするための交渉役である。決まればヤクを仕立てて出直すとかで，クン・ラでも大キャラバンが見られるのかも知れない。

　クン・ラは地図からさえも外されているくらいだったから，こんな活発なチベットとの往来があるとは予想もしていなかった。ニサルに来るまで，ルートがあるかと心配していたくらいである。

　さて，4500m位に登って来てもゴロ石の斜面ばかりで，なかなかテントを張れそうな所がない。また地図がないので峠までの距離がどのくらいなのか検討がつかない。

　14：00，谷の源流に近い4620mの地点で貴重な草地の平地があり，絶好のテント地となった。クン・ラまでの距離や時間は分からないが，峠までの標高差から充分往復できると判断した。

　夕方，山羊群を連れた10歳位の少年と妹がテントに遊びに来た。非常に明るく快活な少年で，今日放牧中に生まれたばかりの山羊を抱いている。

　彼に「クン・ラまでどのくらいか」と聞いたら，すぐ近くだ，2時間で行けると簡単に言う。飛ぶように歩く彼のようにはいかぬから，我々は3〜4時間かかるだろうと見当つけた。

　全く元気な子供たちでしばらく遊んでから，先に下りていった山羊群を追いかけてすっ飛んでいった。時間的に途中にあったカルカまでだろうと思っていたら，翌日下山してたまたま再会，なんとニサルまで下っていたのである。しかも6〜7歳と見えた妹もである。

7月14日，6：40出発。弁当はニマ君とランバートさんが後から持って追いかけて来ることにした。比較的ゆるやかな登りであるが，その分距離が遠いことになる。

　途中，ブルーポピーやその他の花がきれいな所が何カ所かあるが，11時までには峠に着きたいので，撮影はそこそこに飛ばし歩いた。

　9：10，ネパール側のケルンのある頂上に着いた。頂上は大きな運動場数個分の広さがあり，ネパール側頂上からはチベット高原は見えない。

　9：40，中国側頂上。国境標識はこちら側にある。ここに来てチベット高原がドーンと見下ろせた。眼下に旅行記にある「慧海池」を見た時は，慧海は間違いなくここを越えてチベットへ入ったことを確信し，彼の艱難辛苦と，ここへ辿り着いた喜びを想い，ジーンと来た。

　106年前の7月4日，彼がここに立った時は雪だった。彼は旅行記の中でこの旅の出立に際して，

　　空の屋根土をしとねの草枕雲と水との旅をするなり

と歌ったが，実際の旅は「空の屋根　雪をしとねの岩枕」で，雪と岩との間を旅するようなわけだったと述べている。

　ほぼ同じ時期に旅をしている我々は，雪を踏むことはなく快適なテントの旅である。106年間の地球の温暖化が如実に表れている。

　せっかくニマ君とランバートさんが弁当を持って来てくれたが，熱いティーだけいただいて20分程この頂上で感傷にひたっていたが，時間も早いのでテント場で昼食し，一気にニサルへ下ろうとなった。

　帰路も幾組かのチベット帰りや，これからクン・ラへ向かう組との出会いあり，このルートの活況，ドルポ人への生活への影響力の大きさを改めて感じた。

　16：30，ニサルへ帰着。歓迎の人たちに囲まれた。本当にこのニサルは人も土地も忘れがたいところである。夢かも知れないが，シーメン同様，もう一度来てみたいとの想いに駆られる。しかし，あまりにも遠い。

9 シェイ・ゴンパへ

クン・ラを終え，旅も気持ちの上で大きなヤマ場を越えたが，ゴールはまだまだ遠い。これから向かう聖地シェイ・ゴンパやポクスンド湖はドルポの目玉とも言うべき所で，少なくともドルポに関心持つ人（少ないが……）の大半はここを訪れることが目的である。そういう意味で後半も楽しみなルートである。

7月15日，サルダンへ向かう。ニサルから西へ川沿いに4km位進むと，左方から別の川が合流。ここまでの所々やこの合流点には古くからのチョルテン，カンニ（仏門）があり，岩山や川の風景に見事にマッチしている。カンニの内部天井や，壁には仏画が描かれているが，半分ぐらい剝げ落ち，傷んでいる。今までのどこの集落やゴンパのカンニも同じで，今は絵師がこういう辺境からいなくなっているからである。剝げ落ちかかった仏画でも，それなりの歴史を感じさせるが，このままだといずれ消えうせるし，そうなると村人の心もどのように変わっていくだろうかと気にかかる。

合流点から左の川へ移り，左岸の高巻きルートで南へ7〜8km進み，最後に広くなった川原に下って，12時頃サルダンに着いた。サルダンは川の周辺の下村と山側の上村の広い範囲に民家が点在。上村が主村のようで，立派なゴンパや一番上には学校が見える。

河原に設営，時々，にわか雨が振り出す。夕方，一人で上村へ出かけたが途中でまた雨，中腹のゴンパまで行き，上はあきらめ引き返した。

ティータイムの時，カルマ君より明日のシェイ・ゴンパへ峠（セレ・ラ，5094m）まで，ここの馬方さんに道案内を頼むが，ついでに馬に乗ってみないかと持ちかけられた。

明日，明後日と二日連続5000m越えが続くので，馬に乗れば助かるし，全く経験ないが何とかなるだろうし，この経験は後日役に立つこともあろうと，お願いすることにした。

7月16日，7：30出発。初めて馬にまたがり緊張する。初めは平坦な河原

歩きなので慣れるまでは助かった。やがて西へ近道ルートだという谷に入る。最初からゴロ石ばかりの道なき道で，時々浅い流れを渡らねばならぬし，スタッフ諸君には悪いが，馬上で助かったと思った。狭くて急な斜面はもちろん下りる。

グランドキャニオンみたいな凄い峡谷に出た。この頃になると乗馬に余裕出て，カメラを片手に前を行く藤井さんの乗馬姿を前景に峡谷の写真を撮る。

峡谷の突き当たりを乗り越えるように尾根へ上がっていく。現地の馬方ならではのルートで，明確な道らしきものはないが，迷うことなく登っていく。

途中，こんな所にまでカルカがあると思っていると，すぐ近くでブルーシープが珍しそうにこちらを見ている。

さらに登って，快適な草原で昼食，そこへ西部劇のカウボーイみたいなサルダンのおじさんが白馬にまたがってやって来た。彼はシェイ・ゴンパへ仕事である。

5000m位になると草地もなくなり，砂利の登りとなった。小生の馬はランバートさんが手綱曳きをやってくれ，非常に馬扱いうまかったが，後でランバートさん曰く「馬の野郎，オレの歩きがもたつくと，前足でオレの足を蹴飛ばしやがる。もう馬曳きはやめた」に皆大笑い。小生の馬は最初はまっすぐ歩く藤井さんの馬と違って，隙あらば道草を食べようとしてばかりいたが，最後の苦しい登りは必死にがんばって（馬上からもこの感じは素人ながらよく分かった）最後の頂上（5094m）まで運んでくれた。14：00着。

後ろに来ていた藤井さんの馬が見えないなと思っていたら，しばらくして彼女は馬方さんと一緒に歩いてきた。何とラストスパートのところで馬が飼い主がどうしようと，テコでも動かぬのストライキで，仕方なく馬を置いて歩いてきたとのこと。

馬のおかげで楽しく楽に来れたし，ここでサルダンへ戻る馬方さんと馬に礼を言った。峠で記念写真を撮り，シェイ・ゴンパ目指して駆けるように下った。

16：00，シェイ・ゴンパ（4200m）着。前方にズラリとテントが並んでいる。ジョムソンを出発して以来，初めて見るトレッカー・グループである。

フランス隊10人（スタッフ除く）でデュナイ〜ポクスンド〜シェイ・ゴンパで本日入り，明日我々と逆にサルダンへ下り，ドゥーを経由してデュナイへ

戻るコースだとのこと。

　カルマ君が言うに，西欧人の中でもドルポに一番興味を持っているのはフランス人だと。映画『キャラバン』がフランス制作だったかららしい。それでも我々のように北の辺境まで歩く者は居ないとのこと。

　シェイ・ゴンパは四周を山に囲まれた広い谷間にあり，聖地と呼ぶにふさわしい仙境である。到着した頃から霧雨も降り出し，一層幽玄さを醸している。

　その中で，ヤクや馬で建築用の木材がポクスンドの方から次々に運ばれてくる。何が建設されるのか，まだ準備段階で資材が集積されているのみである。働いているのはほとんどサルダンとシェイの奥の人たちだそうだ。気になるのは，この仙境にけばけばしいのが建ってほしくないことである。

　ゴンパの中の見学は，ラマが外出中のため，翌朝出発前に見せてもらった。外壁の傷みがひどく，聖地のゴンパとしてはわびしいが，中の装飾，陳列された仏像群はその価値は分からないが，雰囲気でさすがと感じさせられた。

　慧海は疲労もあってここに4泊したとあるが，三日後の国境越えを前にどういう心境でここを過ごしたのか？

10　ポクスンドへ

　7月17日，ゴンバ内を見学して8：00出発。シェイの標高4200m，カン・ラの標高5500m，これを越えてポクスンド側へどれだけ下って行けるかである。

　昨日に続き朝から霧雨状態，小生の雨対策は，風がないので下はゴアテックスのズボン，上は雨着はつけず折り畳み傘のみ，結果はこれで良かったと思う。ポンチョは，ニマ君を介して誰か役に立つ人に貸してくれと渡した。

　出発してずっとゆるやかに登って行くし，道も歩きやすいので，傘も楽である。しかし上へ登るに比例して傾斜もだんだんきつくなってくる。

　11：30〜12：00，5000m地点のガレ場の岩陰で昼食。ツァンバのおにぎりである。周囲には，盛り過ぎたとはいえブルーポピーや黄色い花が沢山咲いているが，雨が降っているのでカメラを出す意欲まではない。

　この地点から峠が見える。まだまだたっぷり登りがある。木材を背負った

ポクスンド湖へ苦戦の徒渉

ヤクのキャラバンが下って来て
いる。こちらも登りを再開，
キャラバンが急坂の最後を下り
きろうとする所で出会う。ヤク
が必死に足を踏ん張りつつ下る
様は迫力満点。

　こちらがその急坂にさしかか
ると，雨でぬかるむ斜面にヤク
の深く食い込んだ足跡が無数に乱れ，これをかわしつつ登るのが大変。それ
でもこれがこの旅の最後の登りと，ぬかるむ中を泳ぐように登る。

　13：00峠着，霧で展望はきかず。しばらく休んで，またぬかるむ急坂を下
る。ぬかるみからガレに変わっても急斜面の連続。ようやく谷の源流付近ま
で下った所で草の平地があり，この先適当なテント地があるのか不明だし，
雨もまた降り出したので，ここで設営とする。14：30，4470m地点。

　16時頃，鈴の音が聞こえるので外を見てみると，材木を背負った10頭位の
ヤクのキャラバンが雨の中を黙々と登っている。最後尾のヤク使いの男性は
雨具も着らず，びっしょり濡れているが，平気な顔で歩いてる。明るいうち
に峠を越えていくのか，手前で野宿するのか，夏とはいえ，5000mの世界で
あるし，我々には考えられないタフさ，図太さ，行動能力である。

　雨はずっと降り続いていたし，早く設営していて良かった。のんびり昼寝
をしていて，雨の中を峠に向かうヤクの一行に申し訳ない気分である。

　7月18日，夜中に雨が降っていたので，止まなければ停滞と覚悟していた
が，6時頃より雨が上がったので，予定通り下ることで準備する。

　霧が晴れだすと周囲の高峰は真っ白。夜の雨は上では雪だったのである。
谷の向こうに，昨日見えなかったカンジェラルワ（6612m）がドーンと迫力
のある雪渓を見せて立ちはだかっているが，頂上部だけは残念ながら雲がと
れない。

　7：30，ポクスンドを目指して出発。谷に沿って下るが，昨日来の雨で増
水しており，下るにつれ状況が厳しくなる。本来なら簡単に飛び石伝いに渡
れる所が，凄い流れと深さで徒渉不可能。下方の徒渉可能地点へ行くのに，

重い荷を背負い悪路を進む女性

ロッククライミングのような，すごい高巻きをしてようやく渡渉可能地点へ。可能といっても少し浅くなり，平坦になっただけで，激流である。若いシェルパ君数名が全身ずぶ濡れで，荷渡しと，渡る者のサポート体制。

　小生や藤井さんは，カルマ君やニマ君がおんぶして渡してくれた。難所はここまでだったが，少し下った所で馬に材木を背負わせ，自分も材木を背負った人馬ペアが3組登って来た。ぬかるみの急坂で狭い所だったので，我々が脇に避けて，通過を待った。驚いたのは若い女性が男に負けぬ重い木材を背負い，馬の手綱を持ち，急坂で登りしぶる馬を引っ張り，自分にも気合を入れて踏ん張り登る気迫には，鬼気迫るものがある，このときの光景は，この旅の最も印象深いシーンとして脳裏に焼き付けられた。

　谷は樹木帯となり，谷を下りきってポクスンド・コーラ（川）沿いになると，流れも，周囲の緑も一段と美しくなる。

　14：10，ポクスンド湖畔の芝生帯（3500m）に着く。予定は南縁のリンモまでのつもりだったが，そこまで行くには遅すぎるし，中間部に設営できる所がないので，ここまでとする。広々とした草地，きれいな湖，豊かな森，これらを取り巻く雪山，岩山——素晴らしい景勝の地である。しかしカメラにはうまく収まらないし，表現できない。

　天候もすっかり回復し，渡渉で濡れた物の乾かしや，カルマ君は泳ぎに興じる。

　7月19日，久しぶりに朝から快晴。ポクスンド南側湖畔の集落リンモ（3520m）まで右岸沿いに3時間かかった。吸い込まれるようなエメラルドグリーンの湖面，そこへ凄い迫力の岩山の岩壁がそのままストレートに水面に突っ込んでいる。また流入する川の周辺から岩山にかけては，見事な針葉樹の原生林で覆われている。

　こういう切り立つ地形のため，湖面近くの岸辺に沿って歩けるのではない。北のテント地と南のリンモの標高が同じだから楽だと思っていたら大間違い。

ポクスンド湖とリンモ村

出発して森の中へ入って森を過ぎたら，今度は目の前に立ちふさがるように岩山，下方の岩壁に細いルートが刻まれ，その前方にリンモの集落が見える。見応えのある光景である。あとは下って岩壁ルートを水平に歩くだけで，楽だし面白い。

　リンモに着いて，柔らかな光景から「懐かしいネパールへ戻った」の感覚。あいさつも「ナマステー！」に戻る。

　同じネパールの，同じドルポの中を旅して来たのに，夢から覚めたようである。リンモで昼食して，更に南下する。どこまで行くかは，行ける所まで，良いテント地までの感じである。

　ポクスンドの素晴らしさは湖を過ぎてもなお続いた。リンモからしばらく登りにかかるが，峠から振り返った時，岩山に囲まれてわずかに見える湖面がブルーの瞳のようだった。峠から下りにかかると，湖から流れ出る物凄い量の水が豪快な滝で水煙を上げ，虹となっている。

　更に下りきると，道は渓流に沿って高巻きしたり，すぐ横を歩いたりするのだが，その渓流の素晴らしいこと。森の中を清流が岩を嚙み，時には切り立つ深い峡谷をなしたりで南下して行く。結局16：10，レジ（2940m）の川横のキャンプ地まで来た。

　ポクスンドの素晴らしさを堪能した一日だった。20km以上歩いたろう。

11　ジュパル空港へ

　7月20日，渓流に沿ってアップ・ダウンを繰り返しながら，徐々に標高を下げていく。森から抜け出し，川沿いではあるが人里の畑の道を歩いていると，旅も終わったという感慨と達成感と暑さでビールが恋しくなる。何せ7月3日トゥジェ・ラでの痛恨のウイスキー以来，禁酒の生活だったから……。意志が強いわけではなく体が要求しなかっただけ。

ジュパル空港は周囲が山で狭く、悪路の滑走路

ビールは飲めなかったけれど，Upper Dolpo で知った味に毎夕食のデザートに出たヤクのヨーグルトが忘れられない。ランバートさんがこれに乾燥果物を入れて出してくれたが，そのおいしかったこと。こんなにおいしいヨーグルトは現地以外では味わえない。

　14：50，ローハ（2220m）のロッジの庭にテント。デュナイに近くなったのでこれより下っても，テント地のことと，ジュパルへもここから充分余裕をもっていけるから。

　ニワトリが手に入らなかったので，夕食のビールは控えめ。

　7月21日，昨夜12時頃目が醒めると，外が騒がしい。旅も終わりで若い連中が飲み騒いでいるのだろうと思い，そのまま眠ってしまった。朝起きて聞いてみたら，なんと夜の大雨で（それも知らずに寝ていた）前の川が増水，ロッジの主人も我々を横の崖の上に避難させようかと騒いでいたとのことで，びっくり。

　この増水で大きな魚が打ち上げられたとも聞き，半分本当かいなと思っていたら，ランバートさんのザックの中にちゃっかり収められている。いかにも彼らしいユーモラスな手際の良さである。夕食時にこれの唐揚げされたのが添えられていた。

　昨夜と打って変わって，朝から快晴。デュナイへ向かってどんどん下る。1時間位でデュナイからの大きな川に突き当たる。橋を渡って左へ行けばデュナイ，右はジュパルである。デュナイはドルポの中心地，それなりの大きな町とのことであるが，飛行場がない。周囲を山に囲まれているため空港ができないのだろう。

　それで右へ約8km，ジュパル空港を目指す。最初の5km川沿いの道は，車も通れるようなまずまずの道路。ところが空港へ上がる道には案内板もなし。ニマ君と二人，どんどん先を歩いていたら行き過ぎ，後方からカルマ君の合図で引き返し左の小さな坂道へ入る。登るにつれて道らしき道もなく畑の中

を歩く。

　飛行機が着陸態勢にあるのを下から眺め，あの辺が空港かと見当つけて畑道を登る。それも分かれた下の車道から標高差400mはあるだろう。

　車道とは言わないが取り付き道路が一切なく，山上にゴロ石と草の狭い滑走路，バラック建の管制室。これがジュパル空港である。昔の怖いルクラ空港も知っているが，このジュパル空港は現在ネパールでNO.1の空港だろう。ネパールの山中飛行場にはもう慣れてしまっているが，翌日ここを飛び立つ時，離陸する瞬間までは緊張した。

　空港下のロッジの庭が最後のキャンプ地で，ニマ君と先に着き，皆の到着を待っていると，ランバートさんが地鶏を抱っこして登って来た。今夜のお別れパーティーのごちそうである。

　106年前，河口慧海が歩いて以来，彼の足跡に興味を持つ者の中でも，ほんの一握りの者しか入り得なかった「知られざる世界ドルポ」の旅。我々の日常の生活では想像もできなかった光景が次々に展開し，3週間のハードな旅もあっという間に終わった。

　自然の雄大さ，厳しさ，美しさ，人間のバイタリティ，やさしさ，信仰心など，こちらの世界で観念的に分かっていたり，イメージできていることでも，ドルポで目の前でこういう光景に接すると，強烈なインパクトがあり心を打たれた。日々驚きと興奮の旅だった。

　難しく考えず，こういう世界に夢とロマンを求めての旅だったが，予期以上の成果が自分の心身に蓄えられたろうと思う。

　最高にハードなトレッキングだったが，得たものも最高だったと思う。こんな旅を可能にしてくれたカルマ君以下スタッフ諸君に深く感謝したい。

　機会があればまた彼らとともにドルポを歩いてみたい。

風雪のチョモランマ（8848m）

チョモランマ撮影行

(2007.9.30-10.21)

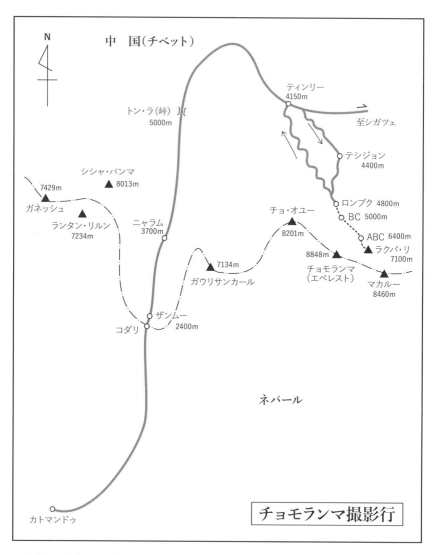

N

中　国（チベット）

トン・ラ（峠）
5000m

ティンリー
4150m

至シガツェ

テシジョン
4400m

ロンプク 4800m
BC 5000m
ABC 6400m

シシャ・パンマ
▲ 8013m

▲ 7429m
ガネッシュ

ランタン・リルン
7234m
▲

ニャラム
3700m

チョ・オユー
▲
8201m

ラクパ・リ
▲ 7100m

▲
7134m

ガウリサンカール

8848m ▲
チョモランマ
（エベレスト）

マカルー
▲
8460m

ザンムー
2400m
コダリ

ネパール

チョモランマ撮影行

カトマンドゥ

　表題は本来なら「ラクパ・リ（7100m）登頂記」となるはずであった。そこからチョモランマの雄姿を間近に眺め撮る予定であった。

　ところが，以下の旅行記の如き事情で登頂をあきらめ，5000mのBCやロンプクの招待所で朝夕，チョモランマを眺め過ごすことになり，結局上記の表題となった次第である。

▷チベット高原へ

　9月30日，ネパールの首都カトマンドゥを朝7：30，メンバー5人と登山機材，食料を積んだチャーターバスでチベットとの国境の町コダリへ出発する。食料は全てプラスチックの樽に詰め込まれ，6000m以上の高所で凍結しないようカルマ君たちが二日前梱包している。機材や樽はチョモランマBCより奥へ入る分は入山時と下山時に中国政府に数量をチェックされ，ゴミを山へ残さないシステムになっている。樽詰め方式は整理・運搬の上でも非常に合理的である。なおこの樽はチベット人に重宝がられ，入山時に下山後の売買約束がなされ，帰路の荷物が減る便利さもある。

　ネパール側の国境コダリと中国側の国境ザンムー（標高2400m）との間にはゲイトもあり，それぞれ入出国審査の関所があり，車も特別登録車以外は通れない。チャーターバスもコダリまでで，ザンムーから先はランクル1台とトラック1台がチャーターされている。

　バスからトラックまで約1km間の荷物の積み替えはコダリの住民がポーターとして仕事する。我々の荷物は29パック，ポーター15人だった。このポーター業は中国側からネパール側への時もコダリの住民であり，ザンムーの住民はやらない。

　本来の人種や言葉は同じ民族で距離的にも隣町同士だが，コダリが小さな田舎町に対し，ザンムーは大きなホテルや商店街が急な斜面にぎっしり立ち並び，都会的な雰囲気。中国とネパールの貨幣価値の差もあり，華やかな環境のザンムー住民はポーターなんか割が合わないとしているのか，国の協定（ネパール側の仕事確保）なのか？

　とにかくこの国境，中国～ネパール間の物資の移動で人と車でひしめいている。

　本来ならザンムーで1泊して，翌朝チベット高原の南端の町ニャラム（標高3700m）へ向かうところ，昼間は道路工事で通行止めのため，23時までザンムーのホテルで休息し，小生，花木，カルマの3人はジープで夜中1：30にニャラムのホテルへ着く。

　この間約30kmの超悪路で，頭，顔を車内のあちこちにゴツゴツ。とても眠れたものではなかった。一方，荷物トラックに乗ったニマ君，オンチュさんは故障したトラックで一夜を明かし，朝到着。寒さで大変だったろう。

▷10月1・2日　ニャラムに高所順応滞在

　ニャラムはヒマラヤ山脈が一旦低くなり峡谷で途切れた所，即ちヒマラヤ山脈を横断して初めてチベット高原へ出た所の町で，中国〜ネパール間の物資運送車両や旅行者の宿場町であるが，ほとんどザンムーで泊まるので，のんびりした町である。我々にとっては3700mの標高が最初の高所順応に最適であり，ここで二日間過ごす。

　車の疲れとれた二日目は，早朝5：30から国境のピークの夜明けの撮影，午後は峡谷の紅葉の撮影，近くの丘陵草原へ写真ハイキングと楽しく体を慣らす。

　二日間とも中華料理だったが，ここのは非常においしく，従業員のチベッタンの娘たちが皆健康的で明るく，帰路にまた立ち寄ることを楽しみにした（実際には時間的な事情で寄れず）。

▷10月3〜5日　ティンリー村，テシジョン村で高所順応

　3日朝，4：30朝食。こんなに早くとも娘たちは明るく応対，美味しい物を食べさせてくれた。5：10出発，9：00ティンリー村（4150m）到着。こんな早朝出発もニャラム周辺の道路工事時間を避けるためである。この国境越えルートは，ニャラムの上からザンムーにかけては急峻な峡谷に沿っており，冬季や雨季に道路が崩れることが多いらしく，北京オリンピック前に中国政府も道路整備に本腰を入れたのか広範囲に展開。人海作戦であるが，ツルハシとスコップの気長な工事である。

　6時半頃，標高5000mの峠に着いた。そこにはたくさんのタルチョ（祈禱旗）がはためき，白雪のヒマラヤ山脈が朝日に輝き延々と連なって実に壮観だった。

　ティンリー村はチョモランマへの玄関口であり，荷馬車が店の並ぶ通りや田園を走り，羊の群れが草地を移動，その向こうにチョモランマからチョ・オユーとヒマラヤが連なる，のどかで美しいチベッタン村である。昨年の5月，カイラス巡礼の帰路ここに立ち寄り，すっかり好きになった所で，その時荒涼とした石コロだらけの畑を男は馬で鋤き，女は二人1組で歌で調子を合わせながら鍬で均していた光景が忘れられなかった。

　あの荒れ地にどんな作物ができたのだろうと，出発前から楽しみにしてい

秋の収穫

た。しかし一方で，あんな石コロの土地から収穫があるのだろうか，とも思っていた。

ところが，来てみてびっくり。凄い麦畑になっており，ちょうど収穫期で，村人総出で採り入れしている。宿に着くや，早速カメラを持って麦畑へ出かける。あちこち脱穀作業やモミガラを風で吹き飛ばす作業，収穫物の袋詰め作業などが賑やか展開されている。

特に面白くカメラを向けたのは，刈り取り後の積み広げた藁の上を，二頭立ての馬で，グルグル円周回りに踏み走らせながら圧縮させている作業である。これは冬の家畜の餌に貯蔵するためであり，ネパールでは2〜4頭立ての牛に踏ませている光景を何度も見たが，牛ちゃんはのんびり踏み歩く。これが馬になると必死に走って踏むし，馬方も鞭打ち走る。なかなか迫力があり，夢中でシャッター切るがなかなかタイミングが合わないし，動きを表現するにシャッター速度も色々変えて撮るがうまく撮れない（30齣位撮ったが，まあまあ見られたのは1齣）。

昼前約1時間半の平地歩きだったが，早朝からの移動だったし，4150mの高地へ着いたばかりだったので，結構疲れた。

夕刻，高所順応散歩で村の丘上の展望台へ行き，遠くチョモランマが秋の夕焼け空にくっきり聳えているのに歓声！　この時デジカメ（D80）で思わぬ発見。通常こういう条件の時は，カメラ露光設定を従来0.7〜1アンダー程度で撮っており，この時もその設定で充分良しと思っていた写りだった。しかし1.7〜2アンダーまで落とすと，更に夕焼けが強調され美しい画像が液晶に表示されたのにびっくり。今までのリバーサルではこんな思い切ったことをやれず，それなりに満足していたのに，結果がすぐ見えるデジカメの強みである。

これは大きな発見であり，この旅のその後の撮影の強力な武器となった。リバーサル派で小生と同じ感覚で撮っていた花木君も，デジカメのこの特性（？）に驚き，デジカメへ大きく心が傾いてきたようである。

10月4日もティンリーに高所順応滞在。昨夜，一晩中喉の干からびに1〜1.5時間毎に水（ミネラルウォーター）を飲む。こんな高山症状は体験もなく，見たこともないので，非常に不安。朝，花木君に聞くと，彼も同様一晩喉の干からびに悩まされたとのことで，結局，乾燥した空気のせいだろうと一安心したが，夕食の中華料理のせいだったかも知れぬ。

　朝から高所順応ハイキングに出かける予定を睡眠不足のため午前中休養し，午後から近くの4400m位の山へ出掛けた。高所には充分順応しているはずなのに下山後も体がだるくて歩きがきつく，夕食もあまり入らなかった。後日思い起こすと，ティンリーの宿での毎度の食事の中華料理の油が濃く，昔胆石の手術で胆囊を取っている小生は，胆汁の分泌がなく胃が油浸けになっていたのである。何でも食べられる自慢の胃に思わぬ落とし穴があり，今回の登山の死命を制することになろうとは思いもよらなかった。

　どこに行こうと食事，寒暖，高所など環境順応力が大きな強みの小生に，こんなアキレス腱があること気がつかなかったのは不覚だった。

　10月5日，同じくチベッタン村のテシジョン（4400m）に行く。チョモランマへの道中にあり，5000mの峠越えの凄い山岳路で，こんな奥地に人が住んでいることが驚異に感じる。今はジープで走れるが，昔は車道もなかったのである。体は相変わらずだるくて，村中歩きももうひとつ気が乗らず近くをうろつくのみ。

　相変わらず食欲なし。ただし気分が悪いこともなく，高地影響も感じない。

▷チョモランマ BC へ

　10月6日6：00，テシジョン出発，7：00，ロンプク着。

　ロンプク（4800m）には旧い歴史の大きな寺院があり，招待所の経営やキャンプ場，ヤクの手配，出店の管理などで観光客や登山隊相手に大きな収益を上げ，下方のチベッタン村を潤している。この日はロンプクの新しいホテルに泊まることにして，チョモランマ BC（5000m）へは往路歩いて，帰路は荷馬車で往復した。

　10月7日，BC に入り，この日からテント生活。相変わらず食欲がなく体調

不良。昨春はここを走るごとく動き回ったのに，今は全くのノロノロ歩き。これではABC（6400m）まで辿り着けるかどうか，不安がつのる。カルマ君に，乗れるヤクか馬はいないかと相談する。馬は高所はダメで，ヤクもこの辺では人乗せには使っていないとのこと。

厳寒に生きるチョモランマのポーター・ヤク

10月8〜10日，BC滞在。

　春は世界各国の登山隊のテントで賑わうらしいBCも，この時期は我々のみ。小生の体調不良のため先への前進を二日延ばし10日までここに滞在する。

　この頃になってようやく，胃もたれ，体調不良の原因がティンリーの中華料理の油だったのかと気づく。今まで油ものが嫌いではなく通常，胆嚢のないことを気にしたこともなかったのに，あんな濃いものを毎食やっていたから胃が油びたしは当然で，しかも高所だから身体機能が落ちて，より回復しないのか？

　花木君は快調にあちこち歩きに出掛けているが，小生は近くをノロノロ歩いてチョモランマを眺めているのみ。こういう状態だと夜は連日悪夢ばかり。

　それでも少しずつは回復の感じあり，長距離を歩けば，食欲も出てくるだろうと11日からの前進に自分自身期待する。

　10日夕方にヤク8頭キャンプ地へ到着。皆おとなしそうで，見事な体格。「乗せてくれないかなあー」とつい思う。

▷前進と登山断念

　10月11日，ヤクキャンプ（5300m）へ向かって出発。なんとかABCまでは，との想いは強い。オカユ一杯の出発だが，ゆるやかな登りでもあるし，最初の2時間位はまずまずの歩き。スタミナが切れかかったところでカルマ君よりのリンゴジュースに生き返る思いだった。

　ルートは，チョモランマを源流とする長大かつ広いロンブク氷河の東側モ

レーンに沿って行くが，そのスケールの大きさに圧倒される。奥に懐かしい
プモリ（7165m）が裏のネパール側と全く同じ釣り鐘を伏せた状態に見え，
ガレキで黒い氷河の中に青白くきらめく氷塔群も見える。本流から東に分か
れる氷河の方へ入る。昼食の飲むゼリーが弱った胃にも気持ち良く吸収され
る。しかしヤクキャンプに着く頃は完全にグロッキー。

　たいした行程でもなかったのに，全く思った以上にスタミナ不足である。
これではラクパ・リ（7100m）登山は全く不可，もう一日進んで様子を見る
かとも思い，カルマ君と相談の結果，これ以上の前進は危ないとの判断で，
涙を呑んで断念した。

▷ロンプクへ下山，登山グループを待つ

　10月12日，花木君の健闘を祈り，カルマ君にカメラを預け，ラクパ・リ
からのチョモランマ撮影を願って，ニマ君とロンプクへ下山する。

　ラクパ・リへ登山したいとの最大のポイントは，ここからだけ鋭い形をし
たチョモランマの雄姿が至近の距離で撮れると楽しみにしていたからである。
地図上からの地形でどのくらいのレンズで撮影するかもイメージしていた。
カルマ君には，D70に35ミリ単焦点レンズを装着し，露出条件もセットして
渡した。これは厳しい状況でも軽くて負担がかからず，単焦点だと迷いがな
い，デジタルの35ミリはフィルムの50ミリ標準レンズ相当で，画角的にも調
度良いだろうと予想していたのである。

　のどかな秋晴れの中，昨日の道を下る。弱った体には下りといえどきつい。
ようやくBCまで辿り着いたが，ロンプクへの7kmは荷馬車も二日前に今年
の営業終了（時期設定は中国政府役人の指示とのこと）。ロンプクまで歩くのは
とてもじゃないと思い，たまたまBCまで来ていた外人のチャーター・ジー
プに有料で便乗させてもらった。

　宿はロンプク寺経営の招待所，ここでカルマ君たち3人が下山してくるま
で1週間待つことになる。部屋はチョモランマも見えてまあまあだが，食事
の方は，食堂で客が食べているのを見ると中国製のカップ麺ばかり，どれも
油っ濃そうでとても今の小生には受けつけられそうにない。宿の方でもまと
もなものを作る気はなさそうである。

　下山したこの日も食欲はなく，夕食も野菜スープのみ。これもニマ君が

ロンブク氷河の氷塔群

キッチンに長く入ったままだったので，おそらく宿の女性でなくニマ君が作ってくれたのだろう。

　10月13〜14日，ロンブクにて回復のきっかけを摑む。

　宿でおとなしくしていれば，気分が悪いわけでもなく，本も数冊持って来ていたので退屈することもない。しかしこんなに食べれなくて体力も落ちれば，この後11月からスタートする予定のハードなダウラギリ周遊はとてもやれるものではなく，花木君と藤井さんだけやらせ，小生はカトマンドゥの病院に入るか帰国するしかないと暗澹とした気持ちになりかかっていた。

　しかし天は我を見捨てず，である。回復のきっかけとなる幸運が次々に起こってきた。最初に「ツァンバ」である。これはチベット人の主食で，大麦を粉にして炒ったものをバタ茶やミルクティーでこねて食べる（ハッタイゴみたいなものである）。かの河口慧海もこれだけでヒマラヤを越えて鎖国のチベットに潜入している。一般的に外国人の好みに合わないと見られてか，特に注文しない限り登山やトレッキングの食事に出ることもなく，食堂のメニューにもない。

　たまたま朝食時，ニマ君がツァンバをこねているのが美味しそうに見えた。

チョモランマの朝焼け

少し分けてもらったら，いける。体が戻っていないのでほんの少しだけだっ
たが，この1週間で初めて食欲を感じた嬉しさであり，ここでの食事の目途
がたってきた。

　夕食ではもちろん量を増して食べ，なんとかドン底から這い上がるのを感
じた。次の幸運は，ニマ君がこのロンブクで偶然出会った友人である。朝食
後，ニマ君がちょっと出かけて来ますと言って昼頃，ゆで馬鈴薯やニンニク
入りのキノコスープ，オレンジジュースを持って戻ってきた。ロンブクの
キャンプ地に行ったら，オランダ人チームのキッチン担当に友人（昔の同僚）
が来ていたので頂いて来たとのこと。

　翌14日も，ニマ君は朝からオランダ・チームに手伝いに行き，小生の口に
入りそうなものをもらって来た。オランダ・チームはこの日出発して行った
が，これらの頂き物とツァンバでみるみる体力が回復していくのを感じた。

　10月15日，またまた幸運がやって来た。オランダ・チームと入れ替わりに
ベルギー・チームが来たが，ここのコック長がなんとニマ君と同じ村のおじ
さんである。ニマ君は遊びがてら手伝いに行き，おいしいものを運んでくる。
　こんな偶然の幸運が続いたのが不思議であり，人々の好意への感謝で登頂

チョモランマの夕焼け

断念をした無念さは消し飛んでしまった。

　10月16日，食欲も大分回復して来たが，長く歩いていないので足が心配になり，出歩きたいが風も強く寒いのであきらめた。4800mのここでこの強風では，6400mのABCではどんなに吹雪いているだろうかと心配になる（後日下山した花木君によると，物凄い吹雪で生きた心地しなかったとのこと）。しかし，この日のチョモランマの夕焼けは雪煙も飛び最高の素晴らしさだった。夜，雪が積もる。

　10月17日，早朝5：30〜6：00頃，チョモランマの朝焼けがきれいで夢中でシャッターを切る。朝日で暖められた雪面から蒸気が舞い上がり，赤い火の玉のようにゆらゆら飛ぶ様は今まで見たこともなく，幻想的でかつ温かみを感じさせる光景だった。
　9時頃から2時間程，BC方面へウォーキングに出掛けた。久しぶりの運動だったが，BCに居た頃と体の切れが全然違う快調さを感じた。まだスタミナ回復までは自信ないが……。
　この日，ベルギーチームもABCへ向かって出発した。小生はもう何も心

配ない。ベルギーといい，先のオランダチームといい，感謝の気持でいっぱいである。

　10月18日，Walking には寒すぎるし，時々チョモランマ撮りに出る以外は，食堂のストーブの脇でティーを飲みながら終日読書。同じ動かずとも，回復した体では気分も違う。

　ここに長く滞在したおかげで，チョモランマの色々な光景が存分に撮れた。登山していたらこういう光景は撮れなかったわけで，ラクパ・リへの動機即ちチョモランマ撮影は別の形で満たされた。あとはカルマ君に依頼した映像が楽しみである。

　10月19日，いよいよ3人が下山してくる日である。彼らは ABC から一気にここまで下りてくる。せめて BC まで車で迎えに行けぬものかと，朝からジープが来る度にチャーターできぬものかとニマ君と気にかけるが，全然ない。弱っていたとはいえ，自分の体験から，BC に辿り着いて荷馬車も車もないとなればガクッとなるものである。

　夕方，先にヤクが到着した。ニマ君は荷物卸しと整理があるし，小生だけでも迎えにいこうと，駆け足で出掛けた。5000m 近くでの駆け足は正常でも考えられないが，それほど回復していたし，一刻でも早く彼らに会いたかった。

　駆け出して200m，薄暗がりの中，道の下方のガラ場を近道している3人を見つけて駆け下りた。互いに懐かしさと無事元気な姿に感無量。

　花木君が「自分は登頂できなかった。6700m で断念した」との報告に，彼が絶好調で動き回っていただけに，最初信じられなかった。凄い風雪で進むのが恐くなったそうである。冬の道北の原野をカメラをかついで歩き回っている彼がそう感じたのだから，如何ほどの状況であったか窺えるし，全力を尽くし，そういう状況を体験した彼に無念さや後悔の念が見えなかったのは救いだった。

　カルマ君は花木君が断念した時点（17日）で共に ABC へ下り，翌日，上のテント地へ撤収がてらチャンスあったら登頂してくると，カメラとビデオも持って出掛け，凄い風雪の中，6400m から7100m まであれよあれよという間

に登り（花木談），映像を収めてきたのである。さすがにスーパーマン・シェルパである。

　小生が依頼したD70の液晶を見た時，思わず驚嘆した。イメージしていた通りの光景がパーフェクトな構図と露出で，しかも凄い雪煙を上げているチョモランマがばっちり！（179ページ）

　仮に小生やプロのカメラマンが撮っても，こんなのは撮れない。何故なら我々は登れたとしても穏やかな天候の日に限られるから，こういう迫力のチョモランマを目にすることはできない。カルマ君ならでこそこういう光景をものにできたのである。

　登れなかったけれど，ラクパ・リへ最大の目的がチョモランマを撮ることであっただけに，カルマ君のこの成果に自分が登った気分になり，また下からも長期滞在ならではの光景も収められたし，思わぬ体調不良から得た色々な体験，人の助けなど，登頂以上の成果を得た気分で，何も思い残すことのない旅となった。

▷カトマンドゥへ戻る

　10月20日，ロンプク～ティンリー（昼食）～ニャラム～ザンムー（夜11時頃着，夕食）。

　ティンリーへ下る道すがら，あちこちのチベッタン村の家々が大きく，きれいになりつつあり，裕福そうに見える。これはチョモランマの恵みだろうと思う。ロンプクへ年々，登山隊や観光客が増えてくる。ポーターとしてのヤクの使用，BC近くにずらり並ぶ出店，荷馬車，招待所やホテルへの野菜，肉の提供，ティンリーへ落ちる金など，全てチョモランマ詣での恩恵である。昨年，カイラスの折に見た他の地区のチベッタンの生活より，漢人とは無縁に自立した生活であり，精神的にも裕福であろう。

　ティンリーで昼食のために入った小さな店で食べた豚まんの美味しかったこと。ここに食べに来ていれば胃が故障することなかったろう，と冗談を言い合ったが，故障のお陰で得たものが多く，後悔することなし。

　例の道路事情で，夜遅くザンムーのホテルに入る。急ぎのためニャラムの若いお嬢さん方に会えずに通過したのが残念。もう来ることはないのに！

　10月21日，3週間ぶりにカトマンドゥに戻る。

ダウラギリ1（8167m）北面

ダウラギリ周遊記

(2007.11.2-11.23)

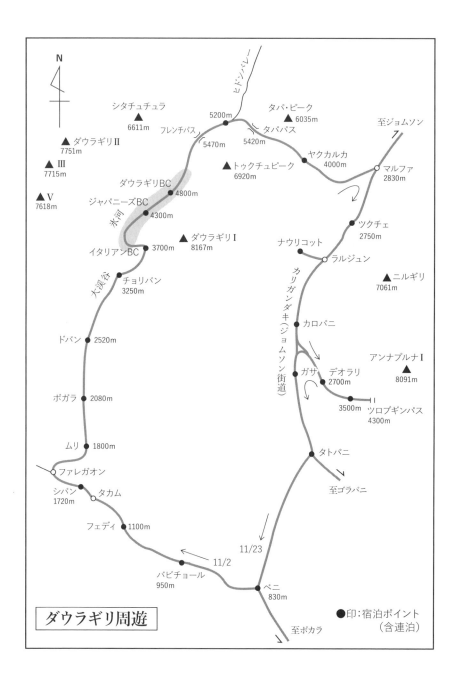

N

シタチュチュラ
6611m

ダウラギリⅡ
7751m

▲Ⅲ
7715m

ダウラギリBC
4800m

ジャパニーズBC
4300m

▲V
7618m

イタリアンBC
3700m

ダウラギリⅠ
8167m

フレンチパス
5470m

5200m

氷河

大渓谷

チョリバン
3250m

ドバン 2520m

ポガラ 2080m

ムリ 1800m

ファレガオン

シバン
1720m

タカム

フェディ 1100m

11/2

バビチョール
950m

タパ・ピーク
6035m

タパパス
5420m

ヤクカルカ
4000m

トゥクチュピーク
6920m

至ジョムソン

マルファ
2830m

ツクチェ
2750m

ナウリコット

ラルジュン

ニルギリ
7061m

カリガンダキ（ジョムソン街道）

カロパニ

アンナプルナⅠ
8091m

ガサ

デオラリ
2700m

ツロブギンパス
4300m

3500m

タトパニ

至ゴラパニ

11/23

ベニ
830m

至ポカラ

●印：宿泊ポイント
（含連泊）

ダウラギリ周遊

●日程

11/ 2 （晴）ベニ（830m）〜バビチョール（950m）……ミャグディコーラ沿いに西へ。

11/ 3 （曇）〜フェディ（1100m）……各所で稲刈光景，民族衣装の女性が華やか。

11/ 4 （曇）〜シバン（1720m）……西進から北上へ。本格的登りが始まる。

11/ 5 （曇）〜ファレガオン〜ムリ（1850m）……ファレガオンより一旦谷へ下り登り返し。

11/ 6 （小雨）〜ボガラ（2080m）最奥の集落……アップ・ダウンの超ハード・ルート。

11/ 7 （霧雨）〜ドバン（2520m）……険しい峡谷，対岸に標高差500m位の大滝。

11/ 8 （曇，雨）〜チョリバン（3250m）……樹林帯と谷渡りを繰り返し，厳しいトラバースも。

11/ 9 （雪，晴）〜イタリアンBC（3700m）……ダウラギリ I 西壁の迫力。

11/10 （晴，雪）高所順応滞在

11/11 （晴）〜チョーバルバン氷河〜ジャパニーズBC（4300m）……両側絶壁の凄まじい光景の氷河。

11/12 （晴）〜ダウラギリBC（4790m）……BCもダウラギリ北面の氷河上。迫力の光景。

11/13 （晴）〜フレンチパス（5470m）〜ヒドンバレー（5200m）……強風の雪原へ。

11/14 （晴，－20℃）〜タパパス（5420m）〜ヤクカルカ（4000m）……起伏のある雪原を昼食無し，大休止無しで約7時間歩き通し。

11/15 （晴）〜マルファ（2830m）〜ツクチェ（2750m）……ジョムソン街道へ。

11/16 （晴）〜ナウリコット……ダウラギリ，ニルギリが美しい桃源郷の村。

11/17 （晴）〜カロパニ……カリガンダキをのんびり南下，半日歩き。

11/18 （晴）〜デオラリ（2700m）〜ブタコラ（2700m）……アンナプルナ I のツロブギンパス（4300m）を目指すため街道から東にはずれる。

11/19 （晴）〜キャンプ地（3500m）〜ツロブギンパス（4300m）往復……ツ

ロブギンパス・キャンプ予定だったが積雪のため3500m地点から往復。

11/20（晴）〜ジョムソン街道へ戻る〜ガサ

11/21（晴）〜タトパニ（温泉）

11/22（晴）タトパニ休養滞在

11/23（晴）〜ベニ　……スタート地点へもどる。

　ダウラギリI（8167m）は日本人に馴染みの深い山であり，小生もあちこちから目にし，すぐそれと分かるが，いずれも遠望したのみでまともな写真は撮れていない。

　同様に，アンナプルナI（8091m）もその山域のトレッキングはエベレスト街道に並ぶポピュラーな山であるが，I峰だけはその懐である内院へ入っても奥に位置するため，山容を見ることができない。かつての「塩の道」カリガンダキ大峡谷を挟み東西に対峙する両巨峰に肉迫し，それなりの写真をものにしたく，空気の澄む11月に旅することにした。

　10月，チベット高原で体調を崩し，一時はこの厳しいダウラギリ周遊が駄目かも知れないと思ったこともあったが，幸い急回復し，万全の体調で臨めるようになった。

▷収穫期の村々を巡ってダウラギリ南西山麓へ向かう

　11月1日，準備のため先着していたスタッフ15人とポカラからの車道終点ベニで集結。予想以上に大きな町で，商店街も宿もずらりと並んでいる。奥地の「塩の道」——カリガンダキとポカラを結ぶ交易路の中継点，宿場町として栄えて来たのだろう。

　スタッフのシェルパ，キッチンは，初顔のパサン君以外は馴染みのメンバー。久しぶりに見るカルデ君はすっかり太り，6年前クーンブを一緒に歩いた花木君は彼と認識するに大分時間がかかった。カルデ君に言わせると，出稼ぎに行っているヨーロッパの山でトレーニングをしてきたので，大分締まってきたと本気で思っていると。そこで小生，彼のベルトの孔を指し，このトレッキングで孔二つ（約6cm）は細くなる，と冷やかす（実際にそうなった）。

　ポーター8人は全員ジリからのタマン族の精鋭とかで，若衆が多い。この

ミャグディコーラに沿って奥地へ

ダウラギリ周遊は，アップ・ダウンと氷河や雪の厳しさでポーターに最も嫌がられる行程で，毎年二人位疲労凍死が出ているとのこと。これはポーターの装備や食事（通常，ポーターは自前持ちで節約しすぎの面あり）にも問題ありとのことで，カルマ君の会社で，靴，ゴアテックス，食事も支給で今回のトレッキングに臨んでいるという。なお，前半途中までベニから二人の臨時ポーターを雇った。

11月2日，ベニからダウラギリを源流とするミャグディコーラに沿って歩き出す。なお，ベニは北方からのカリガンダキと西方からのミャグディコーラが合流する地点にあり，それぞれの地域からの物資が交流される面からも発展した町と言える。

初日バビチョール，二日目（11/3）フェディと緩やかに登っていくが，低地のこの辺りは稲刈りの真っ最中，男もやっているが，人数は圧倒的に女性が多く，色とりどりの民族衣装が稲の黄金色にマッチして実にきれい。またロバの隊商が，カランコロンとロバの首につけた鐘を鳴らしながら行き交うのどかさも旅情をそそる。

11月4日，村から村への登り下りが徐々にきつくなってくる。標高こそ出発のフェディの1100m，この日のキャンプ地シバン1720mと，一日歩いた標高差ではたいしたことないが，途中のダラパニ，タカムと通過する村毎に登り下りを繰り返して登って行く。

道中，小さな男の子二人の母子が村へ帰るのと道連れになる。下の子は4歳とかだが，どんな坂道でも弱音をはかず頑張っているし，母親も甘やかそうとしていない。ほぼ我々と同じ距離を歩いているわけで，驚くと共に山には強い男が育つはずだと改めて思った。

途中，タカム村の光景は凄く印象的だった。各家々で冬の家畜の餌となる

タカム村の光景

藁を積み上げ，赤く塗った壁とともに丘陵地の畑や周囲の山と見事に調和して，見とれる美しさだった。

　また，女性や子供が大きく球形に束ねた藁を運んでいる姿は実に絵になる。

　注）赤い壁はヒンズー教の家で，標高2500m以下にあり，2500m以上はチベット仏教圏となり，石積みの壁か白い壁となる。ダウラギリ南山麓では最奥の村ボガラでも標高2080mだから，全て赤い壁の家だった。ネパールは小さな国に30種以上の民族がおり，低地のインド側から上がって来た民族，チベット側から下って来た民族（シェルパ族など），それぞれが2500m位を境に集落をなしている。もちろん水平方向にも色々な民族分布があるが，エベレスト方面やマナスル方面を下から歩いていくと，最奥4000m位の集落まで次々と変わる民族の住み分けが面白い。このダウラギリ山地ではほとんどマガール族と思しく，顔立ちの整った美人が多かった。

　11月5日。ムリ村まで地図上は大した距離でもなく，シバン1720m，ムリ1800mと，一日わずか80mの標高差。「今日は無理せずムリ村までか」と冗談

を言いながらスタートしたが，相変わらずのアップ・ダウンで結構手ごわい。初めは一眼レフカメラを首にかけていたが，途中でザックに入れ，コンパクト・デジカメをポケットに入れて歩いた。それでも13：30にはムリに着いた。次の村までは時間的に遅くなるので，無理をせずといったところ。

棚田と渓谷美は見事だが，渓谷の奥に見えるはずのダウラギリは残念ながら雲の中。

11月6日，最奥の村ボガラまで非常にハードなルート。標高差わずか280mであるが，激しいアップ・ダウン，ジグザグ道で，地図よりはるかに長い道。

ムリを出発と同時に500m位の急降下で谷を渡り，すぐ200m位の小さな尾根を越えて次の谷へ下る。今度はその谷に沿って斜面をトラバースしながら登り返していく。

昨日までの村道ではなく，完全な山道。この奥に村があるのが信じ難いほど。渓谷から上に抜け出ると，また村道らしくなり，調子が良いのでニマ君，花木君と3人でどんどん先に歩く。道は前方からのなだらかな道と左方向の急坂に分かれ，二度ここに来ているニマ君は迷わず左の急坂を選ぶ。結構な登りで，アゴの出かかった所で，下から降りて来いの声と合図。何で？　もったいない，と思いつつ別れ道に戻ると，カルマ君に前方の道から下りてきた若い男が「この道をまっすぐ行った方が近い。最近，マオイストが難所を通過できるようにしてくれている」とのことである。

しばらく歩くとその難所，道は崖となり固定ロープで10m位登るまでは良いが，問題はその裏の下り。下の道まで固定ロープを張ってはいるが，凄い絶壁で，落ちれば谷まで100m以上は行きそうな恐怖感を憶える所である。

軽装の我々はよいが，ポーター君たちは大変である。カルマ君たちシェルパの腕の見せ所。一人一人慎重にサポート，あるいは荷物を肩代わりして下り，また登って次のサポート。

驚いたのはパサン君。彼は20代の若者だが，西洋人をサポートしてエベレストに登頂した折，凍傷で両足の指全てを付け根から切断（その西洋人がタイの病院へ連れて行き処置してくれた由）。そういうハンディがありながら，それを感じさせない身軽さとパワーは凄い。さすがクライミング・シェルパであ

る。しかも明るい陽気な性格。

　我々含めて21人，一人ずつ慎重にやるので，随分と時間もかかった。こんな危ない思いをするんだったら遠回りした方が良かったな，と語り合ったものである。

　事故が起きなくて本当に良かった。荷物を運ぶ村人が本当に利用するのだろうか？　先日，どこだったか，途中マオイストから道路整備の目的で協賛金をせしめられたが，どの程度本気で取り組んでいるのか？　軽装でしか動かないマオイストたちが，自分たちだけのために張ったロープではないのか？

　ハード・ルート，難所でボガラに到着したのは17時。大きな集落で学校もあり，雨も降り出したので校舎内にテントを張らせてもらった。

▷ダウラギリの懐へ入る

　11月7日，朝から小雨，風がないので小生は傘をさして出発。ベニで500円程で購入したこの大型コウモリ傘は中国製で骨が24本，中心のパイプ径も大きく，開けば日本の蛇の目傘みたいな風情がある。がっちりしたカメラザックを背負っているので，この傘を背中とザックではさむと，両手は完全にフリーで歩ける。雨がやんでも，滑る道では杖として大いに役立ってくれた（こんな傘は日本でも手に入らないと思い，土産に持ち帰った）。

　ボガラが実質的に最後の集落。これより奥地はトレッキング・シーズンのみボガラからバッティーを開きに来ているのみ。両岸急峻なV字型の大峡谷となり，対岸に凄い落差の滝が次々に現れる。地図には144mとか155mとかの記載はあるが，それは一つを取り出してのものだろう。こちらより見れば，それらが上下に何段もつながっているので，500〜600mの落差に見える。上方ガスってもおり，まるで雲の中より落ちる感。

　道はもう完全に登山道。樹林帯をぐんぐん登り，ちょっと開けた平坦地ドバン（2520m）に着く。一軒家のバッティーあり。

　ポーター諸君は近くの森から木を集めキャンプファイヤーとなる。

　11月8日，樹林帯と谷渡りを繰り返しつつ高度を上げていく。屋久島か大崩山の森や谷を歩いている気分。朝から曇っていたが，昼を過ぎるとパラッ

キだし，14時にチョリビアン（3250m）に着いた頃は小雪となった。11月も中旬にさしかかるこの時期，ヒマラヤは最も天候が安定し，今まで他の地域では一度も降られたことがなかったのに，ここの深い谷が連日雨をもたらしている。ここに三度目だというパサン君の「今度が一番雨が少ない，もっとすごく降られる」の言に，ニマ君も同意見。これで"晴れ男"の面目がなんとか保てた。

　このチョリビアンは，緩い傾斜の森を切り開き階段状に整地してキャンプ場にした所で，バッティーも1軒あり，もちろんドブロクのチャンもある。オジサンポーターたちはこれが楽しみで旅（仕事）をしていると見えるが，10代のヤングポーター君たちは飲まない。しかし雰囲気は一緒に楽しんでいる。小生もこの標高ではまだ大丈夫と1杯注文したら，カルマ君から「大矢さんにはそれは多すぎる」と半分近く飲み取られた。

　薪はどっさり集めてきているし，濡れたものを乾かそうと豪快にキャンプファイヤー。これにイモがあれば言うことなしだが……。

　11月9日，出発前にベニで臨時に雇ったおじさんポーター二人がここから戻ることになりお別れ。おとなしい二人だったが，タマンの8人ともよく打ち解け一緒に楽しくやってきただけに，寂しい。気をつけて帰って，としっかり握手（後日，カリガンダキで偶然そのうちの一人に出会った時はびっくり・懐かし，だった）。

　イタリアンBC（3700m）まで標高差450m，ほぼ登りのみだから今までで一番楽ちん。2時間後の10：30にはバッティーのあるキャンプ地に着いた。小雨降る中，例の傘がまた役に立った。

　キャンプ地は灌木帯の斜面を整地した所で，東側のすぐそばからダウラギリⅠの西壁が屏風を立てたようにそそり立つ。霧が去来して凄さを増すが，岩壁のピークはついに顔を出さず。ダウラギリを目指して1週間歩いてきたが，まだ一度もその姿を拝んでいない。

　しかし，とうとうその足元に辿り着いた。ポーター君たちはちょっと遠い林の中まで行って薪をどっさり集めてくる。

　11月10日，高所順応滞在。連泊は気分的にも有難い。一般の旅行でもそう

だが，大したことがなくとも荷物をほったらかして朝から気ままに行動できる。本格的に山を撮るのは今日が初日。夜明けとともにカメラを持ってテントの少し上方から，ダウラギリⅢや名も知らぬ6000m峰が朝日に染まり，刻々色彩が変化する様を寒さも忘れ興奮して撮る。

　特に6000m峰はきれいなオッパイの形で，柔らかな曲線と雪の肌が素晴らしく，ピンクから黄金色に変化していく様は溜め息が出るほど美しい。そこへ前方をバサバサと20羽位の鳥が飛び出した。オッパイ山をバックに撮ろうとトライしたが，良い位置にキャッチできない。そのうち光が平凡になったので明日早朝もう一度トライしようと，鳥の動きや，それを捉えるべき自分の位置を頭に入れてテントに戻った。

　天候も晴れ時々小雪で，焚き火にあたったり，近くをぶらぶらして過ごす。夕方，一瞬だけ，赤く染まった西壁のピークが幻想的に霧に浮かんだ。あっという間のことだったが，うまく捉えられた。

　夕食は，藤井さんがキッチン・グループをコーチしながら作ったちらし寿司のおいしかったこと。この旅一番の味だった。途端に話題は，早くも帰国したら何をたべるか？　当然魚，と3人一致。しからば長崎（大矢，藤井）と北海道（花木）のどちらの魚が美味いかへ……。

　食べ物の話から，4年前のカンチェンジュンガの折に世話になったグンサの旧家で食べたヤク肉へと話が飛び，花木君「あの夕日に染まるジャヌーをミルギン・ラにテントを張ってカメラに収め，グンサへ下ってヤク肉をもう一度食べたい」。小生「それなら前回と逆回りで，ラミテ峠のでっかいシャクナゲの花越しにジャヌーを眺め，蘭の花咲く森を登り，ミルギン・ラを越えてグンサを基地に，世界の岳人が誰も知らぬ花の園“ルンバスンバカルカ”へ行こう。時期は5〜6月」。花木「その時期は仕事の最盛期でとても行けぬ。定年退職するまで待ってほしい」。小生「そうなると8年後，小生は76歳になる。もうとてもそのルートは歩けない」ということで花はあきらめ，3年以降，4〜5年以内の11月にジャヌーの夕日とグンサの肉に焦点を絞って再訪しようと，えらい先までの計画成立（実はその後，内心この計画とは別に，その前にチャンスがあらばルンバスンバカルカの花への密かな思いも出てきた）。

　11月11日，夜明けとともに昨日の撮影地へ。オッパイ山をバックに鳥が飛

氷河上は厳しいアップ・ダウンを強いられる

び立つのを待つ。昨日の経験を生かして、今度はまずまず満足のシーンを捉え得た。

　今日からチョーバルダン氷河へ入るが、スタートして20分程登った所からその氷河の舌端への下り。それはまさに"地獄への降下路"。カルマ君が早速ザイルを張り、各シェルパが要所で安全を確保するが、足がかりとなる小さなフラットの地面には薄い雪が凍結しているし、荷の重いポーターに事故は起きぬかとハラハラする。下れぬポーターの荷を、小柄なニマ君がサッと取り上げ、トントンと下りていく。ふだんおとなしい彼のこの強さ！

　最後に軽装の我々、足元が滑りはせぬかとやはり恐かった。下りてからしばらくの氷河の高巻きも、草つきの斜面は凍結しており緊張を強いられた。谷底のおだやかな川床で早めの昼食。来し方も、これからの前方も、両岸がスパーッと切れ落ち、通常の氷河のモレーンというものはない。従って我々は、表面に土砂をかぶり波打った氷河そのものの上を歩く。

　進むにつれて氷河が、東側ダウラギリ１峰からの分と西側の２峰からの分がせめぎ合うように合流し、波打ちはますますうねり、我々もそれに応じた上下をしながら登って行く。

前方のツクチェ・ピークの西壁のイエローバンドが斜めに大きくよじれ、足元の氷河の波と重なりでまさに"地球のはらわた"を連想させる。

　標高4300m、ジャパニーズBCと呼ばれる氷河上でテント。BCといっても広い所があるわけではなく、波がちょっとフラットになった所を選んで分散設営。

　我々3人、「凄い世界へ来たものだ。こんな迫力の光景は見たことない」と異口同音。一木一草無い氷河上、今日は焚き火も当然できないはずと思いきや、ふと上流を見ると、なんと我がポーター君たちがたくさんのドッコ（背負う竹籠）を積み重ねて担いで来るではないか。なんと彼らは登山隊があちこち残したドッコや燃えるゴミをかき集めてきたのである。これで焚き火をするのだから、氷河清掃と兼ねて一石二鳥。それにしても彼らの生活力に敬服脱帽！　この荒涼寒々とした世界に暖かい火を燃やしてもらい、気持ちも暖まる。

　11月12日、ダウラギリBC（4800m）に着く。ここも氷河上設営。

　スタート地点からの標高差500m、半日歩きだったが、氷河上の上下歩きが多いので結構きつかった。ダウラギリⅠの丁度北側になり、スタートのベニ（南）から時計回りに半周したことになる。山に近すぎるため山頂（8167m）までは見えない。近くのアイガーに似た壁はまさに壁であり、凍っているので雪はつかない。どこを見ても荒涼とした世界。近くの壁でサーッと音がして小さな表層雪崩の雪煙が上がる。

　11月13日、テント内気温＝マイナス12度。ダウラギリⅡの朝焼けがきれい。

　9：00、出発。氷河の波からモレーン上へとひたすら登る。ハードな所はまだ元気のある時間帯に通過できて良かった。緩やかな雪原へ出てしばらく歩き、12：15、フレンチ・パス（5470m）に着く。今回の旅の最高到達点、本来の計画ではここで連泊してダウラギリ山群、その他の山々を眺めて過ごす予定であったが、広い雪原の頂点にあるここには何も遮るものもなく強風が吹き荒れ、とても設営できるものではない。ガスってダウラギリも見えず、連泊予定のはずが3分もおらず、吹き降ろされるように我々はヒドゥンバレーを目指して歩き出した。

標高5000mの雪原を歩く

　雪は深いが風が固めてくれており，締って心地よい歩き。時々ヒザまで没するが……。約1時間，ゆるやかに下った5200m地点に設営跡地があり，周囲からちょっと凹んでいるので風も当たらない。今日はここに設営。

　もうこの旅のヤマ場は過ぎた。我々3人，「地獄のような，凄い大峡谷を上がってきたものだ。ダウラギリを征服したような気分だ」と振り返る。

　11月14日，テント内気温＝マイナス20度。快晴周囲の山々，雪原がピンクから黄金色へと輝き出す。早朝から撮りまくる。

　今日はタパ・パス（5420m）へ緩やかに登り，後は下り一方だと楽勝気分でスタート，まさか大苦戦，疲労困憊する状況になるとは誰も予想していなかった。

　タパ・パスへ，柔らかな曲線の雪原，それが朝の斜光で深みのある美しい影を創り出し更に雪面が風でさざ波のような風紋を描いている。振り返っても広大な雪原の奥に立つ山々，それらの光景の中に我がキャラバンが点々とアクセントをつけている。

　タパ・パスまでは夢のような光景に興奮しつつ撮り歩いた。

　誤算が生じたのは，タパ・パスを越えてからである。緩やかではあるが登

シタチュチュラ (6611m)

り下りを繰り返しながら山腹を巻いても，標高が下がらない。前方のあの斜面を上れば，下りにかかるのだろうと，そこに辿り着けば，またずっと向こうの斜面をキッチンの若者たちが登っている。よし，あそこまで頑張ろうと行けば，同じ状況の繰り返しで，なかなか標高が下がらない。

　そのうち雪も緩み出し，歩き難くなる。先の足跡に合わせるが，歩幅も違いはあるし，時々バランスを崩して転び，起き上がる時は本当に体力を消耗する。それでも徐々に下り，やっとの思いで雪原を脱すると，目指すヤクカルカ（4000m）へ急降下。

　朝のおかゆ一杯だけで，大休止なく小休止のみで7時間歩き続けて，ようやく15時にカルカ着。

　どうしてこうなったか？　実際にはタパ・パスから早い段階で下りの道があるとのこと。それが雪に埋もれ，数日前に歩いたグループ（この秋，我々は4組目）のトレースを追っているうちに遠回りになったこと。途中，昼食を作る予定がこのため水場がなく，結局昼食抜きで大行軍するはめになった。

　オジサン・ポーターが一人脱落，ニマ君が登り返し，彼の荷を担いで下りてきた。彼は本当に強く，やさしい。我々の到着と入れ替わりに，ガイド，若い白人女性，ポーターの3人が上に向かって行った。タパ・ピーク（6035m）登山らしい。将来，チョモランマでも目指す女性か？

　この時ガイドが，前日，我々の下のカルカで一人のポーターが亡くなったと話してくれた。登山口のマルファかジョムソンで聞いたらしい。それによると，そのポーターは持病があってそれが原因とか。しかし持病も原因かも知れぬが，実質上は過労死である。あとは楽に下るゴール一日前だっただけに，よりいっそう可哀相になる。いつもトレッキングを終えた時，給料をもらったポーター君たちがカトマンドゥで家族の土産を買い，それを担いで村へ帰るのだと嬉々として別れて行くのを見てきているだけに，亡くなったそ

のポーターもゴールを前に家族の喜ぶ顔を想い描いていただろうと，つい目頭が熱くなる。

ベニでの出発前，ダウラギリでは毎年2，3人ポーターの過労死があると聞いていたが，現実に身近な所で起きた。われわれ3人，「凄い光景が見られた。凄い体験ができた」と喜んだその後，「もう二度とこのコースはやれない」と……。それほど厳しかった。

テントからニルギリの夕景がきれいだった。最後のキャンプファイヤーも豪快。

▷ジョムソン街道寄り道歩きでベニへ戻る

11月15日。出発してすぐ下のカルカの石室の前で，一昨日のポーターの冥福を祈る。彼の遺品とおぼしきマフラーみたいな物が落ちており，小生は後日警察調査のためそのままにしているのかと思っていたら，そうではなく，カルマ君が「サーダーの怠慢だ。こんな物は家族へ届けてやるべきだ」と怒る。

マルファ村へ約1200m，2時間の急降下。これからのジョムソン街道は7年前，ヒマラヤへのめり込んだ最初の年，アンナプルナの周遊で，マナンから有名なトロン・パス（5400m）を越えて下りてきた所で，今回は前回知らずに通り過ぎた所にも寄り道をしながら楽しみ下るつもりでいる。

ニルギリ（7061m）を正面にどんどん下り，マルファの家並みが見え出す頃，はるかに懐かしのトロン・パスも見える。マルファの通りの向こうカリガンダキ側に当時なかった車道がジョムソンから通っている。下流側，畑の向こうに見慣れぬ大きな建物あり，チベッタン避難民収容所とのこと。貧乏国ネパールではあるが，やさしい国だと感心。もちろんそれなりの援助は中国政府からも得ているだろうが，人を受け入れる寛容さはやはり国民性。

マルファに下りると，石畳のきれいな通りは昔と変わらず懐かしい。変わったのは土産店がズラリと並んでいること。特にヤク毛の帽子やマフラー，バンド，敷物が多く売子の女性は全員チベッタン。先の収容所に住み，作って商売しているとのこと。

ホテルの食堂で昼食をとることになるが，注文はビールのみ，料理は自前。キッチンも場所を借り，シェルパ，ポーターも中庭にくつろぎ。久しぶりに

新鮮な野菜を買ってきているのを見ると，ノドが鳴る。地鶏が夕食で，昼は
マトンか？　と楽しみ。

　食事ができるまでに時間あるので，すぐ近くの河口慧海記念館に行く。慧
海は仏教の原典を求めたい一心から，鎖国のチベットへヒマラヤを越えて潜
入すべく，1900年3〜6月の約3カ月間，今の記念館に逗留し，雪解けを
待ってドルポへ入り，7月4日，ついに国境を越えてチベットへ下って行っ
た。この記念館は当時ヒマラヤ交易で財をなした大商人アダム・ナリンの邸
宅で，慧海は，匿ってくれ，また情報与えてくれるアダム・ナリンには本当
の身分，目的を明かして（当時彼はインドで英国のスパイだと噂が広まっており，
ナリンがこのことを問うた時の返答），毎日仏間でチベット語の経典を読み，村
人にも教えた。

　今も立派な仏間に経典がびっしりと陳列してあり，当主がその一つを取り
出し開いて見せてくれた。もちろん読めるわけはないが，ジーンと厳粛な気
持ちにさせられた。

　当主はアダム・ナリンの子孫である。小生，昨年夏ドルポへ入り，106年前
の慧海の旅を偲びつつ彼のルートを辿り，越境峠クン・ラ（5411m）に立っ
ただけに，7年前ここに立ち寄った時とは想いは格段の差があり。まして宝
物のような経典に接して心打たれ，いつまでも維持してほしいという気持ち
でお布施をして辞した。

　久しぶりに飛び切り美味い昼食（マトンカレー？　何だったか忘れた）後，
ブラブラと2時間程ツクチェまで歩く。ツクチェはかつて「塩の道」で財を
なしたタカリー商人の集落。この商売の権益がなくなる頃，インドで世界の
情勢をしっかり摑んでいたここの富豪たちは次の時代へ備えて子供たちをイ
ギリスや日本へ遊学に出した，と本で読んだことがある。

　7年前にここを通った時，タカリー商人の集落であることは知っていたが，
マルファに較べ薄汚い所だと，立ち寄ることもなく通過した。今回来て見る
と，昔のままの通りと別に新しくロッジや店を並べて大分様変わり。7年前
は昔の栄華を捨てきれず，今新しく生まれ変わろうとしているのか？　しか
し，商店の町としてはマルファに比し立ち遅れているのは否めない。旧通り
の宿の庭にテントを張らせてもらうことになる。

　ジョムソン街道は歴史のある道であり，トレッキングでは一番楽な所。西

洋人20人位の年配者団体が賑やかに歩いて来て，記念写真を撮って楽しんでいる。カルマ君から，ここにも非公開ではあるが立派な慧海記念館があると聞く。そこは私宅をツクチェ・ブランデー工場としており，その邸宅に慧海記念室があるという。

夕方そこへ行く。今のメイン通りからちょっと引っ込んでいるが，昔を偲ばせる優雅な石畳の通り，そこに大きなホテルかと思わせる豪邸。その門をくぐり庭を通ってブランデー醸造所へ。60代と思しき上品な女性から流暢な英語の説明を聞き，試飲して，土産のアップル・ブランデーと輪切りの乾燥アップルを買う。そして河口慧海の記念室を見せてほしいと頼む。彼女はカルマ君に我々の素性を尋ね，その紹介に納得して我々を別館の二階へ案内してくれた。豪華な仏間の書棚に経典がぎっしり収められている。4年に一度，20人位のラマ僧を呼んで，虫干しを兼ねて読んでもらうという。

豪華な仏間から別室へ。そこには立派なベッドや調度品。慧海が起居していた時のそのままの状態で保存しているとの説明に，100年以上もこの状態で保たれたのかとの驚きとタカリー商人のスケールの凄さを思い知る。そう思えば，英語を話せるはずのないこの年代の田舎の老女の流暢な英語に，彼女も若かりし頃イギリスへ遊学したに違いないと思い，当時のタカリー商人の先を読んだ子孫教育の話が事実だったことを目の当たりにした。

11月16日，ダウラギリ東山麓のナウリコットへ行く。ツクチェから2時間程の小高い丘陵にあり，7年前はここも知らず街道をどんどん下って行った。

来てみると，ダウラギリとニルギリを眺める絶好の位置にあり，広い畑に恵まれた桃源郷だった。村人も素朴で好意的だし，ジョムソンからちょいだから，何かの折にはまた立ち寄って数日過ごしてみたいと思った。

刈り入れを済んだソバ畑に設営することになったが，肝心の荷物がなかなか来ない。山を終え，気の弛んだポーターたちが途中で引っかかり一杯やっていたのである。これにはカルマ君カンカンに腹を立て，「今日は相手も飲んでおり，分からずに喧嘩になるばかりだから，明日の朝ボッコリ説教する。ポーターの代わりは，ここではロバがいくらでもいる。言われることに反対の者は即座にここまでの給料を渡し引き取ってもらう」と……。

夕方，特に展望が良さそうな民家の屋上へ上げさせてもらい，明日早朝に

写真撮影に来させてもらうことをお願いする。快く了承してくれた。

　11月17日。早朝撮影をして、ゆっくり朝食後、カロパニを目指してナウリ
コットを後にする。下る途中、カリガンダキの模様豊かな河床をロバの隊商
が行っている。望遠でバッチリ、カメラに収め、その隊商を追おうと駆け下
りる。やがて追いつき、今度はロバが吊り橋を渡って行くシーンを収める
（いずれも良い出来だったと自賛）。マルファからカロパニまでがジョムソン街
道の最も情緒ある光景が見られる所。

　カロパニまで約2時間ののんびり行程だが、朝の説教が効いたのか、本人
たちの心からの反省なのか、今日のポーター君たちは真面目に我々より先に
目的地へ荷物を届けている。

　カロパニは7年前も泊まったところで、その時は道がちょっと低くなった
村の中心部。そのためアンナプルナⅠが見られず、翌朝歩き出しても逆光に
かすみ、あまり印象に残っていなかった。今回、村外れ近くの、道が一番高
くなった所のロッジの庭に設営。ここからアンナプルナⅠが格好よく見られ、
夕日に赤く染まる様をしっかり収められた。

　11月18日。アンナプルナⅠのツロブギン・パス（4300mの峠）を目指すた
め街道から東に外れ、カリガンダキを渡り、山を目指して行く。ツロブギン・
パスはアンナプルナⅠとダウラギリⅠを見る最高の展望所だと数年前から
マークして、ここに連泊して朝夕両巨峰を眺めようと計画していた。カロパ
ニから見ても、峠は積雪多し。テント泊は無理としても最後のがんばりで
登ってみようと、小学校のあるデオラリ、更に奥地に一軒家のブタコラ
（2700m）まで入る。この辺もなかなかの桃源郷。

　11月19日、3500mのキャンプ地へ、そこからツロブギン・パス往復。
　ブタコラまでは畑があり、村道だったが、ここからはアンナプルナⅠを目
指す登山道である。デオラリで、最近登山隊も来ず道も荒れているだろうと
聞いていたが、本格的に登り始める前の山裾トラバースでは所々崩壊地があ
るも大したことなし。登りにかかると凄い急坂。
　水の得られる所でキャンプということで、ニマ君、カルデ君が水場探しに

216

先発。

　3500地点に森がひらけ，小高く快適な草地でキャンプ，それでも水場は30分下った所だそうで，キッチンは大変である。そんなこと平気で当然のように働く彼らは偉い。

　上に水場はないし，ツロブギンへはここからピストンしようということになり，体調不良の花木君は居残り，藤井さん，小生，護衛役にカルマ，ニマ，パサンの3君と5人で14時出発。帰路は暗くなるのでヘッドライト持参。4000m以上の世界で標高差800mを半日で往復しようというのだから，我々も結構高地民族になったものである。

　テント地からすぐ急坂を登り，そして勿体なくも150m位下がり，それから強烈な登り。森林限界を越え，急斜面で灌木もなく草と岩ばかり。4000mを越えると雪も混じり出し，帰路はこれが凍結しないうちに通過せねば，となる。最後は雪原の斜面を登り，16：15ツロブギンに到着。アンナ・プルナⅠやニルギリがすぐ近くに聳え，カリガンダキをはさんでダウラギリも高い。ふだんどこに行っても自分の記念写真は面倒で撮らない小生も，ここばかりは撮ろうと交代でシャッターを切る。

　名残惜しいが，帰路の凍結が恐いので，16：40下山にかかる。危険ゾーンは脱して草つきの下りの途中で日が暮れ，我々二人はキャンプランプ，3人のシェルパも持参はしているのだが彼らは装着していない。それでも点灯の我々よりはるかに見えるようだ。

　いつも思うことだが，我々には見えぬ遠くの物を見つけたりで，一体彼らの視力はどのくらいあるのだろうか。我々が1.0とするなら彼らは2.5〜3.0位か？　暗がりにも強いということはカメラレンズに譬えれば，我々がf4.5〜5.6の標準ズームレンズとするならば，彼らはf1.4の50ミリ単焦点レンズである。見える明るさが全然違う。

　やがて下方のキャンプファイヤーが赤々と見え出し，18：10無事下山。

　11月20日。テント内から夜明けのダウラギリやツクチェピークがきれい。最後にヘマせぬよう用心して下山。もうきつい歩きはない。来る時と同じくデオラリの小学校で昼食して，ジョムソン街道に戻る。車道化されていて，カロパニから下は魅力なし。

ガサに15時に着く。ここのホテルの庭がテント地。ポーター君たちはとっくに着いてリラックス。ナウリコットの件以来すっかり気が引き締まり，荷物も軽くなっているせいもある。

　ここで思いもよらぬ者と再会。カンチェンジュンガの時の唖の青年である。あの時，別れがつらく，タブレジュン空港で一人離れて涙を流していた彼である。我々の隣の宿の庭にいるのを偶然見かけ，呼んだらすっ飛んできた。たまたま西洋人団体のポーターとして隣へ来たのである。カルマ君と手話による意思疎通だが，喜びにあふれた表情，動作で我々にもなんとなく分かる。

　11月21日，温泉地タトパニへ向かう。

　今日も思わぬ人と出会う。昼前，ダナの手前で我々と反対方向に大きな荷物をかついですれ違ったポーターにびっくり。なんとこの旅の前半1週間を一緒に歩き，チョリビアンで別れたベニのポーター二人組の一人，小柄で目のクリクリしたオジサン・ポーターである。

　この街道はほとんどの物資はロバで運ばれているが，荷物の形状でロバではやり難い物，数量がままならぬ物，臨時の物など個人ポーターが請け負っているのだろう。

　ダナで2時間近く昼食休憩してタトパニへ向かっていたら，荷物を届け終えたオジサンが追いついてきてまたびっくり。タトパニとベニの中間点辺りまで戻るらしく，空身ではその足の速いこと。我々もすぐ置いて行かれた。小柄だが素晴らしい筋肉の足がリズミカルで，力強く躍動する歩きは後ろから見ていて惚れ惚れとした。

　14時，タトパニ着。ここはカリガンダキの河原に露天温泉があり，連泊してゆっくり休養することにしている。温泉は混浴なので，当然水着着用。

　通り下のテント場も芝生が快適。山の空気は如何にサラッと乾燥していてベタつかないといえど，3週間シャワーも浴びず毎日歩いてきたのである。垢もしっかり積もっているはずだから，夕食後たっぷり長風呂することにして，まずは床屋へ。3週間洗っていない頭もさることながら，伸び放題の白髪髭はもう自分のカミソリでは歯も立たず，食事もしにくい。

　タトパニは昔からの宿場町であり，広い通りではないが商店，ホテルが立ち並び，床屋はその外れ近くでテントから100m足らずにあり，若い夫婦が

やっている小さな店。シャープな感じのハンサムな亭主，赤ん坊を背負った
ソフトな美人妻のカップル。まずは値段交渉。小生はここでは外国人だから
当然高くなる。カトマンドゥでの値段より少し安めに，按摩なしで200ル
ピー（約400円）で，と申し出たら即OK。

　さっぱりしてテントに戻り，花木君にも床屋を薦める。ちょいとダンディ
で頭と髭（普段は髭を伸ばしておらず）にこだわりのある彼は，カトマンドゥ
の床屋でも髭は剃らず，チベットから2カ月間伸ばしたまま（もちろん手入れ
はしている）。そのまま帰国するつもりでいたようだ。しかし奥さんにどう
バカにされるかという心配もあった。食事の時，箸の物が口に入る前に髭に
当たり，皆で大笑いしたこともあった。伸ばして帰国するか，やっぱり剃る
べきかと少し迷いが来た時，このタトパニである。小生が「あの床屋の奥さ
んはあんた好みの美人だ」と言ったら，即決断。「髭だけ剃ってきます」と出
掛けて行った。

　1時間後，帰ってきたのを見てびっくり。頭もサパーッと短く刈り上げ，
元々若く見える53歳の彼が35歳に見える（本当）。40歳のカルマ君が「誰が見
ても自分より若く見える」とびっくり。当の花木君，「店に行ったら亭主が外
で子守，美人の奥さんが店の中，ラッキーと思って椅子に掛けたら亭主と交
代，残念」と。亭主の腕に感謝すべし。

　夜はもちろん露天温泉へ，ポーター君たちも来て楽しくにぎやか。他に客
は少なくわれわれの貸切みたいに。洗い場は当然浴槽の外にあるが，積もっ
た垢はいくら擦っても次々に出てくる。そのうち体も冷えてくる，残りは明
日と浴槽に長居。

　11月22日，タトパニ滞在。
　7年前，このタトパニの吊り橋を撮った写真は，朝日新聞の「西部写真コン
クール」で金賞というビッグ・タイトルを得た。今回ここに連泊したのも，
温泉の魅力とともに，もう一度この橋の下から撮る目的もあった。残念なが
ら車道工事のためこの吊り橋は通行止めで，上流に仮の橋と道があり，朝か
ら一応行ってみたが絵にならず。車道が完成すればこの吊り橋もゴラパニ方
面への別れ道として復活するのだろうが，その頃周囲の環境が昔の風情を残
しているだろうか？

昼食後，温泉へ。ビールを飲みながらの超長風呂。夕方，ニルギリの夕景を撮ろうと，朝日をつけていた所に三脚を立てて一人で構えていたら，対岸から見知らぬ男の「戻れ，戻れ」との切迫した合図。何事かと急ぎ戻ると，車道工事の発破らしい。せきたてられるように民家の軒先へ飛び込んだ途端，ダーンとすごい轟音。ちょっと間をおいて石コロが近くにバラバラと降る。これが三度，四度続いた。少々恐かった。

　道のどこにも発破作業の時間表示もないし，小生が道から2m位外れた茂みに居たので監視員も小生が目に入るのが遅れたらしい。危ない，危ない。

　夜はこの旅の打ち上げ。ポーター君たちも一緒に飲んで歌って踊って，楽しく夜が更けた。

　11月23日，ベニへ戻る。

　車道工事のため山側への回り道もあるが，距離的に20㎞はあったのでは？

　後半はずっと車道で埃もひどい。1年後には車道はジョムソンまで通じるらしい。何で車道にするのか。この街道には世界中から多くのトレッカーが歩くのを楽しみに来ている。車道になったら，訪れる者激減，間違いなし。そうなれば街道沿いの宿，宿へ食材提供する農家，ロバの隊商，ポーター業，土産や……これらがどうなるか？　そんな思いが強い。

　色々あったが，無事スタート地点ベニに戻れた。今日も乾杯！

【追加】11月24日，ポカラへ。

　中型のチャーターバスに19人全員がぎっしりと，屋根上に荷物を全部しっかり固縛してポカラへ4時間。ポカラ泊まりの我々3人とカルマ君，我々の荷物を降ろして，少し楽になったバスは本日中にカトマンドゥまで。彼らは明日の荷物の整理完了までが仕事，そこで給料。ごくろうさん！

　空気が澄んでいるので，サランコットからマチャプチャレ，アンナプルナ連峰を眺めようと夕方，タクシーで上がる。夕方のマチャ，アンナも素晴らしかったが，遠く赤く染まったマナスルの上に大きな満月が上がってきたのに歓声！　カメラはそちらに釘付け，マチャもアンナも飛んでしまった。

　翌25日夜明け前，再度サランコットに上がり，今度は朝日に輝くマチャプチャレとアンナプルナ連峰をカメラに収めた。

バガール・ラ（5105m）のヤクキャラバン

ヒマラヤ最奥の秘境・DOLPO踏破400km

(2008.9.18-10.21)

●旅の初めに

　カトマンドゥへ向かうバンコク空港での長い一夜の乗り継ぎ待ち時間に，『鳥葬の国——秘境ヒマラヤ探検記』（川喜田二郎著）を改めて読み返した。

　DOLPO（ドルポ）のツァルカを舞台にした1958年のこの学術探検から丁度50年，かつ同じ時季に我々３人，DOLPOを訪ねる。自分が若い頃，憧れと不思議な興味を持った世界で遠い昔のことに感じていた。

　今読み直し，「まえがき」の登場人物紹介のメンバーとその時の年齢を見るに，メンバーのほとんどが当時20代，今まで気付かなかったが自分と４〜６歳しか違わぬ年長の人たちであることに驚き，現在69歳の自分がタイム・スリップしてそこへ旅するような不思議な感慨を持った。

　2006年夏，河口慧海のルートを辿り彼のチベット潜入への越境峠「クン・ラ」に立ち，106年前（1900年夏）仏教の原典を求めての苦難の旅に想いを馳せた。

　たまたまこの時の旅が，全く偶然の縁あって，『鳥葬の国』に登場するメンバーでその後民族学者として名を馳せられた高山龍三先生や「河口慧海研究プロジェクト」メンバーの大西保氏（登山家）と交流する機会に恵まれ，彼らより慧海師やDOLPOに関する書物の紹介やアドバイスをいただいて勉強しているうちに，何も知らず夢のような気分で通過していったDOLPOの村々をもう一度訪ねてみたくなった。

　5000m以上の峠を幾つも越える厳しい旅だけに「本当に歩けるだろうか？」との不安もある。しかしもう一度やってみたい，もっと深くDOLPOを味わってみたいという気持ちが不安に打ち勝ち，二度目の旅を決意させ，しかも前回歩かなかった未知の地域へも広く旅する欲張りルートとなった。

　今回はそれなりに勉強しての旅でもあり，より突っ込んで見られるだろうし，またどんなドラマやシーン，出会いが展開するか楽しみでもある。

　前回は謎の越境峠が100年以上経って日記公開により判明されたばかりで，小生の頭は単純に慧海師の当時の旅を偲び，どのようにしてここを通ったのか，ここは通ったはずがない，といったミステリーロマン的なものから，この村や生活は100年前からあまり変わっていないかもしれないと漠然と思ったり，立ち並ぶチョルテン（仏塔）群や今なお造られ続けているマニ石群に生きた仏教の世界を見，こんな厳しい世界でも明るく生きる村人に我々が失

くした世界を見る思いもした。

　2006年，ネパール政府が米をチベットへ運びDOLPOの各村々へ配給を取りに来させるようにした。昔からDOLPOとチベットでは幾つもの峠での物資の交流はあってはいたが，この米配給により次々にヤクの大キャラバンがチベットとの峠を往来するのを見た時，今までの100年はほとんど変化しなかった社会が，これからは急速に変わっていくだろうと感じた。

　どのように変質しつつあるのかも興味深い。しかし素朴な明るさと信心深さは永遠に変わらぬことを願う。

　以下，今回も通りすがりであるが，旅で見たこと感じたことを日々の行程に応じて記していきたい。

●全体行程

〈日程〉	〈行　　　程〉	〈歩行距離 / 推定〉
9 /18	ジョムソン（2700m）〜パレ（3100m）	12km
9 /19	〜サンダ・ラ（4350m）　午後より氷雨，夜半より暴風雪	14km
9 /20	〜サンダ村（3800m），積雪の中を下る（ゾッキョ不明で最小限の荷で下る）	7 km
9 /21	サンダ村滞在。濡れた衣類干し，行方不明のゾッキョ待ち	－
9 /22	同上。トゥジェ・ラの雪解け待ち。ゾッキョ戻る	－
9 /23	〜トゥジェ・ラ C1（4150m）　＊C＝キャンプ地の仮称	18km
9 /24	〜トゥジェ・ラ（5120m）〜タザン・チュウ C1（4800m）雪中行軍	12km
9 /25	〜タザン・チュウ C2（4500m）　疲労衰弱，足進まず	9 km
9 /26	〜ツァルカ村（4200m），DOLPO最初の村	12km
9 /27	ツァルカ滞在。村内散策，民家で歓談	－
9 /28	〜モー・ラ（5035m）〜パンザン・コーラ C1（4460m）	17km
9 /29	〜パンザン・コーラ C2（4150m）	16km
9 /30	〜ティンギュー（3980m）	15km
10/ 1	〜シーメン（3800m）	12km
10/ 2	〜シーメン・ラ（4180m）〜コマ（4060m）	8 km
10/ 3	〜コマ・ラ（4380m）〜サルダン（3720m）	13km

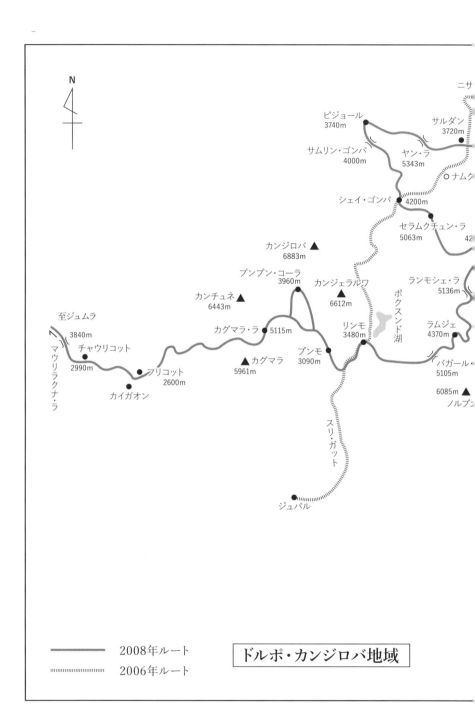

ドルポ・カンジロバ地域

――――――	2008年ルート
....	2006年ルート

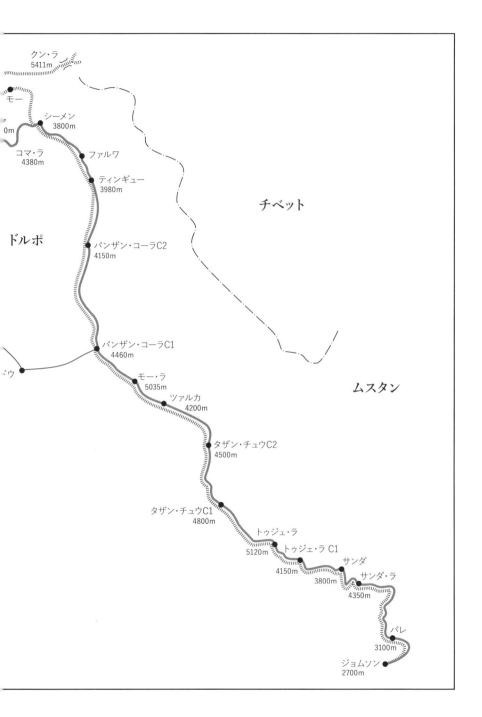

クン・ラ
5411m

モー

0m

シーメン
3800m

コマ・ラ
4380m

ファルワ

ティンギュー
3980m

チベット

ドルポ

パンザン・コーラC2
4150m

パンザン・コーラC1
4460m

ウ

モー・ラ
5035m

ムスタン

ツァルカ
4200m

タザン・チュウC2
4500m

タザン・チュウC1
4800m

トゥジェ・ラ
5120m

トゥジェ・ラ C1
4150m

サンダ

サンダ・ラ
4350m

3800m

パレ
3100m

ジョムソン
2700m

10/4	～ヤン・ラ（5343m）～ピジョール（3740m）	22km
10/5	ピジョール滞在，サムリン・ゴンパ（4000m）へ馬で往復	8 km
10/6	～シェイ（4200m）。馬で行く。4600m クラスの峠七つ越え	24km
10/7	シェイ滞在。ゴンパ見学，峡谷探索	2 km
10/8	～セラムクチュン・ラ（5063m）～ナムグン・コーラ上流（4260m）	
		17km
10/9	～ランモシェ・ラ（5136m）～ラムジェ（4370m），積雪の峠越え	
		16km
10/10	～バガール・ラ（5105m）～リンモ（3480m），深雪をヤクのラッセル	
		26km
10/11	リンモ滞在。休養，食糧補充	―
10/12	～スリガット・コーラ分岐（2700m）～プンモ（3090m）	12km
10/13	～プンプン・コーラ源流（3960m）	12km
10/14	プンプン・コーラ滞在。周辺探勝，小ピーク（4450m）登り	10km
10/15	～ルンモ・チュウ出合い（3750m）～ルンモ・チュウ源流（4390m）	
		14km
10/16	～カグマラ・ラ（5115m）～ガルプン・コーラ（3610m），積雪の峠越え	
		14km
10/17	～フリコット（2600m），ヤク・キャラバンルート終点	16km
10/18	～チャウリコット（2990m）	7 km
10/19	～マウリラクナ・ラ（3840m）～チョタラ（2960m）	14km
10/20	～ゴチチョール（2800m）	15km
10/21	～ジュムラ（2350m）	15km
	合計	409km

● DOLPO とは

　河口慧海師を始めこの地域を旅したり研究した先人たちは，現地の発音から"トルボ"と表現しておられる。カルマ君に聞けば，元々は「TOLPO」，TOL ＝別れ，PO（ボと発音）＝チベット，即ちチベットとの別れの地の意味から来たもので，いつの間にか TOL が DOL と記されるようになっても発音はトルボがそのまま続いているようである。現在のネパール政府は正式にDOLPA（ドルパと発音）郡として地名を与えているが，小生はどうもなじみ

にくい。

　小生が見てきた書籍や地図の記載は全て DOLPO であり，発音は著者の好みか我々向けにか，トルボとドルポが半々であり，小生はドルポ派であるが，一番なじみ深い表記「DOLPO」をタイトルとした。

▷ 9月18日　ジョムソン（2700m）～パレ（3100m）

　前日，スタッフと合流，今回はポーターは使わず荷物運びには馬が予約されていた。ところがその馬はムスタンの旅に持っていかれたとかで，急遽ゾッキョ（牛とヤクの交配種）8頭を使うことになった。このことが我々の旅の成否のカギを握るとは，その時は夢にも思わず。

　ヤクやゾッキョ主体のエベレスト街道ならいざ知らず，たくさんの馬やロバの隊列が行き交うジョムソン街道では，我々のゾッキョ君たちは一際目立って威風堂々，行き交う外人トレッカーたちのカメラ・シャッターを浴びる。なんだか我々も鼻が高くなる。

　エッカラバッティーの長い吊橋を渡り，パレの集落への上りとなる。この時期はソバの収穫前で，ジョムソン，カグベニ，パレ周辺の畑は一面ピンク色である。

　　ヒマラヤは瓦礫の大地蕎麦の花

　パレは大集落であるが，ジョムソン街道からちょっと引っ込んでいるだけで，トレッカーや観光者が来ることもなく，昔ながらの静かな村である。しかし畑地も広々，リンゴ畑もあり，大きな家も多く，かなり裕福な村に見えた。

　今回のトレッキングはコック長のデンリー君が先行して歩き，宿泊地の家やテント地の選定，食糧の買い出しを行うが，この地は初めての彼がここへ何度も来ているニマ君さえ知らなかった立派な豪邸を見つけた。一般に民家を利用するといっても庭や畑にテントを張らせてもらい，キッチンや，あれば食堂を使わせてもらうくらいが普通である。

　ところがこの豪邸，スタッフ含めて全員室内に泊めるというのである。我々3人，カルマ君・ニマ君含めて5人は立派な客間（調度品も豪華，テレビもある）に寝ることになった。

共に51歳という穏やかな夫婦と長女，三女の４人暮らし。長男は米国へ留学中，次女はカトマンドゥの学校とか。家の間取りをスケッチしようかと思ったが，広すぎるし曲がりくねっていて，しかも２階建てでは手帳に描き得ずあきらめた。

▷ ９月19日　パレ（3100m）〜ムー・ラ（3700m）〜ジャガ・ラ（4100m）〜サンダ・ラ（4350m）

＊「ラ」は峠の意。したがって上り・下りを繰り返しつつ登っていく。

前回は高所順応のためムー・ラまでとしたが，今回は直前に聖地ムクチナートまで高所順応を兼ねてトレッキングしているので，眺めの良かったサンダ・ラまで一気に足を延ばすことにした。

朝から霧雨だったがすぐに上がるだろうと，予定通りに出発した。ところがジャガ・ラを越える頃より氷雨となり，風も強まりだした。適当なテント地もなくサンダ・ラを目指して歩くが，その遠く感じること。

いくつもの谷を横切る度にアップ・ダウンを強いられるし，視界を楽しみ歩けるはずのルートは何も見えず，風雨に耐えて黙々と歩く。眠気，吐き気もあり，フラフラの歩き。山で遭難する時はこんな感じか，との想いもよぎる。ようやくサンダ・ラへ着いたものの風強く，もう少し先で設営となった。

テントに入ってようやく生き返った思いだった。ところがますます天候が荒れ，テントが倒壊するかと思うほどの強風雪となった。されど倒されてもテントからは出るまい，と決めて一夜を明かした。

▷ ９月20日　サンダ・ラ（4350m）〜サンダ村（3800m）

一夜明けると悪天候も収まったが，積雪20〜30cm の銀世界であり，近くでは雪崩もある。

朝早くゾッキョがテント近くに顔を出したが，すぐにどこかへ姿を消した。ところが，出発する時間になってもゾッキョ８頭とも，どこへ消えたのか全く行方不明。持主のテンバさん，ゴレさんも大慌てだが，見当がつかない。されば今日は積雪もあるし，ここで"沈殿"かと思いきや，カルマ君の決断は，すぐ必要なものだけ持ち，大半の荷物は残してサンダ村へ下ることだった。

サンダ村の光景

　下りといえど，前日の疲れも
あり，雪中行軍はきつかった。
サンダ村に着き，濡れた物を干
し，やっと人心地ついて，カル
マ君の判断に助かった思いがし
た。

▷ 9月21日　サンダ村滞在

　朝から約10組1000頭以上と見える山羊，羊の大群がジョムソンを目指して
登っていく。ネパール最大の祭りダサイン（ヒンズー教の祭り）へ向けて，そ
の生贄_{いけにえ}として売られに行くのである。この生贄に関しては，最近ヒンズー教
徒の高名な識者からテレビで反対の意見が出されたという。

　ニマ君，プルバ君，若手のキッチンボーイは，荷物取りとゾッキョ待ちで
サンダ・ラへ登り返す。体調回復した我々は村長宅を訪ね，ロキシー，バタ
茶を飲みながら色々な話を伺う。もちろんカルマ君の通訳，解説付きである。

　長男は今ツァルカへ羊の買い出しに出かけ，中で明るく魅力的なお嫁さん
が一緒に対応してくれた。次男は現在日本へ稼ぎに行っており，驚いたこと
にパレの豪邸でお世話になった三女と婚約中とのことである。以下，村長宅
での話から。

❖対岸の廃村について

　500年位前に流行病で衰退し，人も村を捨てて去った。現在のサンダ村人
はその子孫ではなく，チベットとジョムソン間の交流の中で住みついた。慧
海師が泊まったのはどちらの村だったのだろうと思っていたが，現在のサン
ダであることがはっきりした。

❖ムグの商人

　今，ダサインへ向けて山羊，羊を連れてジョムソンへ向かっているのはム
グの商人である。ムグ地方は我々のゴールであるジュムラのすぐ北，サンダ
から遙か西方である。なんでそんな遠くからとなるが，彼らはジュムラ近く
のためカトマンドゥやポカラの情報がよく摑め，チベット系の彼らはチベッ
ト語もネパール語も話せる。山羊，羊は扱えてもチベット語しか話せぬ
DOLPOの男では，ジョムソンやポカラで売りさばくことができない。この

時期，チベットからもジャンチェ・ラ（5534m）を越えて DOLPO のツァルカへ山羊，羊を連れて買い取りを待っているとのことである（現実に村長の長男はツァルカへ買い出しに行っている）。

　ムグの商人は野営道具を背負っただけで旅に出，直接チベットへ回って買い出したり，ツァルカで買ってジョムソン街道で売りながらポカラ方面へ向かう。

　宿場，宿場でロキシーを飲みながらの旅と見え，このサンダでも大分メートルを上げ，赤い顔のまま仲間に支えられ登っていく男もいた。売りさばいた後，帰路は大金を懐に空路一気にジュムラへ飛び戻ることだろう。

❖サンダの夏村，冬村（ゴオク）について

　我々がテントを張っている夏村は今，麦刈の時期。約3週間後の10月中旬には冬村へ引っ越すそうである。冬村は更に奥地で，ここより標高は高いが，日当たりが良く寒い冬を越すのに有利だからである。

　夏村の方が畑の広さもさることながら，夏から秋にかけてトゥジェ・ラを越えての DOLPO 〜ジョムソン間の交流の貴重な宿場村として旅人の金が落ちる所であり，現在自分たちの山羊，羊は先に冬村へ移動させており，夏村のカルカ（石組みの囲い）は空けてムグ商人の羊たちを受け入れている。

　この賃貸料もわずか十数戸の小さな村にとっては貴重な収入源だろう。

　15時頃，ニマ君たちが荷物を担いで戻って来た。「待っていたがゾッキョは来ず，テンバさん，ゴレさんとも全然連絡がとれない。荷物はまだ大分残している」とのことである。カルマ君は，もうゾッキョの戻りは期待できず，馬では雪のトゥジェ・ラは越えられそうにもないので，ポーターを雇いにジョムソンへ戻る腹でいる。それにトゥジェ・ラの雪もいつ越えられるようになるかも分からない。

　我々の旅は出鼻から大きな暗礁に乗り上げた。

▷ 9月22日　サンダ村滞在

　朝から昨日同様，ニマ，プルバ君とキッチンの1名がサンダ・ラへ出かける。期待はしていないが，ゾッキョが戻って来るのを祈る気持ちである。遠望するトゥジェ・ラの雪状況からは未だ越えられそうにないが……。

昼過ぎに，先にキッチン君がゾッキョが戻ったと飛ぶように下ってきた。

しばらくして青空バックの稜線にゾッキョ隊が現れた。下から大きく手を振る。上からも応える。今までの暗礁から一気に展望が開けた。

ソバを運ぶ女たち（サンダ村）

❖ゾッキョはどうしていたか？

9月20日，雪の朝，ゾッキョが一度テントの近くに来たのは確かに見た。しかしこの朝は，積雪と前日来の苦闘で停滞かサンダへ下りるかの躊躇もあり出発準備が大幅に遅れ，お呼びのかからなかったゾッキョは草地を求めてどんどん戻っていった。

我々はジョムソンの我が家へ戻ったものと思っていたし，テンバさん，ゴレさんもそう考え，パレまで戻り聞いてみるに，「ゾッキョは下ってきていない」とのことで，翌日ムー・ラへ登り返し（ムー・ラへはカグベニから山羊群が上がってくるし，我々も丁度出合った），カグベニ側へ下った所でゾッキョを見つけたのである。彼らは大事な財産を見失って必死だっただろうし，我々と連絡が取れないのも気掛かりだっただろう。

15時頃，トゥジェ・ラを越えて多国籍隊（オランダ，スイス，アメリカ）が到着した。トレッカー7人，スタッフ11人（内ポーター5人），ロバ7頭である。彼らによると「ツァルカ側からは傾斜が緩いのでロバでも越えて来れたが，こちら側からはヤクかゾッキョでなければ越えられない……。もう1隊，雪で苦戦しトゥジェ・ラの途中で泊まり，明日到着だろう」と。彼らが越えて来たこと自体，また彼らの情報により大いに勇気づけられた。

予約の馬に振られ，やむなく雇ったゾッキョが強力な"助ッ牛"となったのはツキの良さである。行方不明で気をもんだものの，この間は雪解け待ちと我々の体調の回復期間であり，結果的に日程上の問題にもならなかった。

トゥジェ・ラでの山羊（ダサインへ生け贄の旅）

▷9月23日　サンダ村（3800m）〜トゥジェ・ラC1（4150m）

　3連泊の休養で快調に足が進む。タシターン先の道が崩れ危なくて通れず，冬村のゴオク近くへ回ってC1へ向かう。キャルンバ・コーラへ急降下し，ゴオクの台地へ岩登りのような急上昇。この時，追いついてきたゾッキョの迫力ある登り，下から見て台地の上は青空しか見えない急斜面，その稜線へ身体をゆすって登りつめた巨体が青空にくっきりと浮かび，次々に消えていく様はまさに"天空のキャラバン"。

　台地に上がった所で，昨日聞いていたもう一隊の多国籍隊に出会う。2，3人を除いて，ほとんどの人が疲れ切っていて，長くバラつき，とても本日中にはサンダへ届きそうにない。

▷9月24日　トゥジェ・ラC1（4150m）〜トゥジェ・ラ（5120m）〜タザン・チュウC1（4800m）

　いよいよこの旅最大の難関の一つ，トゥジェ・ラ（三峠の意）越えである。最初の峠までは雪も少なく，最後の峠への谷へ下るにつれ雪が深くなってきた。ここまではさほど問題はなかったが，それでもこの高所の雪中行動で大分体力を消耗して胃が受け付けぬため，昼の行動食はポテトを少し入れただけで，皆より先に最後の峠への登りにかかった。谷から350〜400m位の標高差か？

　すっかり深雪に覆われた峠へはほぼ直線のラッセルが続いている。本来なら急斜面のここはジグザグにルートが踏まれているが，今回の積雪で最初にここを通ったのは向こうのツァルカ側からの大量の山羊群である。

　向こうからは下りであるし，ジグザグラッセルなんかせず当然直線的に下る。登る側はジグザグに行こうにも深雪でやれず，急斜面のラッセル跡をあ

えぎつつ，ひたすらゆるゆる登る。

　1時間かかったか2時間登り続けたか，憶えていない。やっと峠があと10m位となった所で，ツァルカ側からのヤクが数頭，ラッセル部にデンと立ちはだかりよけようともしない。こちらも疲れ切って動けず，しばらく対峙したまま，相手がよけてくれないかと待つ。

　しびれを切らしてこちらが先にちょっと動いてみた。たちまち膝上までズボッと入り身動きつかず。結局元に戻り，ヤクの間をすり抜けるようにしてやっと峠に辿り着いた。たった10mに何分かかったことか。普通はすぐによけるヤクの野郎，この深雪では身動きできないことを承知していたのか？

　　深雪や互いにゆずれず人とヤク

　気息奄々，やっと峠に辿りついた瞬間，目にした光景に思わず息を呑んだ。黒い山羊の群れが，我々が登り終えるのを峠で待機し，さらにツァルカ側のタザン・チュウ（谷）へ500m以上も延々と連なっている。

　真っ白な雪面にながーい黒の帯を引いたようである。こんな光景は映画，テレビでも観たことがなく，全く想像もしなかった。ちょっと間をおいて登ってきた重藤さんも，この最後の登りはよほどこたえられたと見え，峠に着いたとたん身体を「く」の字にしてあえぎ，前は見ず。興奮している小生が「重藤さん，前を見て！」と叫べど，下を向いてあえぎ続け，やっと顔を上げた瞬間，思わず「ウワッ！　これはヒマラヤ最大のショーだ！」と口走る。

　やがて山羊たちはサンダ目指して次々に下っていった。我々は反対のツァルカを目指してタザン・チュウへ向かった。

　　雪 山 に 黒 き 帯 な す 山 羊 の 旅

　タザン・チュウへは緩やかな下りであるが，予想以上に雪があり，疲れた身体にはテント地まで遠かった。そこも未だ銀世界だった。

▷9月25日　タザン・チュウC1（4800m）〜タザン・チュウC2（4500m）
　昨日のトゥジェ・ラ越えの体力消耗で食事を受け付けず。朝食も餞別に頂いて持参した葛湯のみ。気分は悪くないが，身体のパワーは全然なし。全体

タザン・チュウでの山羊（ダサインへ生け贄の旅）

に緩い下りだから問題ないもののトボトボ歩くのみ。

ところが，谷沿いに銀世界を登って来る羊群を目にしたとたん，興奮して身体がシャンとなり，夢中でシャッターを切りまくる。羊たちの動きは速い。遠くに見えていたのが，あっという間に近づき上の方に去っていった。

サンダ以来，次々にダサインへ行く山羊，羊の波状移動に驚き，興奮して見てきたが，全てヒンズーの神への生贄と思えば，何も知らず元気に雪山を越えているのが可哀相になってきた。ヒンズーの識者からも廃止の声が出だしたとかで，是非そうなってほしいと思う。

トボトボ歩きも谷の景観に慰められ，楽な行程であり，夜には若干食欲も出てきた。

▷ 9月26日　タザン・チュウC2（4500m）～ツァルカ村（4200m）

サンダ村を出て，最初の村ツァルカへ入る。水の都合で村外れのパンザン・コーラ（川）の傍に設営。体力も回復し，夕方，下村の民家を訪ねる。ロキシー，バタ茶がもの凄く旨い。すっかり長居して外に出ると，もう夕日が沈みかかり，西の空には真っ赤な夕焼け雲。

2軒隣では，丁度少女が山羊を角で結び並べて乳搾り中。初めて見るこの光景にウワッと興奮しカメラを向けるが，残念ながら日没で光不足。朝も山羊を出す前に乳搾りするだろうと思い，聞けば6時半からだという。翌朝を楽しみに，ほろ酔い気分でテントに戻った。

＊ツァルカはかつて「西北ヒマラヤ学術探検隊」が長期滞在し"鳥葬の国"として紹介された所。

▷ 9月27日　ツァルカ滞在

　朝食前，いそいそと山羊の乳搾り撮影に出かける。予定通り6時半，少女が山羊の角を交互に突き合わせロープで通していく。子供ながらその手並みの鮮やかなこと，あっという間に30頭位を向かい合わせに並べて乳搾りとなった。この頃になるとお祖母ちゃん，お母さん，お姉さんも出てきて，一家の女子総出である。

　先の少女はお祖母ちゃんと向かい合わせで搾り進む。お母さん，お姉さんは残っている山羊を適当に6頭ずつ組み合わせて搾っていく。さすがにその手つきの素早さは，まだまだ末娘と格が違う。30分位夢中で撮りまくる。

上：山羊の乳搾り（ロープで互いに角を合わせ）
下：天窓の光で昼の団欒（テレビはソーラー）

　朝食後，丁度真っ最中の麦刈光景を撮りに上村へ出かける。親子三代，家族揃って畑に出ている情景は，子供の頃，日本の農家がそうであっただけに郷愁をそそられる。

　　　麦刈の夫婦のうしろ子等跳ねる

　上村の麦刈光景を一回り楽しんで，昨日の民家（ツァルカでは有力な資産家らしい）へ寄る。

　昼近くになり，畑に出ていた人たちも戻り，家族揃って楽しい時を持った。我々はロキシーとバタ茶をお代りしながら，色々と話も聞けた。

　まだ電気は来ていないが，チベット経由で入れた中国製のソーラーがほとんどの家庭に取り付けられており，テレビもソーラー電力で観ることができる。テレビは普段は点けていないが，丁度この時間は小さな子供たちが熱心

に見入っている。小さな蛍光灯もあるが，昼間は天窓の光だけである。部屋全体は決して明るくないが，ストーブを中心にぐるりと囲んでの団欒は非常に落ち着いた雰囲気となる。

　　天窓の秋光射すバタ茶かな

ここでの話より。

1）ツァルカは約70戸，内ラマ教40戸，ボン教30戸。
　　── 神様は同じであるし，マニ石やチョルテンも同じ。なんで別宗教なのか，どこが違うのか，我々には分からない。知っているのはマニ石やチョルテンを回る（通る）時，ラマ教は左回り，ボン教は右回りということのみ。

2）収穫を終えた10月は結婚式が多い。男たちが飲み過ぎて喧嘩も多くなるらしい。

3）今年はムシ（冬虫夏草）の価格がカトマンドゥで暴落。
　　── ムシは DOLPO の山々に多生し，村人の貴重な収入源であり，夏は子供たちまで山にこもり，学校をさぼるのがテレビで問題になったとか。商人が村で大量に高く買い出していったが，今年はカトマンドゥで大暴落，大赤字となったらしい。

　　＊小生は前回，ムシの効果を実感し，今年も数匹購入したが，箸の先5cm位のものは1匹300ルピー（約500円），前回の約2倍と産地では値上がりしていた。

　昼間から良い気分でテントに戻ると，良い食材が入ったからと豪華な昼食。そのメニューは，ヤクのステーキ，野菜とキノコの炒め物，フライドポテト，ヨーグルトとリンゴのデザート。現地のできたてヨーグルトの味は格別である。日本のように万人向けにクセなく作ったのと違い，野性的な旨さと言うべきか。

▷9月28日　ツァルカ村（4200m）～モー・ラ（5035m）～パンザン・コーラ
　C1（4460m）
　ツァルカで旨いものを食べてたっぷり休養しているし，高所に身体がすっ

放牧生活者のトン

かり順応しているし，本来ならきついはずの5000m峠越えものどかな山旅となった。

　前回の夏，点在していた放牧のトンはどこへ移動したのか？ 村へ降りたのか見当たらない。

　パンザンのキャンプ地はちょっとした草原であり，近くの斜面には灌木がビッシリ。放牧の跡らしくヤクの糞も多い。

　ヒマラヤではヤクの糞は貴重な燃料。火力が強く，火持ちが良い。臭いもしない。小生はこれをヤク炭と呼ぶ。ゾッキョを放してきたテンバさん，ゴレさんが灌木の薪をどっさり担いでくる。プルバ君たちがドッコにヤク炭を集めてくる。たちまち楽しいキャンプファイヤーとなる。焚き火では幾つになっても童心に返る。

▷ 9月29日　パンザン・コーラC1 (4460m) 〜パンザン・コーラC2 (4150m)

　C1から1時間程行った所で右手から谷が合流し，谷全体が広々とした灌木帯となり，その中を清流が流れる。スケールが大きすぎて適当なポイントがないので，写真にはうまく収めきれないが，日本的な情緒を感じさせる。ヒマラヤのど真ん中，しかも4500m近い世界で，こんな光景はここ以外見たこともなく，もちろん日本にもこれに似た所はない。しかし感覚は日本の美しさである。

　灌木帯を過ぎて，広々とした草原に出た。草原の中を小さなせせらぎが流れ，花の残滓が多く夏はさぞかしだったであろうと偲ばれる。ここの雰囲気は大分県・九重の「坊がつる」に似ている。

　進むにつれ所々に放牧生活の形跡があるが，奥地のトンは既に引き揚げている。それにしてもパンザン・コーラには素晴らしいテント地がなんと多いことか。トンの家族は楽しい夏を過ごしたことだろう。

　広い草原を過ぎると谷も少し狭くなり，両岸の草紅葉が鮮やかな美しさでずっと続く。ヒマラヤで紅葉狩りとは思いもよらなかった。ゾッキョが鳴らすカラン，コロンに合わせのんびり下る。

長き谷行けど行けども草紅葉

　Ｃ２は前回，トン生活の小父さんに旨いヨーグルトを御馳走になった所で，もし会えたらとその時の写真を持ってきたが，残念ながら今回，トンは全て引き揚げたあとだった。
　　＊翌日，ティンギューのトンでその写真を見せて尋ねたら，彼は今，山の方のトンで生活をしている，山から下りたら渡してあげる，とのことだったので預けた。

▷ 9月30日　パンザン・コーラＣ２（4150m）〜ティンギュー（3980m）
　Ｃ２からガレ山の裾に回ると，すぐにティンギューの丘陵が広がる。川の両側は広々とした河川敷で，村に近いここには未だトンもある。我々は河川敷の上の丘陵の道を進む。丘陵にも幾つかのトンが並んでおり，子供たちが遊んでいるトンに立ち寄り牛乳を頼んだ。すると，若い主婦がその場でヤクの乳を搾り，トンの中で沸かしてくれた。おいしくて２杯いただいた。トンの中央に囲炉裏があり，周囲に生活用品が配置され，小さいながらも家のダイニングルームである。
　前回，Ｃ２小父さんのトンは，彼がそこで一人暮らしだったせいか，トンの中はバターやチーズの製造所の状態で，こういうくつろげる雰囲気の室内ではなかった。彼女へ小父さんへの写真渡しを言付けた。
　村に入ると，ここも麦刈の真っ最中。ヤク・キャラバンが往来した通りもチベットとの交易シーズンが過ぎて静かなもの。
　ところが，チベットとの最大の交易路マリン・ラ（5488m）入口のテント地に来て驚いた。周辺は２年間ですっかり様変わり。大きなテントのバッチィーが立ち並んでいる。２年前，米の配給取りの大キャラバンを見た時，「これからはDOLPOも急速に変わっていくだろう」と思ったが，これほどとは……。
　２年前のバッチィーは，路傍に小さなテントが一張り，キャラバンの人たちを相手にした茶店は若くてきれいな女性が一人でやっていた。我々がそこで茶を飲んでいる時，大キャラバンが２組この前を行き交い，映画のようなシーンを見て興奮したものである。

その時はバッティーはここだけしか見なかったが，今からはこういう商売も出てくるかなと思いはした。しかし今，目の前に立ち並ぶ大テントは茶店というより，マリン・ラから運ばれる物資の貯蔵所であり，色々な物を売るコンビニ的性格のものである。経営についても，ティンギューの人もやっているかも知れないが，二日程離れた隣村ドゥーの人たちで，雪で交易のない冬もここに留まるかも知れないという。

　更に驚いたのは，オートバイである。中国製でパワー不足か，二人乗りの若者がカッコ良く走ってきたが，大した傾斜でもない坂でストップ。広いティンギューだから走れるが，ツァルカやドゥーといった隣村へはたとえ高性能の日本製でも行くことは無理である。所詮，ティンギュー内だけの若者の遊びで，他村へ拡がることは地理条件的に考えられない。

　未だ見なかったが，耕耘機は各村々へ普及していくかも知れない。部品単位で運び入れ，村で組み立て，あるいは修理できる者が現れればの話だが……。そういう意味ではこのオートバイ遊びの若者たちから，耕耘機の組立技術者が育っていくかも知れない。

　2006年，チベット高原のチョモランマへの入口チンリー村に泊まった時は荷馬車ばかりの世界だったが，1年半後に行った時は半分が耕耘機に替わり，麦畑で大活躍していた。チンリー村は車道が通じているので完成体として導入できるが，DOLPO は部品単位にヤクで運び入れるしかない。しかしチベット高原の機械を目にした DOLPO の若者が欲しがり，意欲を燃やせば導入も不可能ではない。

▷**10月1日　ティンギュー（3980m）～シーメン（3800m）**

　朝，テンバさん，ゴレさん，ゾッキョ8頭とお別れである。良い人たちで，単にゾッキョ使いだけでなく，テント地ではいつも薪を大量に集めキャンプファイヤーで楽しませてくれた。ゾッキョは馬でやれない雪のトゥジェ・ラを力強く越えてくれたし，これまでの2週間近い旅を支えてくれた。名残惜しいが我々は西へ進むのみ，テンバさんたちは東方のジョムソンへ戻らねばならぬし，我々はどこかで別のヤクか馬と切り替えねばならない。

　幸いサルダンへ帰るというヤク4頭がおり，そのヤクの二人のトレッカーがジョムソンへ向かうということで，テンバさんたちも空荷ではなくなった

上：シーメン　下：白馬に乗った貴婦人

ので好都合。

　パンザン・コーラはティンギューで一旦広い台地下の河川敷を流れたが，マリン・ラ入口を過ぎシーメンへ向かうと，再び両岸に山が迫る谷となり，右岸に沿って進む。ここも草紅葉が美しく，清流とともに谷の景観は日本的である。アップ・ダウンは少ないし，ヤクの後ろをのんびり歩く。ヤクは前からも後ろからも絵になるモデルだが，登りではついて行けないし，こういう楽な道でないとなかなか撮れない。

　途中，白馬に乗ったカッコいい優雅な美女や，マリン・ラに向かうらしき野営道具を背負わせたヤクのキャラバンと行き交う。もちろん撮らせていただく。

　シーメンはアマリスクの緑や路傍の花がきれいな所で，前回最も好きになった桃源郷である。今はすでに麦を刈り終わり，きれいに組み合わされ，干された麦が立ち並んでいる。

　　立ち並ぶ武者人形の苅田かな

　我々のテント地は苅田の中であり，そこは子供たちの恰好の遊び場でもある。たちまち大勢の子供たちが集まってくる。大人の男性も一人やって来たので，一昨年シーメンへの途中道連れになった若い二人の娘や小さな少年たちの写真を見せたら，「これはワシの息子たちや！　この娘は今は山のトンに行っている。もう一人の娘はカルサンで村にいる」と。

　別の写真でティンギューのバッチィーでのきれいな女性を見て「この人は亡くなった。関係者も悲しむからこれは渡せない」。更に，キャラバン率い

天空の村コマのゴンパ

る男の写真で「これはドゥーの男だ。よく知っているから渡しておく」と。偶然というか，広いようで狭い世の中，こんな出会いもあったのである。

昼食後，もう一人の娘カルサンの家を訪ねていく。写真を見てびっくり！　一昨年のこと想い出してくれた。大きな家で，2階のダイニングに上がりバタ茶やロキシーを飲みながら歓談する。ロキシーは中国産で，強すぎるのでカルマ君だけだったが，バタ茶は素晴らしく美味しく，5杯もお代りした。その間，母親は娘の写真がよほど嬉しかったようで，何度も手にとっては「可愛い！　可愛い！」を連発。娘ばかり5人で，上の3人は嫁にやったが，カルサンと妹には今から婿探しらしい。姉も遊びに来ていたが，皆母親似のスラリとした美人揃いである。

テントに戻ると夕食の支度中で，子供たち20人位が整列して何ができるかと鍋に注目している。非常に行儀良く，前は座り後ろが立って，おとなしく見ているのが可愛らしい。この行儀の良さは一昨年は見られなかったことで，学校教育の成果か？

丁度夕方の光で苅田に並ぶ干し麦が美しく，その中で落ち穂を拾っている光景がミレーの名画を連想させる。

　　夕 日 な か 落 穂 拾 い の 影 長 し

▷10月2日　シーメン（3800m）〜シーメン・ラ（4180m）〜コマ（4060m）

家々から煙立ち昇るシーメンの朝は，実にのどかで美しい。この美しさには，緑の木々もさることながら，家々の形がきちんとしているのも一役かっている。DOLPO のどの村の家より美しい形に仕上がっていることに気付いた。シーメンには石工が多く，夏にはチベットへマニ石彫りに出かけるくらいだから（一昨年，途中同行），家の石組み加工をどこよりも正確にやっているからだろうと思った。

シーメン・ラへの道は草紅葉の中，清流を見下ろし，その向こうに田園，

更にすぐ上にチベットと境界をなす山々を眺めながら登っていく。

　　草紅葉映ゆる朝日の山路かな

　峠に立って，コマ村は近くにありと見えた。されど山道はぐるぐる回り，アップ・ダウンを繰り返し，地図の２倍以上の距離があった。コマはまさに天空の村。

　　天高し山並はるかコマの里

　コマは麦の脱穀時季で，村に入ってすぐの大きな家に十数人の男女が集まり，にぎやかに麦叩き，風選，藁積み作業をやっている。

　　天高し麦打つ音の高らかに
　　秋天や風選の藁流れゆく

　この時期は畑の手入れシーズンでもある。カルカに集めた大量の山羊，羊の糞を袋詰めにして，10頭位のヤクに積んで畑に肥料として持ち込んでいる光景には驚いた。旨い野菜ができるはずである。
　　＊後日，シェイでも山羊糞を袋詰めにしてヤクに積み，サルダンへ下ろしているのを見た。土地が狭く気象の厳しいDOLPOではこうして収穫を上げるのか。
　ヤクの糞，山羊の糞，全て人間が生きていく上で大切なもので，ヤク，山羊からの食料品，防寒具など，人と家畜が一体となって生きる様が今更ながら強く感じられる。
　コマ村を見下ろす一番高い所に立派なゴンパがある。広い敷地で数棟の僧房に囲まれていて，37戸という小さな村には不釣り合いなくらいであるが，それだけ村の信望も厚いだろうし，ゴンパが村を見守っている感じである。
　昼食後に行ってみると，ラマ兼アムジー（医者）の指導で薬作りがされていた。石灰石（？）を焼いて薬草と混ぜ，石臼で突いたり，丸石で更に小さな粒子に磨り潰して粉にしていた。アムジーはインド，タイで勉強修業をして来たとのこと。物静かで渋い顔に風格あり。
　テント場は高台で，村の水場がすぐ近くにあり，他国者が訪れることもな

242

いだけに，下から水汲みに来る者，山
から下りて来る者，皆テント場を珍し
そうに訪れる。小さな少女が大きな容
器を持って水汲みに来た。その様子が
可愛らしく，カメラを持って慌ててテ
ントを出る。少女はニッコリと天使の
笑顔で応じてくれた。

　この村は動物天国でもある。ヤク，
山羊，羊，馬の数が非常に多い。1戸
当たりの家畜の保有数は今まで回った
どの村よりも遙かに多いと感じた。上
から見ていると，広場ではたくさんの
山羊，羊が走り回り，ヤク，馬も仕事
の時以外は村の中でのんびり自由に放
牧されている。

上：水汲みに上がって来た少女
下：ヤク追いしながら紡ぐ老人
（2点ともコマ村にて）

　　馬・ヤクも日向ぼこするコマの村

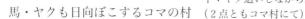

　シーメン，コマでは新鮮な食材に舌鼓を打った。
・山羊肉：マトンタルカリ，マトンモモ（餃子）として。新鮮なマトンは臭
　いもなく柔らかく，味も抜群。
・ヨーグルト：ヤク乳の全ての成分が含まれたもの。リンゴを入れれば最高
　のデザート。
・シーメンポテト：紫の縞入りで，ボイル，フライドともとびきり旨い。
・野菜類：かつお菜，キャベツ，ニンジン。採れたてでスープ，タルカリ，
　サラダ，何にしても旨い。
　デンリー君の料理も上手だし，こんなに美味しいものを食べると日本食が
恋しいと思うこともない。
　夜，下の村入口で賑やかに脱穀作業をしていた家から，作業打上げの宴会
の歌声が夜遅くまで聞こえてくる。

　　　喜　び　の　宴　長　し　や　豊　の　秋

サルダン村

▷10月 3 日 コ マ
(4060m)～コマ・ラ
(4380m)～サルダン
(3720m)

コマ・ラでは爽快な気分だった。振り返ればすっかり好きになったコマの里。前方はサルダンのすぐ後方に5000mクラスの山が聳え，明日目指すピジョールへの峠ヤン・ラは山頂のすぐ横を抜けると聞き，これは大変だと覚悟する。ここからサルダンの河原へ約700mの急降下。膝がつんのめるような急斜面の連続であるが，急斜面ではゆっくり歩きは難しくて足が止まらず，駆けるように下る。

ナムグン・コーラの河原にテントを張る。近くの民家では，女ばかりで元気良く声を張り上げ麦打ちをやっている。昼食後，一人で出かけた（女ばかりで恥ずかしいが，この時は誰も付き合ってくれず）。老若10人の女ばかりに入っていくと，若い女たちから冷やかされる。言葉は分からずとも雰囲気で分かる。カメラを向けると一段と囃子唄が大きくなる。

　　秋 澄 む や 麦 打 つ 時 の 囃 子 唄

早々に退散……。成果あり。青空をバックにまずまずの写真が撮れた。

サルダンは100戸を超える大きな村だが上下に広く，戸数のわりに畑地は少なく，ヤクの餌である草地も少ない。非常に厳しい環境にある。しかしクン・ラ（河口慧海の越境峠）に近く，チベットとの交易上の利点あり。かつての塩のキャラバンに代わって，中国の色々な生活物資をヤクで大量に入れ込んでいる。

サルダンの人は11月に，家族揃って厳しいテント生活をしながら，雪のカグマラ・ラ（5115m）を越えて暖かいフリコットへ春まで移住するのをテレビで観たが，現在もこういう生活が続いているのか，と聞いてみた。

現在は25%が移住，75%が冬もサルダンに残るとのことである。ただしヤクは食べさせるため全頭，男のみでフリコットへ連れていき，春になって

244

戻って来る。

　75％も残れるようになったの
は，配給米のチベットからの運
び込みや中国物資の大量運び込
みが可能になったからであろう。

　＊かつては自分たちの作物を
　　チベットへ持ち込み，塩と
　　交換し，その塩をフリコッ

囃子歌に合わせて麦を打つサルダンの女たち

　　トで米と交換して生活していたが，インドからの塩が安く入るようにな
　　り，塩と米の交換比率が低下してサルダンの人たちは苦境に立たされた。
　　近年の情勢は前述の如く変わってきた。しかしサルダンの人たちのチ
　　ベットの塩への愛着は強く，後日ヤク使いとして一緒に旅をしたチョワ
　　ンさんからも強く感じられた。

　夕方散歩をしていたら，小柄な少年から英語で話しかけられた。彼は小生
より遙かに上手であるが，子供の発音は聞き取り易く，何とか応じられた。
カトマンドゥの学校に行っており，ダサイン祭休日で村へ帰っているとのこ
と。

▷10月4日　サルダン (3720m) ～ヤン・ラ (5343m) ～ピジョール (3740m)

　通常の平地民族では，4000m 以上の世界では高山病の見地から一日に登る
標高差は 500m が基準とされる。それが約3倍の1500m 以上を一気に越えね
ばならない。日本の山でさえこの標高差はきついのに，身体が完全に順応し
ているとはいえ，この標高では酸素も少なく (60％位？) きつさは倍加する。

　その上ピジョールまでは距離も長く，今までの一日分の2倍に近い。カル
マ君たちも我々では二日かかると見て計画し，我々もそのつもりでいた。と
ころが，一日で歩き通したのである。峠への最後の登りはさすがにきつかっ
たが，体調が良かったせいかピジョールへ着いてもさほど疲れを感じず，食
欲も旺盛だった。

　本日からヤク4頭が代わった。小生たちは先に出発していたが，追いつい
てきた4頭のヤクを使っているのは，何と一昨年撮っていた少年である。た
またま散歩をしている時に，ヤクの道具を片づけているところをスナップ撮

りしたのだが，その時は少年か少女か分からなかった。髪が長く，ほっそり
していたので美少女に見えた。

　今は，背丈はあまり変わらないが，がっちりした体になり，短髪にベレー
帽，ちょっと見には分からなかったが，よく見ればあの時の"彼女"は間違
いなく目の前の少年である。ティリン君，16歳。

　更に驚いたのは，昨日小生に英語で話しかけた聡明な少年が実は彼の弟
(14歳)であったこと。勿論その時の写真は，機会があれば渡すつもりでいた
ので持参していた。それを見て，あまりの変貌にスタッフの若衆に冷やかさ
れ，ティリン君大いに照れる。

　短い草地と灌木の山腹を，谷を横切るごとに回りながら徐々に高度を上げ
ていく。二日がかりのつもりだし，秋晴れの天気，のんびり気分で急がず休
まず歩く。体調が良いので高度も距離もかせぐ。

　行動食の昼食時頃は峠も見えてきた。まだ距離も標高差もあるが，一気に
越え切るとの自信が出てきた。ビスターリ歩きながら着実にヤン・ラへ近づ
く。近づくにつれ傾斜がだんだんきつく，息遣いも激しくペースもガクンと
落ちる。このクラスになるとトレッキングというより登山の感覚である。峠
というのは通過点のイメージだが，こういう峠に辿り着くと完全に登頂した
という喜びがある。

　ヤン・ラからは逆光気味でやや霞んでいるが，ガンジロバ・ヒマールが前
方に大きく横たわり，6000m峰に周囲を囲まれ眺めることできない主峰
(6883m)も直線距離30kmのここからは拝める。

　かつてガンジロバに憧れて登山しようとカトマンドゥへ来たところ，政治
的理由で許可されず，涙をのんで帰国した重藤さんは，三十数年振りに恋人
に会ったような気分だろう。

　峠からピジョールめがけてどんどん飛ばし下るが，遠いこと遠いこと。村
近くになり，渓流と両岸の黄紅葉が逆光の夕日に映え素晴らしくきれいだっ
た。カンニ(仏門)をくぐり，やっとDOLPO最北の村ピジョールへ入った。
すぐDOLPOで最高に立派というフランスのNGOが昨年完成させた小学校
があり，しばらく下って集落に入る。

　テント地は集落入口の草地。村はアマリスクの木が多く，夕日に映えてき
れい。

▷10月5日　ピジョール滞在，サムリン・ゴンパへ馬で往復

DOLPO の大抵の村は山に囲まれているので，朝日の射すのが遅い。ここも同様。しかし早朝から村のおばさんたちはドッコを背負ってヤクの糞拾いに出かけている。冬に備えてヤクの糞は貴重な燃料なのである。

テント地のすぐ側に清流があり，その周辺には草花が多い。朝日が射し出すと，露とともに美しく輝く。

特に，マニ塚の白い綿毛の花が乱舞するのがきれい。

　　いっせいに朝日射しこむ花野かな
　　マ ニ 石 や 風 に 乱 舞 の 綿 毛 花

村は刈り入れを全て終わり，各家々は干草，ソバ，麦藁を山と積み上げ冬構えをしている。

　　干 し 草 を 軒 高 々 と 冬 近 し

村の周辺部は灌木のほか草木が多く，ヤクや羊にとって冬に充分食べられるものがあり，約40戸の小さな村であるが，畑も広く，人や動物が冬に移住する必要もない。峠一つ隔てたサルダンとは大きな違いである。アマリスクや今紅葉中の落葉灌木，草花美しいオアシスの村で，最北・最奥の村という寂しいイメージとは反対に最高の桃源郷である。はるばる訪ねた甲斐があった。

二日予定を一日で済ませたので，その分滞在して楽しむことにした。昨日テントを訪ねて来た村のラマから「馬が空いているのでサムリン・ゴンパへ馬で行かないか？」という話があった。小生はサムリンへは歩いてもよいが，翌々日からのシェイが昨日のヤン・ラ越えより遠く二日かかるとのことだったので，「馬なら一日でやれるし，シェイまで2000ルピー（約3000円）なら，馬を使いたい」と申し出た。ラマは仲間と相談してくるからと一旦戻り，夜「シェイまで了解。サムリンも安く400ルピーにしておく」と回答してきた。

そういうことでサムリンも馬で行くことにし，朝食後，ラマのゴンパへ馬を借りに出かけた。立派なゴンパで，隣に立派な病院を建設中で，外回りは仕上がり内装中だった。この病院も昨日の小学校同様フランスの NGO だそ

うである。

一昨年，シェイや，シェイからポクスンド湖へ下る時，大量の材木がヤクに積まれてシェイへ集積されているのを見た。その時は何に使用されるのか分からず，聖地シェイにロッジでも立ち並ぶのかと嫌な想像もした。

それがこんな立派な病院や学校の建設に使われていることが分かり，改めて嬉しくなった。ラマ自身も医者（アムジー）でこの病院で働くが，外部からも最新医療を身につけた医者を呼ぶ計画で，病院に住まわせる部屋も設けている。勿論，入院設備も設けている。最奥の地だからこそ，こういう施設が必要。ラマの努力に敬服。

ネサル・ゴンパは地図上には「ピジョール・ゴンパ」と記されているが，それは間違いでネサル・ゴンパだ，とラマは強調する。

創設900年だそうで，完成記念として彫られ伝わる"マンダラ木版"を見せられた。きれいな見事な彫刻であり，とてもそんな古い物とは見えないが，木の裏を見れば木目が深々とえぐれ想像もつかない年月を示す。

ゴンパの中を見せてもらうと，正面中央に大きく立派な仏像が座っているのは見慣れた光景だが，仏像の後ろ壁は大きな書架で，木版の経典がびっしり収められている。

ラマは自分の修行室も見せてくれた。そこにも長い書架に木版経典がびっしり。近隣の廃れゆく寺からも経典を譲り受けて増やしていった，と言う。このラマは非常に勉強家でもあり，積極的な考えの人のようだ。

病院建設ばかりでなく，この村への道にも夢を持っている。このピジョールからナムルン・コーラに沿って西へ進み，ムグ地方へ出るのが容易になれば，ジュムラとの往来で大きなメリットが出る。今はどこから入るにも山から山へ何日もかかる。ナムルン・コーラの難路にヤクが通れるようになれば全然違ってくる，と。

　　＊実は小生，旅の計画時，ピジョールに入るなら，このルートでジュムラへ抜けようかとも迷ったが，結局南へ戻りヤク・キャラバンルートを歩いてみたくて選択した。

サムリン・ゴンパへ。サムリン・ゴンパは数少ないボン教のゴンパである。50年前，名著『ヒマラヤ巡礼』を著した英国の仏教学者デイヴィッド・スネルグローヴが，自分の理想郷として滞在し，「このサムリンは動物と人間が友

として共存できるような寺院として理想の環境を持っている」と述べて絶賛している。今回私が，ピジョールへ足を延ばした大きな要因でもある。

　＊彼の旅は『鳥葬の国』川喜田隊の２年前，我々の52年前である。

　ピジョールから登り300m，素晴らしい山野が展開する。枯れ花の状況から夏はさぞかしと思わせる。ブルーポピーもイエローポピーも咲き乱れるだろう。馬上爽快な気分。

　　　秋　高　し　馬　と　旅　す　る　山　野　か　な

　ゴンパはピジョールから往路，馬で約２時間。切り立つ峡谷の上，山をバックに忽然と現れた。こんな所で生活すること自体が修行。常人には寂しくて耐えられそうにない。ゴンパ自体，村人からのお布施もあろうが，少しの畑と放牧で自活している。

　ラマは英語も達者，訪れる人もないだけに話したくてたまらぬ様子。「ボン教は仏教の前からあった。日本の長野 (泰彦) 教授が詳しい……」など。盛んにボン教を PR されるが，一応仏教徒でありながら何も分かっていない小生にはさっぱり。ラマの気持ちだけは承った。

　最後に外でバタ茶をごちそうになり，お布施をして辞した。ラマは名残惜しそうに見送ってくれた。

　　　山　奥　の　ゴ　ン　パ　訪　ね　て　秋　深　む

▷10月６日　ピジョール（3740m）〜シェイ（4200m）
　トレッキング用の15万分の１レベルの地図ではピジョール〜シェイ間のきつさは読めない。名のある5000m クラスの峠を一つか二つ越えるというのであれば見当もつくが，ここは4600〜4700の峠らしきものを６回か７回越えねばならない。地形が入り組んで谷を横断することも多く，その都度大きく回り込みながら200〜300m はアップ・ダウンの繰り返しとなる。それも4500m 以上の所で，しかも距離は20km以上ある。

　小生の計画では一日としていたが，二日かかるというのがよく分かった。馬だから一日でやれた。若手のキッチン・スタッフはさすがに強い。重い荷を担いで馬と同じペースで歩く。

　しかしこのルートの自然は素晴らしい。大峡谷を見下ろしながら起伏のあ

る大草原，水に恵まれかつ排水性の良い土質のため夏はさぞかし花の山々。もし夏に来ることがあれば，その時は馬を使っても花の草原で1泊してみたいと思う。眺めも良く馬上で爽快，快適そのもの。

いい気分で馬上に揺られていると，突然上空よりツルの声。次々に陣形をなして数グループ，数百羽，チベット方面よりインド方面を目指しているのである。有名な「ツルのヒマラヤ越え」を観ることができて，大感激。

　　秋澄むやヒマラヤ越ゆる鶴の声

最後に下馬して，長いガレの急傾斜をトラバースしてシェイに着く。シェイは DOLPO の聖地。聖山に囲まれ，清流の仙境である。月がきれいな候になってきたが，今夜は少し雲の流れが多く，おぼろ月。

　　仙　境　の　峰　黒　々　と　雲　に　月

▷10月7日　シェイ滞在
ゴンパを見学。開設800年の由緒あるゴンパ。しかし建物の外回りの傷みはひどい。窓ガラスも破れたまま。DOLPO の聖地として崇められている所だけに何とか修復できぬものかと思う。

内部正面は大きな仏像ではなく，高さ1m位の様々な金色の仏像が10体，上下2列に安置されている。そのうちの1体は，一昨年ポクスンド湖畔でドッコに入れられ「シェイに奉納される」のを見ているだけに，再会（見）は懐かしかった。

シェイは数戸のサルダンの人々が放牧で生活し，冬は下りていく。畑と牧草の少ないサルダンの厳しさがこういう面でも出ている。今，人々は山羊の糞をヤク数頭に積み，村への運搬やヤク糞拾いに忙しい。

サルダンは薪が得にくい所だけに燃料をほとんどヤク糞に依存なのか，男女とも，昼，夕，ドッコに一杯ヤク糞を詰めて戻って来る。

▷10月8日　シェイ(4200m)〜セラムクチュン・ラ(5063m)〜ナムグン・コーラ上流（4260m）
本来の計画はセラムクチュン・ラからランモシェ・ラ（5136m）へ尾根ルートを予定していた。

ヤク使いのティリン少年はランモシェ・ラから先は経験がないのか，サルダンへの戻りの野宿の一人旅が不安なのか，そこから先は叔父さんと交代予定で，ランモシェ・ラ辺りでバトン・タッチすることになっていた。

　ところが，この合流を心配した叔父チョワンさんが昨日のうちにヤク2頭と馬1頭を連れてシェイに上がってきて，一緒に歩くことになった。結果的にこれで助かった。

　セラムクチュン・ラ（5063m）までは問題なかったが，そこからランモシェ・ラへの尾根ルートは積雪で到底行けそうにもない。こういう状況では地理を熟知したチョワンさんの判断がものをいった。

　彼の指示で，ナムグン・コーラ上流を目指して道なき道を強引に斜め下方へ下っていく。途中，再度「ツルのヒマラヤ越え」を。先日に続き二度も観られるとは超ラッキー！　今度は馬上でないので望遠レンズでバッチリ。

　「道なき道」といっても「ヤクが造った道」があった。カルカも見当たらず，ヤクの姿も見当たらないが，こんな所にも放牧されているのかと驚き下ると，ほぼ下り終える頃にヤクが散見された。人もおらず集落から歩いて一日分以上離れた所だけに，放牧されているというより山に放っておかれている感じである。

　テント地はナムグン・コーラと支流が出合う広い草地で，サルダンとナムグンの人が一年に一度馬で競い合う場所とのこと。

　11月，サルダンから南のフリコットへのヤク・キャラバンでは最初のテント地だろう。周辺は灌木，ヤク炭が豊富にあり，当然豪快なキャンプファイヤーとなった。

　　　月煌々月に負けじと焚き火かな

❖200頭のヤク持ちおじさん
　テント地にチョワンさんの従兄弟だという（母が姉妹）ナムグンのおじさんが，野宿用のザック一つでふらりと合流してきた。下山中に散見したヤクの持ち主である。チョワンさん曰く，「あいつはヤクを200頭も持っている大金持ち。オレはこのヤク2頭と馬1頭，この馬も春に借金して買ったばかり。従兄弟同士なのにえらい違いだ！」と。ヤク200頭も持てば，一部は別にして仕事に使っているが，大半はこの周辺のあちこちにやりっ放しに放牧。時々

数をチェックがてら見て回るらしい。たまたま今日もその巡回。

　売るにもヤクは高いし（1頭4～5万ルピー），買手がないので放置。乳でも搾ればよいのだが，それさえできず。11月になれば兄弟の応援を得て，この200頭をバガール・ラ，カグマ・ラを越えフリコットへ移動させるとのこと。今はその前調査といったところ。

　チョワンさんと金持ちおじさんの二人は焚き火で湯を沸かしてバタ茶を作り，ロキシーを飲み，ツァンバで食事。鍋をかけた石の上にツァンバを少し載せて神様の食事とし，バタ茶，ロキシーを飲む時は指で空へ投げる仕草（神様に捧げる）が面白い。朝は凍てつく。この寒空の下，二人仲良く並んで星を見つめての野宿は凄い。

▷10月9日　ナムグン・コーラ上流（4260m）～ランモシェ・ラ（5136m）～
　ラムジェ（4370m）

　朝食後，ティリン君はヤク4頭とともにコーラ沿いに下流のサルダンへ，名残を惜しみつつ戻っていった。

　今日から楽しみにしていたヤク・キャラバンルートである。ナムグン・コーラを源流目指して登っていく。

　ランモシェ・ラへのラストの標高差200m位の登りは雪もあり，上からの吹き降ろしの向かい風は強く，冷たく頬が切られるよう。水鼻ストンも下へ落ちず横へ飛ぶ。

　やっと辿り着いた峠の感激に浸る間もなく，風に吹き飛ばされる如く，300m位下の草地めがけて転ぶように下る。そこで行動食（小生は特別にツァンバのおにぎりにしてもらっていた）もそこそこに極力翌日のバガール・ラへ近いテント地（ラムジェ）へ急ぐ。

　ランモシェ・ラへの登りで最後の休憩した所までは一緒だった金持ちおじさんが，いつの間にか姿を消しているのに気付かなかった。幾つも山を巻き谷を渡り，4000m以上の高度では身体が慣れているとはいえきつい。キャラバンルートの厳しさを実感。遠望するバガール・ラは雪が多く，明日も厳しい一日になりそう。

　途中，カルカも無い広い草地の山にたくさんのヤクが放牧されていた。サルダンからも南のドゥーからも遠く，人影も見当たらぬこんな所にどうして

ヤクが？　と不思議に思いテント地に着いた。

　更にびっくりしたのは夕方，途中いつの間にか消えていた金持ちおじさんがテントに現れた。そして彼の後ろから100頭位かと見えるヤクがゾロゾロとついて来るではないか！　これには思わず驚嘆の声を発した。

　途中のたくさんのヤクはおじさんのものだったのである。それにしても，おじさんはどういう魔術を使ってあの広く散らばっていたこれだけのヤクたちをまとめて引きつれて来れるのか？　全く凄い世界である。

　金持ちおじさんと貧乏チョワンさんは，今日もツァンバやバタ茶，ロキシーを神に捧げ，仲良く飲んで，食べて，枕を並べて平然と野宿。

　夜中，小用で外に出ると，ライトの光にたくさんのヤクの目がギラつく。これだけのヤクが一緒にキャラバンしてくれたら壮観なことだろうなと思うが，まだ一月先である。

▷ **10月10日　ラムジェ（4370m）～バガール・ラ（5105m）～リンモ（3480m）**

　映画『キャラバン』の監督エリック・ヴァリの写真集『ヒマラヤのキャラバン』では，難所バガール・ラ越えが白眉である。11月には金持ちおじさんのようなヤク移動があるが，今の時期では壮観なヤク・キャラバンを期待するのは無理と思っているものの，逆にエリック・ヴァリの「塩のキャラバン」時代から交易や生活が変動してきた現在，冬を前にして何らかのキャラバンにバガール・ラを舞台に出合えないものかと，全くあてのないことを願望していた。ところが何という幸運！　それが実現したのである。

　いつもより早めに出発し，峡谷に沿ってガレ山の斜面をトラバース。1時間程歩いた所で，ルートがノマ・ラ（5163m）からの谷とクロスした。そこへ丁度ドゥーからのヤクの大軍が下りてきたのだ。

　ヤクたちは朝日にきらめく水をバシャバシャ渡り，我々が行く先のルートを登って行く。これは超ラッキー！　これらのヤクがバガール・ラの雪をラッセルしてくれるぞ！　凄い光景が撮れるぞ！　と興奮してくる。

　しばらく歩いて斜面トラバースが川に沿って山を巻くと，平坦な草地が開け，そこがバガール・ラへの登り口である。手前側では一家族5人がヤク放牧でトン生活をして乳搾り中。奥の草地では先程のヤクたちが登りを前に腹ごしらえ中。しかも峠への中腹にも，そこはまだ雪がないが，もう一団のヤ

バガール・ラ登り口のトン生活

ク群がびっしり斜面を埋めて休憩中。全部で200頭以上か。

そこで考えた。今，自分が登り始めれば上のヤク群はもちろん，草地のヤク群も登り始めたらあっという間に小生を追い抜いてしまい，肝心の雪面のキャラバンは撮れない。

カルマ君に了解をもらい，小生は居残って，大キャラバンが雪面を行くのを下から望遠で狙うことにした。上のヤク群が雪面に出るまでトンの家族を撮った。

やがて雪面に現れたヤク・キャラバンは，白雪の中をN字形に黒い帯をなして延々と続く。厳しさと優雅さの混じり合った光景に，興奮してシャッターを切りまくる。エリック・ヴァリの映画にも写真集にもないシーンで，夢にも想像しなかった光景である（221ページ写真）。

　　白雪を黒く切裂くヤクの隊

やがて小生も一人，後から登り出す。雪線近くまで登ったところで，もう1隊のキャラバンが物凄い勢いで登ってきた。雪まじりのゴロゴロして歩きにくい所を，走るようなスピードであっという間に近づき，追い抜いていった。若者がヤクの尻尾に摑まり飛ぶように登りながら，小生にも摑まれと手招く。

冗談ではない。そんなことをしたら息が切れるし，引き倒されてしまう。それでも「しめた！　今度は近い位置で撮れるぞ！」と大急ぎに頑張って追いかける。どうにか撮るのに間に合った。勿論，相手は大分先へ行ってしまい，望遠使用である。それでも下から撮ったものとは違った味がある。

　　豪快なヤクのラッセル雪峠
　　峠雪一心同体人とヤク

膝を没する積雪であるが，これだけのヤクが通ればルートは楽。それでも

最後はきつく，一歩一歩あえぎつつ，ゆっくり，ゆっくり踏みしめ，念願の峠に感激の到達。

峠だから登頂とは言えないが，迫力ある雪山を征服した気分。しかし冷たい強風のため峠に立ち止まるのはほんの数秒，4000mまでの約1000mを一気に下り，そこで行動食。

途中，我々と逆に登る材木を背負ったヤク・キャラバンと出合う。ヤクもさすがにきつそうにあえぎ登る。我々の前を行ったヤクも，数日後は材木を背負ってドゥーへ戻る。

4000m地点から目的地リンモまでは長い長い。途中設営できる所もあったが，リンモを滞在日にして食糧もピ

上：バガール・ラ（5105m）を行くキャラバン
　（同行者重藤撮影）
下：材木を背負ってドゥーへ戻る

ジョール以来の補充をしたいから。

リンモまで下る一方かと思えば，リンモに近づくにつれ，何度も登り返しがあり参った。距離も約26km，標高差もあり，一日でこんなに長い縦走は日本でも経験したことがない。それも5000mの峠を越えて，である。

峠以降，行動食時以外，長い休憩もとらずほとんど歩き詰めだった。それだけにリンモでありついたマトン焼肉，マトンタルカリ，ビールは腹に染み入る美味しさだった。

それに何といっても，最高の舞台で夢想だにしなかった大キャラバンに出合えた喜び，満足感が，疲れを吹き飛ばしてしまった。

▷10月11日　リンモ滞在

　朝，ポクスンド湖畔を散歩。一昨年，シェイから真っすぐ下って以来の二度目だが，やっぱり素晴らしい美しさである。水の青さが神秘的で，吸い込まれるようなブルーである。この水の美しさを何とか撮れないものかと，形の良い樹木の１本や紅黄葉樹を前景にブルーの変化を狙う。

　　　ポクスンド湖の青を見つめて秋思かな

　リンモは UPPER DOLPO と LOWER DOLPO の分岐点である。約30戸，200人位の村で，チベット仏教圏ではあるが，人の顔も自然も今までの UPPER DOLPO と全く異なる。今までがチベットで，ここからネパールという感じである。聖地シェイへの登り口でもあり，ポクスンド湖があるだけに，各国のトレッカーが多く集まる所。それだけに村として肉や野菜の食糧供給に取り組めばもっともっと豊かになるはず。

　我々は運良くマトン肉にありついたが，一日遅れで登ってきたアメリカの大部隊は食糧不足に困っていた。ここから数日は補給できる所もないのに……。リンモは放牧もあるし畑も充分ある。デュナイからも近く，物資も入れ込み易いのに。

▷10月12日　リンモ (3480m) ～ スリ・ガット・コーラ (2700m) ～ プンモ (3090m)

　今日から LOWER DOLPO の上辺を辿りカグマラ・ラを越えジュムラを目指す。キャラバンルートの後半部である。リンモでヤク交代の予定だったが，結局引き続きチョワンさんに案内を願うことになった。彼も我々との旅が楽しいと快く引き受けてくれた。しかし雪のカグマラ・ラは先にラッセルがないとヤク２頭だけでは難しい，とビビッてはいたが……。それはプンモでの情報次第とした（11月の積雪時は大群のヤクで雪を蹴散らせ進める）。

　ポクスンド湖から流れ落ちるスリ・ガット川に沿って2700mまで下り，右からのルンモ川が合流する所からルンモ川に沿って西へ登り返す。スリ・ガット，ルンモ両川とも両岸は松，ヒマラヤ杉がびっしり。黄葉樹も混じってきれい。リンモを境に北の国から亜熱帯の国へ来た感じ。

　途中，クルミの大木あり。皆しばらくクルミ拾いに熱中。実は固くて，石

で割っても実は更に固い分室に分かれ，取り出すのに苦労する。甘みがあり芳ばしいが，小生は面倒くさいので拾うのをやめた。シェルパ諸君は針で上手に実をほじくっている。

＊後日，若いチョワン君がほじくった実だけを小生にくれた気持ちに感謝。

プンモ入口の川横にキャンプ。村へ遊びに行ってみる。約20戸の小村。ここからカグマラ・ラを越えてフリコットまでは民家もなく，キャラバンルートの宿場村といった所。しかし立派なカンニ（仏門）も，石造りの大きな民家も，荒れるにまかせたような傷みよう。サルダンからの家族キャラバンが無くなり，若い人が外に出て行き，活気が無く，世の中から忘れられたような山里である。

　　　秋 風 や 朽 ち た る カ ン ニ 忘 れ 里

我々は一軒の大きな民家に行く。外から見ると１戸の家だが３世帯と見た。たまたまできたてのロキシーがあり，まだ温かくて甘みあり。カルマ君が早速買い付ける。家の横に大きなリンゴの木があり鈴なり。小さいが味は良し。コックのデンリー君がこのリンゴと野菜を大量に買い込む。残念ながらマトン肉はなし。

カグマラ・ラは最近欧州の大きなトレッカーチームが越えてきたとのことで一安心。この家の上品な老婦人が背中の大きなできものに苦しんでいる。幸い重藤氏が良い塗り薬と内服薬を持参しており，あとでカルマ君と大君が届けに行った。ものすごく感謝されたそうで，ロキシーをご馳走になって戻ってきた。

夕方，プルバ君が松ボックリ（日本のそれの５倍位ある）をドッコ一杯担いできた。それでキャンプファイヤーとなったが，樹脂をたっぷり含んでいるからヤク炭に負けぬ火力と火持ちの良さである。考えれば当たり前のことだが，松ボックリがこんなに素晴らしい燃料だとは思いもしなかった。

▷10月13日　プンモ（3090m）〜プンプン・コーラ源流（3960m）

キャラバンルートから脇へ寄り道して，カンジロバ山群の一端を楽しもうと，ルンモ川の支流プンプン・コーラへ入っていくことにした。

プンプン・コーラは東にカンジェラルワ（6612m），西はカンチュネ（6443m）

に挟まれた谷であり，地図では四つの小さな氷河湖（ポカリ）が記されており，この谷を探索してみようとのことである。

ルンモとプンプンの出合いは徒渉せねばならず，また谷を遡行できるか分

カンジローワヒマールの氷河湖

からないので，チョワンさんが昔，山を巻いて入ったとの経験から出合い手前より山の斜面に入り，ヤブを搔き分け，ヤク道伝いに山を巻きながらプンプン・コーラを見下ろしつつ，コーラ上流の開けた谷に出た。

そこには無人のカルカがあり，どういうわけで残ったのか奥の方に馬，ヤク数頭が無人の野にいた。谷の入口からは想像もできなかった広さで，大きな丘陵が展開し，カンジェラルワとカンチュネが，すぐ両側に対立し，奥（北側）も雪と岩の山々が壁のように連なっている。

▷10月14日　プンプン・コーラ滞在，探索

コーラ源流左岸（東のカンジェラルワ側）の草地丘陵を奥に進む。こういう世界では周囲が大きいだけに，高さや距離の尺度が狂って，近くに見えても遠い，低く見えても高い。かつ4000m以上では身体が慣れたといっても登ればきつい。奥（北）の鞍部越しに主峰カンジロバ（6883m）が見えぬものかと4450mまで登ったが見えず，諦めて谷へ下った。地図の通り四つのポカリ（氷河湖）があり，いずれも美しく，特に一番大きなポカリは雪山も映してきれいだった。帰路は谷を下った。カンチュネ下の雪崩のデプリは，大きな氷塊がゴロゴロ。遠くから見て大きく感じなかったが，人が横に立つと凄い塊だと分かった。

重藤親子は持参のアイゼン，ピッケルで氷塊群の中を歩き，氷塊にクライミングして童心に返る。滞在日なので暇なスタッフは薪をどっさり集めており，我々も流木などを拾って戻り，豪快なキャンプファイヤーとなった。

たけなわの頃，満月がカンジェラルワの頂上付近から昇ってきた。この上がってくる瞬間がドラマチックである。姿を出す前，下から光が射し，直後

にパッと黄金の輝きが現れ，頂上目指して厳かに雪の峰を這い上るが如しである。

  満月やカンジェラルワの峰金剛

  数時間後の真夜中，真上に上がった月光に照らされたカンジェラルワは荘厳そのもの。チョワンさんは相変わらず一人野宿。キッチンテントの中は足が臭いからと……。

❖チョワンさん
  いつもニコニコ，よくお経を唱えている。55歳，奥さんを亡くし，ヤク2頭と馬1頭とで一人暮らし。村には嫁に行った娘と孫がいる。リンモまでで村に戻るつもりだったが，我々との旅が楽しくフリコットまで行くことになった。フリコットに着いたらどうするのか？
  「何日もかけて野山を越え，村に帰っても，ヤクのため冬はフリコットへ行かねばならぬ。家は娘が見てくれるし，11月になれば従兄弟たちやサルダンの仲間が大量のヤクとともにフリコットへ冬越しにやって来る。自分は先に着いて待っており，春，皆と一緒に村へ戻る」と。
  フリコットの馴染みの家で手伝いをしながら，ロキシーを飲み飲み，春を待たれるだろう。

▷ 10月15日　プンプン・コーラ（3960m）～ルンモ・チュウ出合い（3750m）
　～ルンモ・チュウ源流（4390m）
  前日，チョワンさん，ニマ君，プルバ君でプンプン・コーラ右岸沿いに下るルートを調査。最後の徒渉はあるけれど，こちらは往路より1.5時間早く，楽だというので右岸を下る。ルンモ出合いで早めの昼食。キッチン準備の間，シェルパ諸君は流れの狭い岸に大石を積み，何とか飛び渡れるようにする。狭い所だけに，落ちれば腰の深さの急流。実際に飛ぶ時はやはり緊張，思い切り飛んだ。
  翌日のカグマラ・ラ越えに少しでも標高をかせいでおこうと，緩やかな登りであるが距離をかせぎ，ルンモ川の源流近く4390m地点に設営。夕方より雪，テント周りはあっという間に5～10cmの積雪。
  夜は猛烈に冷える。チョワンさんもこの雪では野宿といかず，初めてキッ

チンのテントに入る。

❖赤牛「花子」

　プンプン・コーラに小さな赤牛が1頭いた。仔牛かと思っていたら，この辺の牛は小型で，これでもメスの成牛だという。それで小生は「花子」と呼ぶことにした。この花子，広大な谷の草原に仲間もなく，よほど寂しかったのか，人恋しかったのか，テントの傍から離れず，夜もテントの脇でぐっすり。キャンプファイヤーの傍にも寄って来て全く人懐っこい。放っておくのは可哀相。このまま独りでは村に帰れぬだろうし，我々が谷を下る時はついて来るだろう。それならばキャラバンルートに出た所で下へ追い返せば，独りで村へ行き着けるだろう——となった。

　案の定，最後に荷物を積んでチョワンさんがテント地を後にすると，慌ててついて来たという。

　昼食後，先に出発した小生たちが花子はどうしたかと振り返って見ると，川を渡れずモタモタしていたが，やがて渡り必死に追いかけてくる。とうとうテント地まで来た。

　冷え込む夜で地面は積雪。花子は一晩中立ったまま可哀相だった。チョワンさんも仕方ないので「フリコットまで連れて行き，春，サルダンへ戻る途中，プンモ村で持ち主へ返そう」と決心された。

　しかし，翌日のカグマラ・ラを越えた所で思わぬハプニングが起こる。

▷10月16日　ルンモ・チュウ源流（4390m）〜カグマラ・ラ（5115m）〜ガルプン・コーラ（3610m）

　いよいよ最後の難関カグマラ・ラへの登りにかかる。昨夜来の深雪が締まって谷のゴロ石の隙間を埋め，かえって歩き易い。斜度は思ったより楽だったが，昨夜冷え込みのためか6回の小用起きで，完全に睡眠不足。最後の100m位の登りは完全にバテバテ。峠のラプツェに辿り着いた時は，皆感激の握手，握手。

　今回の旅のフィナーレを飾る峠であり，我々の足跡以外，踏まれていない純白の雪面。すぐ前のカグマラⅠ（5961m）や振り返るカンチュネ（6443m）が青空に真っ白く輝き，素晴らしい展望である。

　荷物のため遅く出たチョワンさんやニマ君たちは未だ登ってこないが，下

雪のカグマラ・ラ（5115m）越え。後方の山はカンチュネ（6443m）

山にかかる。頂上付近は40cm位の積雪であるが，比較的締まり，我々の体重ではくるぶし辺りまでしか埋まらない。

　この深雪の急斜面，歩くより滑ろうと靴スキーで滑り下りる。止まり，止まりであるが，直滑降で200m位滑る。

　丁度大勢のオランダ・チームが登って来た。荷の重いポーターたちは深雪に足をとられ苦戦中。我々の靴スキーをうらやましそうに見る。雪が切れた岩場でヤク一行を待つが，なかなか現れない。

❖カグマラ・ラでのドラマ

　積雪のためテントなどの片付けがいつもより手間取り，最後に出たチョワンさん，ニマ君，プルバ君，ヤク，馬，花子はどうなったか？　以下，ニマ君談。

1）カグマラ・ラに着いた時はチョワンさんも思わず「バンザイ！」した。彼ほどのベテランでも今シーズン，ヤクが越えるのは初めてであり（越えたのは人間のみ），彼自身2頭のヤクで雪のカグマラ・ラを越えられるか不安に思っていたから。

２）峠から下り始めた時，チョワンさんは馬を曳いていた。馬がスリップし，２回転して若い黒ヤクにぶつかった。手綱を曳いていたチョワンさんも引き倒され，10m程滑り落ちた。ヤクは吃驚あらぬ方向へ！

３）馬は片方の足を雪に深く突っ込んだ状態で停止，そのまま身動きつかず。ニマ君とプルバ君で馬を押し，突っ込んだ前足を軸にグルリと１回転させて雪から出した。

４）チョワンさんと３人でヤクを引き戻し，何とか下る体制を整えた。

５）一番後からついて来た花子は，雪の急斜面と目の前に展開された光景に足がすくみ峠で立ち往生。そこへオランダ・チームのポーターたちが到着。花子は下るか，ポーターたちについて戻るか，大分迷っていたらしいが，結局ポーターたちについて村の方へ戻っていった。

　以上，はたから見ると「何をしているのだろう？」の滑稽な動作の連続だっただろうが，それほど厳しい雪の斜面だったのである。人も動物も幸い無事で，花子が去ったのは寂しいが，村へ帰れるだろうし良かった。

▷10月17日　ガルプン・コーラ（3610m）〜フリコット（2600m）

　久し振りに馬とニワトリがいる村に出る。フリコットは豊かな森と草地（丘陵）に恵まれている。

　チョワンさんは若い頃から毎冬やって来て，フリコットの人とは顔なじみ。早速，村人から懐かしそうな声が掛かり家に呼ばれる。彼自身は旅を続けたい気持ちはあるが，これより先は標高は低くなりヤクが弱るため，春までここで過ごすことに。

　フリコットはチェトリー族が主体でヒンズー教の村だったが，今は村全体が仏教徒に改宗しているとかで立派なゴンパがあり，我々はその敷地でキャンプ。ヒンズー教は戒律が厳しく，仏教のやさしさ，合理性から改宗へとなったのか？　毎冬付き合うサルダンの人たち（熱心な仏教徒）の影響も大きかったろう。

　「フリコットの人は安く売ってくれない」と，コックのデンリー君がぼやく。「ニワトリは通常１羽500ルピーで買うが，1200ルピーで安くしてくれない」と。期待したチキンカレーはおあずけとなった。

　安く売ってくれないのは，昔からサルダンの人たちとの塩と米のやりとり

純白のカグマラⅠ（5961m）

の習性の名残か？

▷10月18日　フリコット（2600m）～チャウリコット（2990m）

　朝，チョワンさんがカタを持って別れに来た。カタを掛けてくれ別れの手を握る時はジンと来た。十日間一緒に旅をし，彼の判断，ガイドにも助けられたし，優しさ，強さ，本当に味のある人だった。

　ヤクとともに生活し，神への感謝の気持ちを常に持ち，淡々と穏やかに日々を送る彼。遠く離れるまで手を振って別れを惜しんでくれた彼の姿が忘れられない。小生の長いヒマラヤの旅で最も忘れ難き人である。

　前日，フリコット村の親分衆と馬2頭を約束していたが，朝になって馬は来ないと言う（もしかしたら値上げ策？）。頭に来たカルマ君は，それならスタッフに頑張ってもらおうと，2頭に積む分をスタッフ6人に分散して受け持ってもらう。勿論，その分は日当をはずんでいる。

　フリコットを一登りすると，丘陵に村々が点在する。段々畑は刈り跡であるが，ほとんどトウモロコシ畑。UPPER DOLPO が大麦畑でツァンバ主食に対し，LOWER DOLPO はトウモロコシ主食である。

トウモロコシは風通しを良くするため竹を編んだ囲いに入れて屋上に干している。

　　玉蜀黍屋根に干したる冬支度

　かつて塩はフリコットやこの丘陵地帯までヤクで運び，それより南へは山羊，羊の背に負わせてのキャラバンだったのが，今は見られなくなった。そのせいか，山羊，羊の放牧はそんなに多くない。
　学校が休みなのか，子供たちが牛や山羊を野に連れ出して楽しんでいる。

　　天高し牛追いの子等野を駆ける

　丘陵を緩やかに登りつつ回り込む時，秋風の中，振り返り見えるはカグマラ何峰か？　懐かしい。

　　さわやかしカグマラ見返る峠道

▷10月19日　チャウリコット（2990m）～マウリラクナ・ラ（3840m）～チョタラ（2960m）
　チャウリコットからチョタラまでの約14km，途中一軒の家もなく，森や草原の中を歩く。
　昨日に続き馬なしでスタートしたものの，登りの多い本日はスタッフもさすがにきつい。森のカルカの中で早めの昼食をしていると，8頭のロバを連れた男性が登ってきた。チャウリコットからジュムラへ馬鈴薯を売りに行くところで，今日はチョタラ泊まりだと言う。
　ロバの荷に余裕があると見たカルマ君，2頭分の荷をチョタラまで運んでもらうことにした（勿論有料）。このロバ隊が来なかったら，とてもチョタラまで辿り着けず，せいぜい峠を下った所の森の中がキャンプ場だったろう。この旅の最後の峠マウリラクナ・ラから西方遥かにアピ（7132m）まで見えた。
　チョタラは20戸程度の小さな村だが，新築あるいは新築中の立派な家が多く活気がある。森に恵まれるだけに木材を存分に使っている。自然が豊かなこと，ジュムラに近いこと，北のムグ地方からの交通の要所となっていることが活気づけているのか。住民はムグ方面から来たチベッタンである。

❖小生たち日本人はチベットのカンパ族と見られた

チョタラで子供たちが大勢集まって来て一緒に焚き火にあたりながら，ピーチクパーチク賑やかなこと。カルマ君に何を話しているのかと聞けば，「この人たちは何処から来たのだろう？　チベットのカンパに違いない。なんでカンパがこんな所に来るのだろう？」とのこと。

カンパとは東部チベットの一種族で，昔は強暴な民族として知られていた。我々の真っ黒に日焼け雪焼けした顔は子供たちより黒光りしているし，重藤大君は頬，顎にヒゲがびっしり。西方ではあるがチベッタン系の彼らから，よりによって「カンパ」と見做（みな）されたのには恐れいった。そんなに強暴な顔をしていたのか？

彼らは日本人のことは知っているが，実際に日本人を見たことがなく「外国人は白人」との思い込みがあり，自分たちとよく似ているが，言葉が通じないので東方の「カンパ」にしてしまったらしい。

▷10月20日　チョタラ（2960m）～ゴチチョール（2800m）

美しい渓谷と牧歌的な光景の中を歩く。渓流は奥入瀬に似た感じの清流と森が素晴らしい。

この渓谷で珍しいシーンがあった。一般にヤクや牛は橋を渡るのが嫌いで，よほどしつけられたのでない限り，水の中をジャブジャブ渡る。丁度小生たちの前をおじさんと1頭の牛が歩いていた。

小さいがしっかりした橋に来た。ところが牛はどうしても橋を渡ろうとせず，さればとて流れは激流。牛は大分躊躇したあげく思い切ってザブンと流れに入った。我々は固唾を呑んで見ている。

牛も必死である。流されながらも何とか岸に辿り着き，ホッとした。おじさんもよほど嬉しかったのか，応援していた我々にザックからリンゴを取り出し，2個ずつくれて去っていった。

▷10月21日　ゴチチョール（2800m）～ジュムラ（2350m）

ジュムラ周辺では，苅田で藁締めのため牛をぐるぐる回し踏みしめている光景が随所に見られ面白い。1カ月間辺境を歩いたせいか，ジュムラがえらく都会に見えた。飛行場も舗装してあり安心。ジュムラには車道も通じてお

り，物資はカトマンドゥから車で運ばれてくる。

　今年はモンスーンで車道が壊れ，ジュムラは食糧不足になったらしい。町の人は金は持っていても物を貯える習慣がなくなっている。車道が壊れれば，すぐあちこちから悲鳴が上がるらしい。デンリー君も「良い食材がない」とボヤク。その点，山の人たちは非常に備え常に貯えを怠らない。ゴンパも大量の食糧を保管して村がいざという時に備えている。

　ジュムラの町を歩いたら米やビールが運び込まれていた。トラックではなくデカいタイヤのトラクターに牽引された荷台である。まだトラックが走れぬほどの悪路らしい。

　目出度くゴールしたが，こういう食糧事情で本格的な乾杯はカトマンドゥまで持ち越し。

●旅を終えて

　二度目の DOLPO は気合でやると決めたものの，果たして歩き通せるか，不安もあった。

　DOLPO の旅の苦しさは2006年にたっぷり味わっている。しかしこの時は未知の世界を旅する楽しみというモチベーションがあった。再度の旅を決意したものの，果たしてこの苦しさを乗り越えさせるモチベーションが生じるかが問題であった。

　スタートから雪によるトラブル，しかしこれからが思わぬ展開。この日，この時でなければ見られない凄いシーンに次々と出会う。幾つもの5000m峠越えはきつくとも，雪山登山に似た興奮と感動を味わう。

　民家でバタ茶やロキシーを飲みながら秘境の生活にふれる。また，チョワンさんの如き人と旅を楽しみ，彼を通して彼らの生活や仏教への心を垣間見るなど，最初の旅では味わえなかったことへの踏み込みが旅を充実させ，苦しさを乗り越えさせた。

　モチベーション対策として俳句にも挑戦してみた。俳句の季語もよく知らぬ全くの初心者であるが，友人からプレゼントされた季語入門書を持ち込み，一日一日の印象に残ったことを何とか句にしてみようと，テントの中で開いては，その日の情景をまとめてみようと頭をひねった。

　なかなか一日一句とはいかなかった。もともとは季語なるものが通用しに

くいヒマラヤである。例えば，9月は秋になったばかりなのに，歩いている
世界は雪の中，一方，LOWER DOLPO に下りてくれば冬から秋へ逆戻り。
頭の中の季節感は狂いっ放しである。それでも一応全行程，飛び飛びではあ
るが，何とか句でつないでみた。おかしな句ばかりであるが，小生の旅の気
持ちである。

　前回からわずか2年の経過だが，秘境 UPPER DOLPO も予想以上に大き
く変化しつつあるのを感じた。ティンギューのバッチィー，オートバイを抜
きにしても，他の地域の一見何も変わっていないところにも変化への兆候を
感じる。まず，あいさつの「タシデレ！」しか通じなかった世界が「ナマス
テ！」も通じだした。

　即ちネパールでありながら完全にチベット語の世界から，ネパール語が受
け入れられつつあること。これには学校教育の普及が大きいと感じる。村の
学校が新設されたり拡充されたりしており，そのせいか前回一人も目にしな
かった先生に数人出会った。彼らが子供を通じて親へ与える影響も大きいだ
ろう。

　カトマンドゥの学校へ通う子供も増えつつある。前回気付かなかったのか
も知れないが，ソーラー電力によるテレビの普及により外の世界が見えだし
た。チベット側からの色々な物資の流入で生活用品も充実しつつある。外見
する彼らの生活（農耕，放牧）は変わらないが，内容は少しずつ向上してい
るだろう。

　今のところ変化の兆しも良い方向へ向いており，悪い要素は見当たらない。
いつまでも「心のふるさと DOLPO」であってほしい。

（2008年12月初，記）

ゴサイクンド湖

ランタン周辺の旅

ヘランブー～ガンジャ・ラ～ランタン～ゴサイクンド周遊

(2008.10.29-11.18)

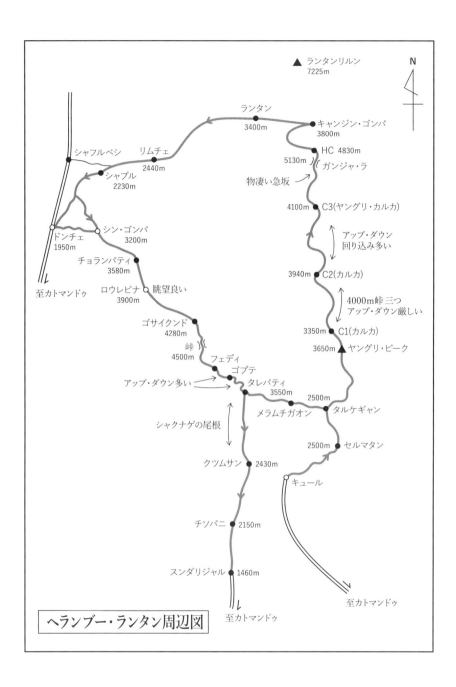

ヘランブー・ランタン周辺図

▲ ランタンリルン
7225m

N

ランタン
3400m

キャンジン・ゴンパ
3800m

HC 4830m

シャフルベシ   リムチェ
2440m

5130m (ガンジャ・ラ

シャブル
2230m

物凄い急坂

4100m C3(ヤングリ・カルカ)

ドンチェ   シン・ゴンパ
1950m   3200m

アップ・ダウン
回り込み多い

チョランパティ
3580m

至カトマンドゥ

ロウレビナ   眺望良い
3900m

3940m C2(カルカ)

4000m峠 三つ
アップ・ダウン厳しい

ゴサイクンド
4280m

峠
4500m

フェディ

3350m C1(カルカ)

3650m ▲ ヤングリ・ピーク

ゴプテ

アップ・ダウン多い

タレパティ
3550m

2500m

メラムチガオン   タルケギャン

シャクナゲの尾根

2500m セルマタン

クツムサン   2430m

キュール

チソパニ   2150m

スンダリジャル   1460m

至カトマンドゥ

至カトマンドゥ

●行程

10/29　カトマンドゥ（バス）〜キュール（1185m）〜セルマタン（2520m）

10/30　〜タルケギャン（2500m）

10/31　タルケギャン滞在

11/ 1　同上

11/ 2　同上

11/ 3　同上　……テント隊合流

11/ 4　タルケギャン（2500m）〜ヤングリ・ピーク（3650m）〜C 1 カルカ（3350m）

11/ 5　C 1 カルカ滞在

11/ 6　C 1 （3350m）〜峠（4000クラス 3 回）〜C 2 カルカ（3940m）

11/ 7　C 2 （3940m）〜C 3 ヤングリ・カルカ（4100m）

11/ 8　C 3 （4100m）〜ガンジャ・ラ（5130m）〜HC（4830m）

11/ 9　HC（4830m）〜キャンジン・ゴンパ（3800m）

11/10　〜ランタン（3400m）

11/11　〜リムチェ（2440m）

11/12　〜シャフルベシ別れ（川）（1600m）〜シャブル（2230m）

11/13　〜シン・ゴンバ（3200m）〜チョランパティ（3500m）

11/14　〜ゴサイクンド（4280m）

11/15　〜峠（4500m）〜ゴプテ（3300m）〜タレパティ（3550m）

11/16　〜クツムサン（2430m）

11/17　〜チソパニ（2150m）

11/18　〜スンダリジャル（1460m）〜（ワゴン車）〜カトマンドゥ

　「美人の里」として有名なヘランブーにはずっと前から興味があり，訪ねてみたいと思いつつも，カトマンドゥに近く，いつでも行けると思っているうちに年月が経ってしまった。

　ランタン谷へは 6 年前，妻や友人たちと入り，本当に楽しい旅だった。その時はもちろん，コーラ沿いの一般コース往復だった。その後難所と言われるガンジャ・ラ（5130m）に惹かれ，ここからランタン谷を見下ろし，またチベットとの国境に連なる山々を眺めれば，世界で最も美しい谷の一つとい

われるランタン谷が一段と素晴らしいだろうと思い至り，どうせヘランブーへ行くならば，そのまま北上し何としてもガンジャラを越えてランタン谷へ入りたいと計画した。

　欲張りな小生は，帰路もランタンからそのまま下ってしまわず，シャブルからゴサイクンドへ登り返し，ヘランブーの西尾根を南下しようと決めた。いわば通常，三つに区分されているトレッキング・コースを1回で済ませようという計画である。

▷10/29　カトマンドゥ〜（バス）〜キュール，セルマタンへ

　朝7時，カトマンドゥのバスセンターへ。普段は空いているというバスも，ティハールの祭りのため満員。バスに乗り込んだ時，右側の席が空いていたので，ラッキーとばかり大（マサル）君と並んで座る。ところが2〜3分後，後ろから女性のがなり声。「そこは私の予約席よ！」と紙切れを見せ付けながら，30歳位のグラマーな年増が睨みつける。

　"オー，コワッー"と即座に席を左側の窓を背にした席に移る。そこでは運転席の後ろのボックスに腰掛けている若い女性と膝突き合わせの形となる。前は良いのだが，問題は背中。窓からの出入り防止のためか，窓の中間の高さに前後方向に鉄枠がしてある。カーブ，上下動の度に背中が鉄枠に当たり，息の詰まる痛さ。必死に手足を突っ張って耐えること4時間，ようやく終点のキュールに到着。

　先のドルポからすれば気楽な旅で，小生は行きたい所と出発・帰着日だけ決めて，中間の日程，宿泊先は全てニマ君にお任せである。

　ヘランブーへはガイドブックでメラムチバザールから登り始めると思い，セルマタンへは二日目と考えていたが，奥のキュールからだと1日である。

　キュールの小店でダルバートの昼食をとり，棚田の畔道を登っていく。まだ刈入れ前の黄金色。1カ月前ドルポの刈田と脱穀光景ばかり見てきたので，季節を逆周りしている感。

　棚田の中を標高差150m位登った所で，棚田と別れセルマタンへの山道となる。棚田は標高差600m位まであり，収穫の時はよくこれだけ登り下りできるものだと驚く。

　セルマタンへはキュールから1400m近い急坂の登りであるが，ドルポの高

所でしごかれただけに楽である。た
だ暑いのには閉口した。

　３時間半でセルマタンに着いたが，
シーズンオフに近いこと，村で葬式
があったとかで，休業中のホテルば
かりで，やってくれるホテルを見つ
けるのにニマ君苦労する。

　なんとか大きいホテル（山はどこ

ヘランブー美人

でも看板はホテルだが実態はロッジ）が見つかる。ネパールではめったにお目
にかかれぬ，色が白くてきれいな娘さんから出迎えられる。さすが「美人の
里ヘランブー」と，出足から好調。カルマ君から「若く，きれいな女性はカ
トマンドゥへ出てしまいヘランブーには残っていない」と言われていたが，
まだ残っておられた。

　部屋に案内されると，普通のロッジと同じく靴のまま出入り，ベッドが二
つ並んだだけで，広めできれいであるが変わり映えはしない。

　ところが，ダイニングへ案内されて驚いた。そこへは靴を脱いで素足で入
る。広い板張りの部屋で壁の近くの床に炉が切ってあり，立派なストーブに
薪がくべられ，鍋，ヤカンが乗せられている。注文した料理も材料は台所で
セットされるが，全てこのストーブの周りで，おかみさんと娘さんが調理し
て，ストーブ周りの敷物に座って，暖をとっている我々に出してくれる。
広々として黒光りする豪華な板張りは，一昔前の大きな農家のダイニングを
思わせ，物凄くくつろげる。

　たまたま，この日の客はニマ君，ヌリ君含めて我々４人のみ，おやじさん，
おかみさん，娘さんも一緒に談笑。日本の秘境の民宿にいる感じである。オ
ヤジさん，娘さんはおとなしいが，おかみさんは愉快な人で商売がら英語，
日本語に勉強熱心。いろいろ質問され憶えようとされるのには感心。上の娘
３人は嫁に出してあるから50歳過ぎのはずだが……。

▷10/30　セルマタン～タルケギャン（2500m）
　朝食後，ホテルの上にあるゴンパへ行ってみる。ここからドルジェラクバ
やガウリサンカール見えるとのことだったが，雲が多くて見えず。周辺の

山々は樹木がびっしりで，雲が次々に湧き出ており，とても雪山が見えるようになりそうもない。

　セルマタンの家々を見下ろしながら，ホテルのダイニングの良さを話したら，ニマ君曰く，ヘランブーは一般の民家も大小の差はあっても，皆同じく素足で入る板張りとストーブ方式で，ネパールのどの地区にもない独自の生活方式であり，これはヘランブーの人がきれい好きだからだと。言われてみれば服装も他のどの地域のより清潔できれい。

　家の中がきれいだと，周囲の緑も美しいだけに，屋根のトタンの錆が目につく。ホテルや金持宅の大きな建物くらいはせめてスレート屋根になれば集落全体の美観が向上するのだが……。他の地域ではもっとひどいのを見て何とも思わなかったのに，ヘランブーの家々と自然が素晴らしいだけに，注文がつく。

　一旦ホテルに戻り，ヘランブーの主村タルケギャンへ行くことにした。セルマタンとほぼ同じ標高で，緩やかなアップ・ダウンがあるものの，3時間で歩ける距離である。

　途中，開けた所も何カ所か出てくるが，森の中を歩く。歩きやすい道である。中間のきれいな村ギャンユルのロッジで昼食。そこで日本語の上手なアメリカ人に話しかけられた。学生時代，早稲田大学に1年留学，一旦帰国して再度来日，英語塾でバイトをしながら京都で仏教の勉強をしたと。奥さんと二人でネパールのゴンパ巡りらしい。ムスタンに行きたいけれど二人で行くには費用高すぎる，とぼやく。50代，職はフリーのライターか？

▷10/31〜11/3　タルケギャン滞在

　ガンジャ・ラへのテント部隊プルバ君たちが到着するのは11月3日だという電話連絡があり，この間タルケギャンの大きいホテルでのんびり過ごす。

　近くの村へ散歩にも出掛けたりはするが，小生はドルポの記録整理やデジカメの中の写真選択，削除で過ごす。昼間は庭のテーブル，夜は居心地の良いダイニングのストーブで暖をとりながら。デジカメのSDカード，CDカードはたっぷり余裕があるが，後日パソコンで処理するには時間がかかりすぎ，またパソコンのパンクが生じるため，はっきり不要と判断したものは先にデジカメの中で消す。苦労した旅の記録だけに慎重を期し，何度も繰り返し

チェックしながら選択する。この過程で記録や記憶の補充もでき，ノートに加える。

　帰国してから忙しくなるので，ドルポのまとめの骨組みはこの滞在で出来上がった。タルケギャンからは山の展望はきかない。ホテルの庭からヤングリ・ピーク（3650m）頂上のチョルテンにはためくタルチョが小さく見える。ここから標高差1100mの尾根のピークである。そこからは素晴らしい大展望が得られるのは分かっている。

　4連泊で時間はたっぷりあるし，往復する体力も有り余っている。しかしカンジャ・ラへのスタート時にどうせそこを通るからと，ヤングリ・ピークへのハイキングはサボってしまった。これは後日ちょっぴり後悔する。

　ヘランブーを周遊，あるいはゴサイクンドを経て下ってくる欧米人は結構多い。夫婦や仲間数人との，のんびりした旅である。時期的にはたくさんの日本人がカトマンドゥへ入っているはずだが，ヘランブーでは一人も見かけない。

　ホテルのくつろげるダイニングルームは各国の人たちとの気楽な社交の場である。各人それぞれのペースで食事をしたり，本を読んだり，談笑したりで，和やかな雰囲気である。

　こういう中で過ごしていると，英会話がベイビー・クラスの小生といえど，少しは上達（？）し，ニマ君，大君の助けを得ながら，また相手もこちらに合わせゆっくり話してくれるので楽しく話せる。ドイツの3人娘と女性のガイドとポーター，祖母が日本人というカナダからの若い娘，フランス人の母娘，アメリカのおじさん二人組が印象に残る。

　特にアメリカのおじさん組は我々の目指すガンジャ・ラを越えて来たので，地図で途中の水場の状況など情報を得る。おじさんの一人はネパール語が完璧，ホテルのおかみさん相手にネパール語で早口でまくしたてる。びっくりした小生が，何でそんなに話せるのかと聞けば，3年前から，ボランティアとして学校で英語を教えている。明後日から隣村のメラムチガオンの小学校で6週間教えるとのこと。合間にあちこちトレッキングを楽しんでいるとのことで，小生にマナスルやダウラギリのことを質問してきた。

　このおじさんも仏教への関心が強いらしく，デジカメの中のゴンパのマン

ダラ写真を見せてくれた。小生もデジカメのドルポを見せてやると，びっくりして，これはインターネットで見れないか？　と。良い写真だなと思う感覚も同じで，気持ちが通じ合った。彼は61歳，小生は69歳。翌朝，顔を合わせると「オー兄貴！」と挨拶された。

　のんびり旅で居心地も良いので，我々以外にも連泊する人も少なくない。このホテルの庭は広く，小さいながらバレーコートもある。若い旅人たちにシェルパ，ポーターも混じって適当に分かれてゲームに興じる。やってみたいとは思うが，年齢から自信もなし，骨折でもしたらと，眺めるのみ。山が見えるわけでもないのに，多国の旅人がこんなに互いに楽しめ合え，くつろげるのがヘランブーの良さである。

　11月3日，DOLPOのまとめもほぼ終わり，庭でのんびりしていると，昼前，プルバ君たち5人が庭へ勢いよく飛び込んできた。新顔のポーター以外は皆ドルポを一緒に旅した若衆である。互いに懐かしく握手握手。のんびりした分，いよいよ明日からハードな旅が始まるのかと，気が引き締まる。

ヘランブーからガンジャ・ラを目指す
▷11／4　タルケギャン（2500m）〜ヤングリ・ピーク（3650m）〜Ｃ１カルカ（3350m）

　村からすぐシャクナゲの森の中を急登。森というよりジャングルと言ったがふさわしい雰囲気である。急ではあるが，道はしっかりして歩き難くはない。500m位登った所で広く開けた尾根に出ると，牛，ゾッキョ，ヤクが放牧されていた。そこには雨露をしのぐだけの，竹囲いで屋根はビニールで覆っただけの仮の住居があった。

　ここで牛乳を飲んで行こうとなり，この仮住居に入った。入ってびっくり，中には子牛が3頭寝そべり，土に木の葉を敷き詰めた上を，可愛い男の子が二人飛び回り，壁際に石組みの簡単な竈と食器棚，竈の周りの座る場所に毛皮の敷物をしただけ。人と子牛が同居した，今まで見たことない原始的生活である。

　更に驚いたのは，牛乳を搾ってかまどに座ったお母さんの美しさに目を見張った。30歳前後と見たが，涼やかな目元，きれいな鼻筋，健康でつややかな顔色。美人の里ヘランブーといえ，こんな美人に出会えるとは思いもしな

かった。しかもこんな野生の生活で。

　手伝っている15〜16歳の少女は，お母さんの妹か？　雪国の少女のような白い顔にリンゴ色のほっぺ，顔立ちも整い，はにかむのが可愛らしい。

　ここを出て，大君と「ヤングリ・ピークへのハイキングをサボらなければよかったな，こんな所があると知っていれば，サボらなかったのに」と後悔したが，後の祭り。

　お母さんにヤングリへの道を教えてもらい，また森の中のきつい登り。ヤングリ・ピークに着く頃はガスかかり，何も見えず寒いのみ。頂上で焚き火しつつ行動食のパンをかじる。ずっと好天が続いていたのに，こんな天気になったのはサボった罰か。

　頂上からしばらく下ると開けた土地に立派な石組み小屋あり，周囲はシャクナゲの森で薪は沢山ある。天気が良くないので小屋の中で焚き火，暖をとる。

▷11/5　C1　カルカ滞在

　朝から霧雨，天候が好転しそうな感じがなく，滞在となった。終日，小屋の囲炉裏で焚き火。キッチンのヌルブ君，チョワン君は滞在による食糧補充のためタルケギャンへ買い出しに下り，帰路昨日の放牧地により，新鮮なヨーグルトを買って来た。

▷11/6〜11/7　C1（3350m）〜C2（3940m）〜C3ヤングリカルカ（4100m）

　11月5日はStayで良かった。降りはしなかったが，霧は上がらなかった。霧の中ではルート分かりにくい草原で，C2の水場を見つけるのが難しかったろう。

　C2は先日のアメリカのおじさんの水情報で位置設定していた。日々のスタートとゴールの標高差は小さいが，200m前後のアップ・ダウンは多く，少々うんざりする。北側（進行方向）の下りでは，場所によっては残雪もあり用心しつつ歩いた。

　C3のヤングリ・カルカでいよいよガンジャ・ラ近しを感じるが，まだ見えない。

ガンジャ・ラ下よりランタン谷を隔てて北望の山々

▷11／8　C3（4100m）〜ガンジャ・ラ（5130m）〜HC（4830m）

　C3を出発してガンジャ・ラが見え出すまでは，前日までのようなアップ・ダウンもなく楽で，ガンジャ・ラへの登りのルートもそれほどきつそうには見えなかった。

　ところが遠い，遠い。しかも近づくほど傾斜が急になり，ゴロ石で滑って歩き難い。ゴールの峠を3回，勘違いした。勘違いしたと言うより，ガンジャ・ラの地形に3回騙された，と言うべきかもしれない。

　遠くから見てあそこだと思った地点に着くと，先に急坂が立ちはだかる。その急坂を滑りつつ登り，上を見るとラプツェが見え，あそこがゴールだと喜び辿りつくと，巨石累々とした盆地のような斜面が現れ，500m位先の両側が切れ込んだような所が峠かと，歩きにくい巨石の上を苦労し，ようやく目指した所へ着けば，今まで見えなかった方向へ，長くはないが，物凄い急斜面。雪はないがゴロ石に滑りながら，四つん這いするようにしてようやく辿り着いた。

　辿り着くまで，前方は目の前の斜面以外なにも見えなかったのに，突然，大展望が開け，そこがガンジャ・ラだった。ランタンリルン，キムシュン，チベット国境の山々，モリモトピーク，ランシサ・リなどがずらりと並ぶ。

　苦労した登り，突然の大展望はドラマチックであり，大感激で興奮さめやらずだった。峠からHCへの下りは緊張の連続。凄い急斜面に硬くなった深雪，滑れば数十メートル。

　峠でアイゼンを装着したのでスリップはしないが，軽登山靴は柔らかいため，急斜面では硬いアイゼンと柔らかい靴との間で足元がぐりっとなる不安定さを感じる。斜面に正面向きに下れば，安定するが，それでは膝が耐えられぬので，斜めにステップする。

　滑りやすい所を通過すると，巨石と深雪が交じった斜面，巨石の周りで落ち込まないよう巨石を踏み越える。雪と巨石交互になるので，アイゼンは外

ランタン谷俯瞰

せない。

　慎重なニマ君のリードで，緊張しながらも無事HCに着いた。
　HCは峠より左右の山斜面が離れた分，見渡せる範囲広くなり展望が一段
と素晴らしい。
　テントの入口が北側に向けられる地点に設営してもらい，中から一望の超
贅沢。居ながらにしてランタンリルン，チベット国境の山々……ずらりと見
え，しかも山の夕照，夜明けの最高にドラマチックな光景を寒い外に出ず，
シュラフの上で撮影できる。
　こんな凄い展望ができるテントはヒマラヤのどの地域でも，日本の山でも
憶えがない。ヘランブーからはるばる登って来た甲斐が有った。
　水は当然雪を溶かして使用。テントの下も雪だが寒くない。湯たんぽでポ
カポカ。

▷11／9　HC（4830m）～キャンジン・ゴンパ（3800m）

　夜明けのパノラマを楽しむ。

　下降も4500mまでは厳しかった。雪面のスリップはあるが，岩との兼ね合いでアイゼンは着用せず。岩周辺のスノーブリッジによる落ち込みや，落石に注意して緊張の連続。

　草つきに達してからキャンジンまでの長いこと。下りも眺めは良いのだが，何せHCで最高の光景を見ているので気分が乗らず。スタッフの若衆たちは小生たちより少し早く出発したが，荷はあるものの彼らの下りの早いこと，上から見てもついに姿を捉え得ず。

　キャンジンではホテルの庭にテント。昼食時，一番若く，身体能力もNO.1だが，少々無鉄砲なチョワン君が，「滑り落ちて，調味料のふりかけを落として見つからなかった」と申し訳なさそうに言う。下山中，スリップして自分は10m位で岩に足を突っ張って止まったが，ドッコが50m位滑り落ち，飛び出したものは全部拾ったつもりだったが，調味料瓶には気づかなかったと，いつも通りのにこやかな顔で話す。

　本人は平気だが，ぞっとする話である。皆，マイペースで各自好きなルートをとったので（雪で道が埋まっているので，斜面をどう行くかは各自の判断）プルバ君も彼のスリップには気づかなかった。幸い擦り傷一つなくて良かった。

　テント隊も本日の夕食までで，役目完了。我々は明日からロッジ泊まりでの旅となる。

▷11／10　キャンジン（3800m）～ランタン村（3400m）

　先に役目の済んだプルバ君たちを見送り，我々はランタン村までの，のんびり休養歩き。キャンジンを去る時，6年前を想い起こし，ジーンとくる。

　――あの時，ここではどうしていたと，歩く景色ごとに，亡き妻恵美子の嬉々とした表情，動作が思い出される。まさかこんな形でランタンを再訪するとは……。

　ホテル（ロッジ）もバッチィーも6年前に比べ増えているが，皆村人の自作で派手派手しいものはなく，周囲の景観をそぐこともない。あの時はランタン村は山奥の貧しい村に感じたが，今は活気のある村へ大きく変わりつつ

ある。

　ホテルもしっかりしていて，シャワーの温湯もしっかり出る。ヤク糞を入れ，ガス発生させ，台所のコンロへ給気する設備もある。

●二人の妻を持つ男

　昼食後，ホテルの庭で日向ぼっこしていると，上から太めの男性が下りてきた。このホテルの主人（Mr. リンゼン・ドルジェ・ザンバ）である。彼はにこやかに小生たちのテーブルに来て，分かりやすい英語で話しかけてきた。

　彼は1984年，日本に来て東京，名古屋，大阪，広島，長崎と旅したそうである。ネパールでは凄い資産家でないとやれないことで，単純な観光旅行ではなく，何か勉強の目的があったのだろう。彼は妻を二人持ち，今キャンジンの妻のところから，こちらの妻（我々のホテルのおかみさん）へ来たと堂々と言う。

　一瞬驚いたが，もともとチベッタンには，ちょっと前までは，そういう風習が残っていたので，チベッタン系の彼には不思議なことではないと思い，こちらも調子に乗って話す。

　「キャンジンとランタンで二人妻だといいなあ！　あちらで怒られれば，こちらへ逃げて可愛がってもらえるし，こちらで怒られれば，あちらで可愛がられるし」とひやかせば，彼も二人妻の良さを得々と話す。二人の妻は姉妹で姉（57歳）にはキャンジンのホテル，妹（41歳）はランタンのこのホテルをやらせている。

　姉妹が妻だと，互いに自分の姉や妹を可愛がってもらっていると思えば，やきもちを妬かれることもなく最高だなと，変なこと考える。話はエスカレートし，小生が妻を亡くし，独身だと知ると，彼はそれはいかん，妻を持つべしと言う。小生はもう69歳だから，今更駄目だと言えば，自分は71歳で二人だ，その考えはダメだと説教される。

　それで小生も調子に乗って，自分はネパールの女性が好きだ，チベッタン，シェルパ，タマン，頷いていた彼が，チェトリーと言った途端，「NO，NO，チェトリーNO!」と来た。

　何故か分からなかったが，次にネワリーと言った瞬間，「OH! YES, YES!」と大きく手を振る。この時も何故か分からなかったが，あとでハハーンと思

ランタン村の長いマニ石（経文塚），後方ガンチェンポ

い当たり，独りニヤリとした。

話は6年前と全然違う今のランタンの活気についての感想に，彼も「そうだ，村が良くなった」と答える。「あなたはランタン活況のパイオニアだ」に大きく頷く。

後でニマ君から，「彼は冬はカトマンドゥで過ごしている。そこは奥さんたちに内緒の女性がいるらしい」と聞き，先ほどネワリーと言った途端，嬉しそうにYES, YESと連発したのは，その女性がネワリーに違いないと思いつく（注：ネワリーとチェトリーは似ている）。

ホテルの日常業務は全て二人の奥さん任せだが，設備や備品の設置，改善，調達は彼の仕事だろう。奥さんたちを村に残し，独りカトマンドゥへ出かける名目，目的はそういう情報収集や打合せか？　奥さんたちも分かっていて寛容に黙認しているのか？

あの，下のゴラタベラの大きなホテルは姉妻との長男が経営している。

夕方，村外れの長いメンダン（マニ石の群列）へ上がる。ここも思い出深い所で，メンダンを前景に名峰ガンチェンポを撮りたいからである。「良いモデルが通り掛らないかなあ」と待っていると，ヤクを引き連れたおじさんが，向こうからやって来た。

これはシメタ！　来年は丑年，今度の年賀状はこれで決まり。

▷11/11　ランタン（3400m）〜ラマホテル（2400m）〜リムチェ（2440m）

ランタンを去る時，主人のリンゼン氏から「今度はティルマン・パス（5320m）を越えて来てくれ」と別れのエールを送られたが，それはもう無理だろう。ガンジャ・ラよりもう一つ東の尾根で，ガンチェンポの東肩を抜けるハード・ルート。今はやれるかも知れないが，数年先ではとても自信ない。

ラマホテルは地名だが6年前は往復共ここに泊まった思い出の地である。森の中の開けた所に数軒のホテルあるが，展望は効かない。

ホテル名も「Jungle View Hotel」,「Green View Hotel」とうまくつけている。展望が効かないのでここでは昼食だけにして,もう少し先のリムチェまで足を延ばした。

　ここで思わぬ奇遇。我々は2カ月前ドルポに入る直前,ジョムソンからムクチナートへ旅する一人の日本人女性と一緒になって以来,ドルポは番外としてもポピュラーなランタンやヘランブーでも一人の日本人にも出会ってこなかった。

　夕方,二人の日本人男性がホテルに到着。ジョムソン以来2カ月ぶりの日本人だが,驚いたのは日本人男性を案内してきたガイドが,ジョムソン時の女性のガイドと同一人物だった。彼もびっくり,懐かしがった。こういう奇遇の確率は宝くじ並み?

▷11/12　リムチェ(2440m)〜川(1600m)〜シャブル(2230m)

　シャブルに上がって驚いた。段々畑に沿って建つ家々は6年前と変わらぬし,畑や周囲の景色も全く同じだが,その農家の半分以上はホテルの看板を掲げている。以前は上方のゴンパの近くに,大きいホテルが数軒あったのみで,今回もその辺に泊まるのだろうと登っていたら,村入り口近くでたむろしていた主婦族の中から一人が出てきて,ニマ君に話しかけながら一緒に登る。やがて看板が「Everest Hotel」の大きな農家ホテルへ行く。

　その庭先で休憩,茶を飲む間,ニマ君は家に入り,チェックして「今日はここに泊まりましょう」と。中に入ってみると,部屋もいい,眺めも良い。あとで上へも散歩がてら出掛けたが,ガネッシュの展望は位置的に一番で,しかも団体客の大きなホテルでざわつく上と違って,たまたま今日は我々のみの貸切ホテル。

●シャブルのホテルによるドラフト制

　これだけ村の農家が並ぶと,客の取り合いになるのは当然。そこで,おかみさん方がやりだしたのは,朝から抽選して客のスカウト順を決めようというもの。プロ野球のドラフト制と全く同じで,客にも拒否する権利はある。たまたまこの日は我々が一番に登って来たので,一番クジを引いたおかみさんが優先権をもってニマ君に交渉してきたのである。

昼食を注文したら，おかみさんは子守をしながら，何かと忙しそう。一体飯はどうなるかと思っていたら，出来たので中のダイニングへ入ってくれとのことで行くと，コックはおとなしそうな旦那。いつマスターしたのか，このおかみさんばかりでなく村の女は英語がしゃべれる。おとなしく畑に出る男と違って，女は強い。村を変えてしまった。

発展途上国では男は従来の農業，女性が外人と直接接し金を得るのか，先年のモンゴルでもそうだった。女性の方が先進国の人と接する機会が多く，開けている。

シャブルの農家変身のホテル名が面白い。我々の「Everest Hotel」はオーバー過ぎるが，「Village View Hotel」は最もこの村らしい。「Sunrise View Hotel」，「Ganesh View Hotel」もこの村からの展望にピタリ。

前日，リムチェで顔なじみになった欧米人で，同じくゴサイクンドをめざす人たちが我々に声をかけながら，それぞれスカウトされたホテルへ上がっていく。

▷11/13　シャブル (2230m)〜シン・ゴンパ (3200m)〜チョランパティ (3580m)

シャブルより急坂を登る。上から子供たちが学校へ遅れまいと駆け下りてくる。とても真似できることではない。やがて森の中へ。この地域はレッドパンダの保護区であるが，残念ながらお目にかかれない。その代わり銀色のネパールモンキーがあちこちの木の上から我々を見張っている。しばらくその撮影に夢中になるが，警戒心が強く，近くには来てくれない。高い枝から枝へ3m位飛び移るのは凄い。

尾根に出た所にロッジがあったが，シン・ゴンパで昼食とした。シン・ゴンパは改装中で中の観音様も青空天井だったが，美しい立派な観音様である。

チョランパティは森の中の大きな2軒宿。宿の周りにちょいと上がれば，ガネッシュやランタン2からチベット国境の山々がズラリと見え，夕日の雲海もきれいだった。

▷11/14　チョランパティ〜ゴサイクンド (4280m)

出発してしばらく急坂を登り，数軒のホテルが立つロウレビナ (3900m)

に着く。ここからの眺めは一段と素晴らしい。近くにガネッシュが高く聳え，隣にマナスル，遠くアンナプルナ連峰も浮かぶ。

　ここでティーを入れ，展望を楽しみ，ゴサイクンドへ向かった。高所の体がしっかりできているので，チョランパティから3時間で楽にゴサイクンドに着いた。

　ホテルも数軒あり，シーズン終わりに近いので客は少ない。昼食後，湖の周りをゆっくり巡って楽しみ，夕刻，ホテルの北壁の山へ200m位登ると，素晴らしい展望の尾根へ出てガネッシュ，マナスル，アンナプルナの眺望が開け，夕日が沈むまで眺めていた。雲海の輝きも素晴らしかった。

　ガイドブックにはこの尾根のことは一言も書いてないが，この尾根はゴサイクンドへ来た最大の収穫だと思った。山上湖ばかりで展望の素晴らしさは予想していなかった。

　リムチェのホテルで馴染みになった国連勤務のスペイン人カップル以外登って来る人はおらず，おそらく大半のトレッカーはこの尾根からの展望を知らずゴサイクンドを去っている。ここまで苦労して来たのに，実に勿体無い。

▷11/15　ゴサイクンド（4280m）～峠（4500m）～ゴプテ（3300m）～タレパティ（3550m）

　峠まではゆったり登りでたいしたことはないが，峠～ゴプテの下りは結構厳しい。

　谷のトラバースが多いためアップ・ダウンが多い。逆コースで歩いて来る人もいるが，急勾配でもあるし，大変だろう。

　コプテのロッジで昼食をとり，またしばらく下って森の中をタレパティーへ登り返し。森の切れる手前に庭園風の草地が開け，周囲に株状のシャクナゲが沢山。葉が小さい種類なので，紫か黄色の上品な花が咲くだろう。

　そこからほんの一登りで数軒のホテルが立つタレパティへ。我々は一番上のホテルへ入った。そこからは東方の展望が素晴らしく，ガウリサンカールやロールワリンの山々や，懐かしいピケピークまで見え，ここもヘランブーのうちだがこの旅のスタートとなったタルケギャン他，ヘランブーの集落が見下ろせ，とうとう戻って来たなの感である。

ヘランブー西尾根より望むランタン山群

▷11/16 タ レ パ ティ（3550m）〜 ク ツ ム サ ン（2430m）

タレパティでの夜明けは荘厳そのもの。謬々と連なるシルエットの峰，その上方の雲が赤く染まり，やがて太陽がロールワリン辺りの峰の上に上がってくる。

クツムサンへは快適な尾根歩き，両側は見事なシャクナゲの森，所々展望も開け，歩いていて気持ちがよい。ますますヘランブーが好きになった。

途中，ロッジでティーを飲んでいたら，日本語のできる60歳位のオーストラリアのおじさんが上がってきた。以下，その時の会話。

「高校時代，日本語を勉強しましたが，もう忘れました」，「いやいや，なかなか上手です」，「昨年は白馬，志賀高原，富良野にスキーに行きました」，「うわっ，それはリッチ。自分たちは，高くてそんな所へは行けません。それでネパールです」，「日本は円が高くなり，なかなか行けません。来年は野沢スキー場へ行きたいです」，「野沢はスキーやるには一番良い所です。民宿も安くてあるし，スキーの指導体制もしっかりしています」，「そうですね。民宿は6000円位で料理も良いそうですね」……ここまで知っているとは驚いた。

「あの辺は酒も旨いですよ」，「おー，それはグッドです」と大笑い。ヘランブーの旅はこういう楽しさがある。

ヘランブー自体には特に目立つ景観も観光要素もないが，豊かな自然と素朴でのんびりした環境が人の心を安らげるのか，楽しい出会いが多い。

クツムサンには昼に到着。洗濯物を干して緑の庭でのんびりと過ごす。クツムサンの宿も好きだった。

▷11／17 クツムサン（2430m）〜チソパニ（2150m）

地図では標高差300mでゆるゆる下りの楽な道かと思っていたら，それが大間違い。

アップ・ダウンの連続で，感覚として，登っているのか下っているのか分からないくらい。

最後の450mは急な登り，途中バッティーでの昼食がボリュームたっぷりだったので良かったが，長距離を歩いて最後に急登なのはまいった。

クツムサン辺りまでがシェルパ族で，チソパニはタマン族の村。食堂は一般のレストラン・スタイルで，ヘランブーでのストーブ囲みではなくなった。

チソパニまで下ると，西方にマナスルやアンナプルナも見え出すが，空気がかすみゴサイクンドのような素晴らしさはない。

▷11/18　チソパニ～スンダリジャル（1460m）

チソパニからしばらくは森の中，登りが続くが，後半はどんどん下る一方，下りにかかり出てくる集落はチェトリーの村。

スンダリジャルでカルマ君がワゴン車をチャーターして出迎え，カトマンドゥまで1時間。楽しかった旅は終わった。

●最後に

ドルポに続いての旅で，欲張りコースだったが，ガンジャ・ラ越えの一日以外はのんびり楽しく歩けた。ドルポでは季語集片手に連日1句できぬものかと，頭をひねっていたが，ここの旅は，その反動か何も考えず，ばか話をしながらの旅だった。

ランタンもゴサイクンドも素晴らしかったが，もう行くことはないだろう。しかしヘランブーはまた行くであろう。わざわざヘランブーのためネパールへ行くことはないが，大きな旅の後のくつろぎや整理に，ヘランブーのダイニングのストーブにあたりながら，のんびりと過ごしたい。晩秋か初冬ならばセルマタン～タルケギャンで，春シャクナゲのシーズンならば，直接クツムサンへ上がり，タレパティへの道を歩き，メラムチガオン，タルケギャンへ下って行きたい。

ヘランブーを旅するには少しは英会話ができると，もっと楽しいだろうが，これは望めそうもない。何年先になるか分からないが，ここを歩くのはまだまだ心配ない。

ムスタンの大地（ゲリン村の朝），後方はアンナプルナ連峰

中央ヒマラヤの北部辺境を行く

ムスタン〜マナン〜ナル〜プーガオン

(2010.7.7-8.9)

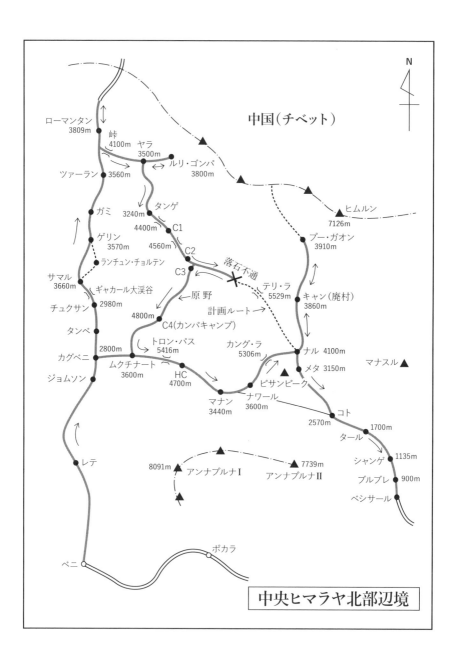

中央ヒマラヤ北部辺境

N

中国（チベット）

ローマンタン
3809m
峠
4100m
ヤラ
3500m
ルリ・ゴンパ
3800m
ツァーラン　3560m
ガミ
タンゲ
3240m
4400m
C1
4560m
C2
C3
ゲリン
3570m
ランチュン・チョルテン
サマル
3660m
ギャカール大渓谷
チュクサン　2980m
4800m
C4(カンパキャンプ)
タンベ
2800m
トロン・パス
5416m
カグベニ
ムクチナート
3600m
HC
4700m
カング・ラ
5306m
ジョムソン
マナン
3440m
ナワール
3600m
ピサンピーク
メタ 3150m
ナル 4100m
マナスル ▲
コト
2570m
1700m
タール
レテ
シャンゲ
1135m
ブルブレ
900m
ベシサール
8091m ▲ アンナプルナI
▲ 7739m
アンナプルナII
ヒムルン
7126m
プー・ガオン
3910m
落石不通
原 野
計画ルート
テリ・ラ
5529m
キャン(廃村)
3860m
ベニ
ポカラ

●旅の初めに

ムスタンはかつて塩の交易で栄え，何世紀もの間独立の王国であった。18世紀末ネパールの版図に入るが，政治的理由（中国－チベット抗争，仏教文化財の流出も？）から長らく外国人の立ち入りは禁止だった。

1991年10月より入域が許可されて以来，「ヒマラヤ最後の禁断の王国」としてトレッカーの憧れの的となってきた。私も大いに関心があったものの，入域料が高いこと，リエゾンオフィサー（連絡官）の帯同とその費用負担を考えると手が出なかった。

近年，かつての王都ローマンタンまでチベットからの車道が通じ，秘境としての趣が失われつつあるのでは？ との懸念も生じた。一方で入域料の低減，リエゾンオフィサー帯同不要となり，ムスタンに行くなら今のうちだと決心した。

ムスタン・トレッキングは通常，入口カグベニからローマンタンまで3000〜4000mの高地を往復するルートであり，特に厳しいものではない。

一方，私にとってのもう一つの関心である，北の辺境の小さな村プー・ガオンへも行ってみたく，ムスタンから東へダモダルヒマールのテリ・ラ（5529m）を越えてプーへ向かう計画を立てた。世界の岳人が幾組も通っていないだろうこのルート，果たして通れるのか？

ムスタンとプーと二つの目的地をつなぐテリ・ラへの挑戦が探検的要素たっぷりで，私の心を目的地以上にワクワクさせた。

2年前から計画はできていたものの，こういう長期で厳しい旅となるとパートナーを得るのが困難だが，山旅での偶然の出会いで意気投合した田中氏と彼の先輩の山男，草間氏の賛同をいただいて実現。

カルマ君以下シェルパ族の若者たちの献身的サポートで，楽しく充実した旅となった。自然の厳しさに計画通りには進まなかったものの，貴重な体験の連続や，その地に立った感慨には計画以上に収穫があった。以下，この旅の記録である。

●万歩計の活用

日々のスタート地点から到着点までの距離を万歩計で推測してみた（1ヵ所でのウロウロ歩数は除く。即ち一日の総歩数ではなく区間距離分だけの歩数）。

＊基準：ジョムソン街道のレテ〜ジョムソン間24kmの実測− 40000歩＝0.6m/歩＝やや登りの場合の小生の歩き。これをベースに，その日の状況で歩数に0.55〜0.65を乗じる方式で区間距離を記録してみた。

●全体行程

7/7　カトマンドゥ（7：30）〜ポカラ（昼食）〜ベニ（17:00）チャーター・バス

7/8　ベニ〜タトパニ〜レテ

　　　　　　　　　ジョムソン街道路線バス，崖崩れ乗り継ぎ間の歩行9km

7/9　レテ〜ジョムソン（4万0600歩− 雑歩き600歩＝4万歩）　　　　　24km

　　　　　＊これより0.6m/歩で算出する。

7/10　ジョムソン〜カグベニ（2800m）　　　　　1万2400歩＝7.4km

7/11　カグベニ滞在，ロバ隊合流

　　　　大矢＝カリガンダキ対岸のティリ・ゴンパへ往復　　1万歩＝6km

　　　　草間，田中＝ムクチナートへ往復

7/12　カグベニ〜タンベ（3060m）〜チュクサン（2980m）

　　　　　　　　　　　　　　　　　2万2000歩＝13km

　　　　午後チュクサン内散策，洞窟ゴンパ，河原でアンモナイト探し

7/13　チュクサン〜チェレ〜ギャカール大峡谷〜サマル（3660m）

　　　　　　　　　　　　　　　　　1万4000歩＝8km

7/14　サマル〜200m下り〜400m登り〜500m下り〜ランチュン・チョルテン（大洞窟ゴンパ）500m登り〜シャンボチェ（3800m）〜ゲリン（3570m）

　　　　　　　　　　　　　　2万1900歩＝12km（0.55m/歩）

7/15　ゲリン〜ニ・ラ（4010m）〜ガミ（3520m）〜ツァーラン・ラ（3870m）〜ツァーラン（3560m）　　　　　3万0200歩＝16.6km（0.55m/歩）

7/16　ツァーラン〜ロー・ラ（3950m）〜ローマンタン（3810m）

　　　　　　　　　　　　　　　　2万0600歩＝12.4km

　　　＊ジョムソン〜ローマンタンの距離：万歩計計測合計＝69.4km

　　　　　　　　　　　　　　　　（計画時予測＝74km）

　　　ジョムソンでの公式表示＝85km（車道距離）

　　　ムスタンは予想以上にあちこち車道が延びている。旧道でショートカッ

トして歩いた差と見て，万歩計計測はほぼ正しいと見たい。

7／17　ローマンタン滞在，北方ジョサールへ（往復約20km。乗馬を楽しむ）

7／18　ローマンタン～4100m峠～ディー（3400m）ヤラ（3500m）

$\qquad$ 2万8900歩＝18.8km（0.65m/歩）

7／19　ヤラ滞在，ルリ・ゴンパ（3800m）往復　　　　　1万7200歩＝10km

7／20　ヤラ～峠～デチャン・コーラ渡河（乗馬），アンモナイト探し～峠
（3800m）～タンゲ（3240m），今回ムスタンでの最後の集落

$\qquad$ 2万2800歩＝17km

7／21　タンゲ～峠（4300m）～テリ・ラC1（4200m）

$\qquad$ 1万5900歩＝8km（0.5m/歩）

7／22　C1～タンゲ峠（4560m）～廃村跡（4160m）～（4300m）～テリ・ラ
C2（4150m）　　　　　　　　1万9500歩＝11km（0.55m/歩）

7／23　C2テリ・ラ手前のガレ場（4600m），上部からの落石頻発でテリ・
ラ越え断念。退却してムクチナートへ抜け，マナン経由でプーへ向かうこ
とに。～C3（4030m）＝C2下のヤク・コーラ河畔　　1万7000歩＝10km

7／24　C3（4300m）～ヤク・コーラ徒渉～段丘（4600m）へ急登～ヤク道を
山腹廻り～谷（4100m）へ急降下，徒渉～草原（4500m）へ急登～山腹廻り
（4400～4500mを上下）～C4（4080m）へ急降下……終日，道無き原野を放浪
の感　　　　　　　　　　　　　　　　　2万1700歩＝13km

7／25　C4～谷徒渉～草原（4000～4300m）～ムクチナート（3600m）

$\qquad$ 3万6600歩＝20km

7／26　ムクチナート（3600m）～トロン・パス（5416m）～トロンHC
（4700m）　　　　　　　　　　2万7600歩＝14km（0.5m/歩）

7／27　HC（4700m）～マナン（3440m）　　2万9500歩＝19km（0.65m/歩）

7／28　マナン滞在，ブラガのゴンパ，マナン上村散策　　1万3700歩＝8km

7／29　マナン（3440m）～ナワール（3600m）　1万5700歩＝10km（0.65m/歩）

7／30　ナワール滞在，天候不良

7／31　ナワール（3600m）～カング・ラ（5306m）～ナル（4100m）

$\qquad$ 2万9900歩＝18km

8／1　ナル（4100m）～ナルフェディ（3500m）～キャン（3860m）

$\qquad$ 2万4000歩＝15km

8／2	キャン（3800m）〜プー・ガオン（3910m）	1万3700歩＝8km
8／3	プー滞在，ヒムルン（7126m）の見えるカルカ（4400m）へ往復	
		1万2300歩＝7km
8／4	プー〜キャン〜メタ（3550m）	3万2000歩＝19km
8／5	メタ〜コト（2570m）	3万1700歩＝21km（0.65m/歩）
8／6	コト〜タール（1700m）	3万4200歩＝22km（0.65m/歩）
8／7	タール〜シャンゲ（1135m）	2万4900歩＝15km
8／8	シャンゲ〜ブルブレ（900m）〜バスでベシサールへ	2万4000歩＝14km
8／9	ベシサール〜（ツーリスト・バス）〜カトマンドゥ	

総歩行距離（ルートのみ）367km

PART-1　ムスタンの旅

1　ジョムソン街道を北上

　ムスタンの玄関口カグベニへは，春秋の乾季はすぐ近くのジョムソンまでポカラから有視界飛行でアンナプルナ，ダウラギリを眺めつつあっという間に飛び込むが，夏は雨季のため1週間待ってもフライトできないことが多い。そんな当てにならないフライトより，陸路でジョムソン街道を北上しようとなった。

　東にアンナプルナ，西にダウラギリと8000m峰に挟まれた世界一深い大峡谷に，ムスタンを源流とするカリガンダキ（黒い河の意）が流れ，これに沿った道がかつて「塩の道」として栄えた歴史豊かな街道である。いろいろな想いを馳せながら，景観を楽しみつつ歩けるこの街道は，小生も好きで過去二度歩いている。

　三度目の今回は状況が変わってしまった。ネパール政府も馬鹿なことをしてくれたと思うが，ここに車道を造ってしまったのである。そんなに反対なら車に乗らなければよいのに，と言われるかも知れないが，誰でも山に林道ができれば歩かず車を利用するのと同じ心情である。まして今回の目的はカグベニから先であり，それまでの行程は極力短縮と割り切って路線バスで北

上とした。

　7月7日，カトマンドゥからチャーターバスに我々トレッカー3人とスタッフ14人，荷物を満載して一気にジョムソン街道の入口（上からは終点）ベニに着く。

　ベニは奥地とポカラを結ぶ物資流通の起点となる大きな町。ダウラギリ周遊時のスタート，ゴールとなった懐かしい町でもある。これから1カ月の山旅，頭ぐらいはサッパリしておこうと散歩がてら床屋に行ったら，何と30ルピー（約45円）。これからトレッキングの前後はネパールで散髪と決めた。

　7月8日朝早くから，路線バスの屋根に荷物を固縛した若者たちはそのまま屋根に乗車。大揺れのバスではあるが，タトパニまで2時間。かつて一日かけて山道を下ってきた思いをすれば楽ちん楽ちん。

　しかし自分なりの傑作写真「タトパニの吊橋」や，懐かしい河辺の露天温泉を何の風情もなくあっという間に通り過ぎ，商店街をバイパスした時はどこを走っているのか自分の感覚が狂ってしまった。

　予想していたことだが，山を切り崩して造った道路は崖崩れによる大石がゴロゴロで，時々それを除去しながら横のカリガンダキの激流に弄ばれるように揺れ走る。土砂，大石除去がどうにもならぬ所は，乗り換えのため，乗客は次のバス停へ向かう。スタッフはその都度，屋根から荷物を降ろし，担いで移動。何とかレテまで入れた。

　　バス泳ぐカリガンダキの車道かな
　　バス揺れるしっかり稼ぐ万歩計　（バス内で14000歩）

　7月9日，ジョムソンへ入る日である。レテから24kmあるが，この区間はかつて塩で栄華を極めたタカリー族の集落や石畳のきれいなマルファ村，それに山の景観と，ジョムソン街道で一番見どころの多い所である。

　本来がこの街道の車道化反対の気持ちもはたらき，我々3人とカルマ君は歩くことにし，スタッフと荷物はバスでジョムソン行きとした。

　大した産業のないネパールではヒマラヤは貴重な財産であり，世界各国か

ら多くの登山者，トレッカーが訪れ，その外貨で国の経済が何とか成り立っ
ているようなものである。

　このジョムソン街道はトレッキングでも一番楽に巨峰を眺め，歴史的楽し
みも味わいつつ歩けるルートである。かつての「塩の道」の宿場村はトレッ
カーを受け入れるロッジへと変身し，周辺の農家は野菜や鶏などをロッジへ
買い取ってもらえるし，それらを運ぶロバ隊，ポーター業と多くの人たちの
生活サイクルがこの街道に関わっている。世界の人々はここへわざわざ歩き
に来ているのである。

　車道化すれば訪れる人々も激減し，これらの生活サイクルも成り立たなく
なってしまう。一部の地域に利益が集中するが，それでも全体のパイが小さ
くなってしまう。奥地の住民に便利さが得られるといっても，元々ジョムソ
ンには空港はあるし，陸路を使うにしてもこんな悪路ではバスより馬が早い。

　すぐに崖崩れを起こす道路のメンテナンス費用も大変なはずである。こん
なバカバカしい道路を造る政府が腹立たしい。ヒマラヤが生み出す金に匹敵
する産業を興し，そのために必要な道路なら国民のためであろうが，現実に
そんなビジョンはなく，ヒマラヤそのものを壊していると言っても過言では
ない。シーズン・オフの落ち込みもあろうが，昨日来，かつて賑わっていた
所が取り残されたようになっているのを見るのは寂しい。あの茶店やロッジ
の人たちは今どうして生活しているだろうか，と……。

　晴天ではあるが山麓より次々に雲湧き上がり，ダウラギリもアンナプルナ
Ⅰもピークを見せてくれない。特にレテは両山の恰好の展望地であるだけに，
初めての草間・田中両氏には残念なことである。

　タカリの旧家のブランデー工場で道中用のポケット瓶を買って，ジョムソ
ンまで元気に飛ばす。万歩計が40600歩を記録。出発前や工場分を引いて約
40000歩とした。ジョムソンのホテルの食堂に各地への距離の掲示があり，
レテから24kmとあり。小生のピッチは0.6m/歩と判明。以前から自分が普通
に歩く歩幅は60cm位だろうと思っていたので，これだけの距離を歩いてピッ
タシだったことで，今後の距離測定に大いに自信が持てた次第である。

　7月10日，ムスタンへの入域許可，スタッフの食糧購入，ロバ隊との合流
などでカグベニまで。途中，エッカラバッティーの河畔でアンモナイトを探

したが，この辺は採り尽くされており見つけ得ず。

　7月11日，カグベニ滞在。草間・田中氏はここへ来たら仏教，ヒンズー教
の聖地ムクチナートへ高所順応がてら行ってこようと，カルマ君と出かけた。
乗馬してならいざ知らず，歩いての日帰りは大変である。

　まさか後日，再度ムクチナートを踏むことになろうとは思いもよらず。小
生は過去二度，ムクチナートへ行っているし，ムスタンの領域ではあるが，
カリガンダキ増水のため明日からのルートに外れる対岸のティリ・ゴンパへ
午前中往復した。

　美しい小村の丘の上の古いゴンパ。二人のラマと一人の老アニ (尼) でささ
やかにゴンパを維持して村のシンボルになっており，厳粛な気持ちになる。

　午後は，カリガンダキへアンモナイト探しと農作業の撮影がてら畦道を河
原へ向かう。馬鈴薯畑は草取りの真っ最中。横一列に並んで賑やかにおしゃ
べりしながら前進していく彼らの前は緑一面，後方は馬鈴薯の茎を残して見
事な土一色。

　「ナマステ (今日は)！」と一つ覚えのネパール語であいさつをしたら，「タ
シデレ！」とチベット語で返された (後で聞けば，このカグベニからチベット族
であるとのこと)。ついでに「加勢せろ」と身ぶり手ぶりで冷やかされ，大し
て役にも立たないが，抜かれた雑草をドッコで運んでやれば，手をたたいて
喜び，そのうち3時のティー・タイム。主婦がお茶や食器，モモ (ギョウザ)
をドッコに積んで畑に来た。

　小生もご馳走になった。その旨いこと！　こちらのモモは蒸し餃子で，小
生は日本流の揚げ餃子の方が好きであるが，ここでの分は別格でふんわりし
た口触り。何の具か知らないが，とろけるような味。絶品のカグベニモモ
だった。

2　異色，異次元の世界と桃源郷の中，ローマンタンに向かう

▷赤壁の世界チュクサン (2980m)

　いざムスタンへ！　カグベニ北側出口のチェックポストから先はもうムス
タン領域である。出口と書いたが本来はカグベニの入口である。カグベニ村

上：カグベニを後に北上　下：タンベの仏塔群

の守り神は北を向いている。即ち文明は北のチベットから入って来るというわけで、北向きが村の本来の姿である。

　出発するとすぐ、ガレ石の広い登り道（車道）。カリガンダキで腹いっぱい水を飲んだ数百頭の山羊の行列が、今度は草地を求めてせっせと登って来て、あっという間に我々に追いつき追い越してしまう。山羊はどんな急坂でもヒョイヒョイと元気に動き、きつそうなそぶりは見たことがない。馬でもヤクでも急坂の登りは結構あえいで立ち止まるのに、山羊はどうも

ないのだろうか？　山羊並みに歩ければ超一流の登山家なのだが……。

　車道は延びつつあり、昔の道とクロスしつつ歩くうち最初の村タンベが見えてきた。本や地図でここの仏塔群が頭にあり荒涼とした中の小さな集落をイメージしていたが、想像以上に畑地が広がる広い村だった。

　ここで昼食をとる予定だったが水がないため、すぐ通過して次の村チュクサンまで歩き通すことにした。

　チュクサン近くになると、カリガンダキ両岸は巨大な列柱のように浸食された赤壁や、その壁にズラリと並ぶかつての穴居集落跡に驚かされ、緑のオアシス村（チュクサン）との対比と相俟って異次元の世界へ来た感じだった。

　洞窟群は今では到底登れぬ高さにあり、かつては行けたのが永い年月の浸食で行けぬようになったのか？　川床の高さの変化もあったであろう。

チュクサンの赤壁

近年の考古学的調査では，約2000年前に使われ始め，西暦1200〜1500年頃までは村だったようだ。この穴居集落跡はムスタン各地で見られ，ここより更に大規模な所もあり，また現実に洞窟を利用したゴンパや生活も見られ

るので，その都度後述する。しかし赤壁と洞窟群はムスタンでの最初の大きな驚きだった。

▷ギャカールの大峡谷を経てサマル（3660m）へ

　朝日に映える赤壁を眺めつつ，カリガンダキに沿って次の村チェレへ。

　カリガンダキを渡って一登りしたチェレは小さな村ながら，ロッジ（看板はホテル）が多い。驚いたことにここに小さなブルドーザーがあるではないか。カグベニからタンベの手前まで車道はあったが，タンベの村内〜チュクサン〜チェレと車道は無く，とても車道を造れそうな広さもなかったが？　と。

　考えてみると，このブルドーザーは冬季カリガンダキの渇水期に川床を走らせて持って来ていたのである。とにかく部分的にであろうが造れる所はどこでも車道を造ってしまえの感である。自然の破壊はやめてくれ，と言いたくなる。まあ，壊されてしまわないうちに来られたのを良しとすべきか。

　このチェレから急坂を登り，荒野の道の後，ギャカールの大峡谷に入っていく。目もくらむような断崖を削った細い道，深い谷の上を対岸と繋ぐ大吊橋。カメラマンとしてはよだれの出そうな絶好のポイント。

　目的地サマルまでは近いし，仲間に先に行ってもらい，モデルが吊り橋を通るのを待った。残念ながら渡る村人は現れず，断崖道の下方より我がロバ隊が登って来るではないか。"よし，モデルはこれだ"と次々に激写！　しかし難しい。断崖のスケールを出そうとすればモデルが小さくなり目立たず，スケール感も出にくい。モデルを出そうとすれば断崖がカットされ過ぎ，これもスケールが出しにくい。中途半端になってしまった。

ギャカールの大峡谷を行く

サマルは村内にきれいな水路を引き込み，緑豊かな桃源郷。水路を利用した水車で粉挽きもやっている。

ロッジでいただいた出来たてのロキシーも軟らかくて旨かった。ロッジの女将さんはスラリとした美人の働き者で，主人は兄弟で一妻二夫の同居。一昔前のこの世界で生きていくには必要な制度だったであろうし，年寄りであれば前時代の名残としてうなずけるとしても，今の時代に，まだ50歳前後と見えるだけにどうも不思議な違和感を覚える。

チュクサンでもそうだったが，ロッジの庭がテント地で，キッチンや食堂はロッジの建物を借りる。このサマルのロッジはテーブルや食器収納棚，その他の調度品もきれい。

十数軒の小さな村であるが，今まで通過してきた村々より裕福で明るい感じである。奥地の北へ進むほど開けてくるのは，この地では"文明は北から"を改めて認識させられる。

ロバは一日の仕事を終え野に放されていたが，スノーレオポルド（雪豹）に襲われ，リーダー格のロバが首筋にケガをして手当てのため別のロバと交代することになった。ロバたちが民家の方に逃げたので，雪豹も深追いせず諦めたらしい。この辺はよく放し飼いの家畜が狙われるらしいが，雪豹は人前には姿を現さない。

▷大洞窟ゴンパ，ランチュン・チョルテン

翌14日，我々3人とカルマ，カルデ君の5人は街道を進むスタッフやロバ隊と別れ，巡礼の聖地ランチュン・チョルテン経由でシャンボチェ，ゲリンへ向かうことにした。

サマル村からすぐの街道から右の谷へ200m下り，前方の峠へ400m登り返し。ロバ襲撃の件があったので，峠側の岩陰から雪豹が我々をじっと警戒の

大洞窟ゴンパ，ランチュン・チョルテン

目で窺ってていないだろうか？　と空想しつつ歩く。

　一度は見てみたいものだと以前から思っているが，見るのはその糞だけで，カルマ君たちでさえ姿を見たことがないと言う（後日，小生のみ偶然のことから雪豹〔？〕と遭遇することになるのはこういう願望があったからか？　この件後述）。朝のうちだからアップ・ダウンも苦にならない。

　峠に着くと，前方にグランドキャニオンみたいな大光景が広がり，今度はその谷底めがけて脚がつんのめるような急降下。500m下の谷底の流れに着いたら，脇の流れの前方，絶壁の高みに洞窟が口を開け，赤いゴンパの壁が見える。こんな凄い所にゴンパとは！　と驚き登っていくと，その立派さに更に驚かされた。

　急な石段を登り，門をくぐると大洞窟の入口。たまたま堂守のラマは不在であったが，巡礼宿に使われる石造りの小屋もある。洞窟は間口40m，奥行き20m程のドーム型鍾乳洞で，仏像が描かれたチョルテン（仏塔）が並び，天井から無数のカタ（儀礼用スカーフ）が垂れ下がり，巨大な鍾乳石が御神体として聳え立っている。

　洞内の至る所にオム・マニ・ペメフム（チベット仏教の真言）が刻まれ，現実の世界とは思えない神秘の霊場の雰囲気を醸し出している。荒涼としたグランドキャニオン的大峡谷の中に孤立するゴンパの存在感に圧倒されてしまった。

　きつい思いをして訪ねて良かったとつくづく思った。そうはいっても，シャンボチェへの登り返しはきつい。谷底からの風に押し上げてもらうようにシャンボチェへ辿り着き，先行していたキッチンスタッフの昼食にありついた。

　ゲリンまではひと歩き。峠を越えて上から見下ろすゲリンの田園模様が美しい。黄土色に囲まれた盆地の中に麦，ソバ，菜の花の色彩が見事で，集落

オアシスの村ゲリン

は樹木も多くオアシス村の典型である。30戸位の村で，周囲の丘陵は禿山(はげやま)なのに，盆地は緑豊かで面積も広い。村内をきれいな水路が流れ，天然の芝生広場もあり，そこで洗濯や子供たちが水遊びに興じている。ロッジの建設が賑やかに行われており，男は石工や木工の技術的分野，石や資材運搬の力仕事は女である。

　見ていると，そのロッジの主人らしい男性が小生を建物内へ招き"どうだ？"という表情。柱，梁の立派な骨組みをほめてやると嬉しそうにうなずく。

　テント近くの草原の流れへ洗濯に行くと，20m位上に食器洗いに来た若い女性から，「こっちの水が良い」との声がかかり，片言英語で楽しく語らいつつ洗濯。実にのどかな桃源郷である。

▷ツァーランへ

　7月15日，朝から快晴。昨日，シャンボチェまで峡谷の中を歩いたので，いつの間に車道歩きになったのか気付かなかったが，ゲリンを出てすぐ迂回する車道とクロスする時に，これよりチベットまで車が通じたのかと改めて認識させられた。まだ車が走っているのは見ないが，数年先には中国車が北から続々と入ってくるであろう。しかし，この世界は馬やロバが似合う。

　村を出て来し方遥か南を振り返れば，アンナプルナ連峰が真っ白に連なっている。そこへ朝出勤の山羊たちが土煙を上げながら我々の方へ登って来る。素晴らしい光景に山羊に負けじとカメラ・ポジション取りに走る（283頁写真）。

　ニ・ラ（4010m）を越えて，次の村ガミまで3時間。上から見ると，ガミもゲリンと全く同じような光景と規模のオアシスの村である。村名も似ているので，どちらだったか，よく勘違いする。

　ガミでロッジを借りて昼食。村を出て対岸の段丘に登ると，「魔女の腸(はらわた)」といわれるメンダン（マニの壁）がバックの赤壁の山とマッチして赤，黒，白

ムスタン最大のツァーラン・ゴンパ

の色彩豊かに大蛇のように
うねる。パドマサンバが魔
女を打ち破りムスタンを仏
教のパラダイスにした，と
の伝説の地である。その奥
の谷ダクマルの大きなチョ
ルテンも赤壁と同じ色彩。

それから一気にツァーラ
ン・ラ（3920m）に登ると，
眼下にゲリン，ガミの数倍も広いツァーランが広がった。ムスタン随一とい
われる巨大なカンニ（仏門）をくぐり，ツァーランの領内へ入る。

ホテルの裏庭がテント地で，落ち着いてから大ゴンパへ出かけた。ラマ
100人を超えるムスタン最大の僧院である。丁度偉いラマが来ておられるの
でプジャ（祈りの儀式）があっているところで，我々も参列を許された。さ
すがにホールの規模，安置されている仏像群，周囲の壁画など，今回に限ら
ず従来見てきたゴンパのそれらとは格の違いを感じさせる荘厳さである。

偉いラマにカタを掛けていただき，仏教のことは何も分からずとも厳粛な
気持ちで参列した。

▷ローマンタン（3810m）へ

7月16日，いよいよ憧れの地ローマンタンへ向かう。黄土の平原を緩やか
に登りつつロー・ラ（3950m）へ着くと，広い緑のオアシスの中に，これま
でなかった城郭で囲まれた集落ローマンタンが，かつての王国らしいたたず
まいを見せた。

更にその北方にも広い緑の盆地が広がり，その奥にチベットとの国境をな
す山々が連なっているが，そう高い山脈ではなくチベットからの車道が容易
につながったのが理解できる。

ツァーランから4時間でローマンタンに入る。ほとんどの民家は城郭の内
にあり，城郭外回りの道路に面してロッジや店がある。道路の反対側がト
レッカー用のキャンプ地として宛がわれ，我々もその一画に入った。秋は各
国のトレッカーで賑わうらしいが，今はテント隊は我々のみ。

城郭都市ローマンタンより来し方南望

　ムスタンは夏が一番美しいと思えるが，雨季はトレッキング・シーズンではないとの固定概念が世界中に浸透しているのか？　実際にはムスタンは乾燥地帯であり，夜小雨が降った以外一日も降られることなく歩いてきた。ローマンタンでは2泊して北方のジョサール地方へも出かけることにした。

▷チャムバ・ゴンパ

　ローマンタンへ入った日の午後は城内見物をした。その中で強烈な印象を受けたのが，チャムバ・ゴンパの仏教美術の凄さである。1448年の建立とされるお堂は今，修復作業の真っ最中である。

　ヒマラヤの至宝といわれるこの建造物は，1，2階吹き抜けの堂内に本尊の弥勒坐像が台座含めて約15m の高さで鎮座している。先に2階に上がると，数人のムスタン女性が熱心に壁画の修復に取り組んでいる。

　足場も架設された広い範囲の壁画で，傷み，剥げ落ち，原画を留めない箇所も多い。今まで，村のカンニ内側のマンダラ絵やゴンパの壁画の損傷がひどく放置されたものばかり見てきたので，ヒマラヤから絵師が消え去ったと思っていた。それだけに，ここの女性たちの仕事に映画のシーンを観るような気持ちだった。

　すると，足場の陰から若い素晴らしい美女がにこやかに現れ，この修復作業についていろいろと説明してくれた。彼女はフランス人で仏教美術を学び，ここの女性たちに壁画修復を細かく指導している。

　彼女曰く，「日本の絵具（顔料か）が特に優れているし，手に入れたい。そのため来年は日本に行くつもりだ」と。彼女自身この世界この土地に心から惹かれているからこそ，不便な世界で何年もかかる根気のいる活動がやれているのである。　彼女の頑張りを祈り，別れの握手をして1階へ下りた。そ

こではこの復旧プロジェクトのリーダーであるイタリア人男性が案内してくれた。彼はここで12年という。照明暗い回廊の中，見事な壁画が描かれているが，傷みが激しくまだ修復作業の手がつけられていない。溜め息が出るような回廊！　日本にも援助してほしい！　西洋人さえ東洋のこの宝を救おうとしているのに！

▷ジョサール地方と穴居集落

　以前は，ローマンタン城郭の北へ外国人が入るのは禁止されていたが，北の住民からこちらへも来させるべしとの声が上がり，数年前からジョサール地方へも許可された。

　大きな起伏はないが，歩いて回れば20km以上ある。乗馬は馬方付きで一日1000ルピー(約1500円)。怠け者の小生は即OK。草間，田中氏は歩きたいとのことで，遠慮なく小生のみ楽ちんをさせてもらった。馬上は視点が高く，カメラにも有難い。

　ロッジ建設の高所作業，運び作業，庭での機織り，畑の中，家畜エサ満杯のドッコ上に子供を乗せた母親。どこを見ても働いているのは女性ばかり。ムスタンの女性は本当に働き者で強い。したがって老若問わず，皆スラリとしたスタイル。しかも優しい顔立ちをした美人が多い。

　奥地へ進むと穴居集落跡の洞窟群が目立ち，しかもこの洞窟を半分利用した住居も多い。生きた穴居村である。「穴居＝原始的」ではなく洞窟の有効活用である。最初に訪ねたニブ・ゴンパも大きな洞窟寺院で，比較的新しく，壁画も鮮やかである。太ったラマがにこやかに応対してくれた。村の老人がラマに何か相談事にやって来た。

　こういう世界ではラマは仏教ばかりでなく医者，教育，その他よろず相談を全て受け持つ。彼は執務テーブルで話を聞いてから，何事か書いて老人に渡した。老人は恭しく受け取り，それを手に横の岩山を目指して登っていった。何かのおまじないか？

　もう１カ所，古いゴンパを訪ね，近くのロッジらしき民家で簡単な昼食。この家の若い嫁さんが機織りしているのを撮らせてもらう。恥ずかしそうに照れていたが，目が輝いて生き生きとした表情が素晴らしい。

　この後，穴居跡群の場所で実際に中に入った。高い所にあるが下の１カ所

に入れば中でハシゴがあり，左右上下の部屋へ迷路のようにつながる。各部屋に生活の痕跡もあり，照明は勿論ないが，横穴からの光があるので，文字に縁がなくしかも視力抜群の昔の住人にとっては不便な生活ではなかったであろう。

広範囲にゆっくり見て回ったので，ローマンタンに戻った時は王様（ラージャ）に面会できる時間を過ぎてしまった。

翌朝，ローマンタンを去る時，もう一度城内を回って出ていこうと，王宮の前を通りかかったら，たまたま王様が従者を一人連れて朝の散歩にと出て来られたのにバッタリ！　何というラッキー！　左手に数珠，上品で穏やかな表情の方だった。もう来ることはないが，思い残すことなくローマンタンをあとに次の目的地へ向かった。

3　ムスタンの辺境を行く

ムスタン自体が従来「秘境ムスタン」といわれテレビでもそのように紹介されてきたのに，わざわざ「ムスタンの辺境」とは何事か？　となるが，私にとって今まで歩いてきたムスタンの感じは「桃源郷」であり，「仏教王国」である。しかしほとんど車道が通った世界を「秘境」とは言い難い。これから歩く辺境が本当の秘境であり，ムスタンの自然の凄さを身体で感じた世界だった。

▷ディー（3400m）〜ヤラ（3500m）〜ルリ・ゴンパ（3800m）

7月18日朝，ローマンタンの城郭を出る。通常のトレッキングでは来た道をそのままカグベニへ引き返すわけで，この紀行文はここで終わることになる。

しかし旅はこれから中盤，来た道と同じなのはわずか30分，ロー・ラまでである。ロー・ラから左の丘陵の尾根上を歩く。丁度我がロバ隊が来たのでこれをモデルに撮り歩こうと，ロー・ラでローマンタンに別れを惜しんでいる仲間と離れ，ロバのペースで飛ぶように歩く。昨日馬上でたっぷり休養しているし，尾根上の道だけに爽快な気分。暑かったツァーランからローマンタンへの道が右下方に並行して見える。

突然，ロバ隊が左に曲がりながら下り始める。地図上にはこの尾根ルートは右折してツァーランへ下る道が記載されているだけで，左へ下る道はない。左前方にカリガンダキの凄い段丘と台地のうねりが展開しだした所で，ザラ場の凄い急坂。こんな光景をバックに撮れるとは！　と興奮しつつシャッターを切っては，滑るようにロバを追いかける。

　広い急斜面ではロバも斜滑降，そして切り返しのターンと，舞うように下る。迫力の中に優雅さを感じる。それでも滑るザラ場のため2頭のロバが横倒しになったほど凄いシーンもあった。こちらも必死である。

　シャッターを切る度に立ち止まるので，その分引き離される。この光景を絶対に逃したくないと，自分でも信じられぬスピードで下り追いかける。ロバは深い段丘の中へ消えていく。つんのめるような狭い急坂である

　それでもロバを追いかける。道の両側の岩壁を抜ける頃，傾斜もやや緩くなり，前方にカリガンダキの川床が広がり，手前下方の河畔にディーの集落ときれいな畑模様が入ってきたところで，緊張感から解放された。

　尾根道から標高差600mの急降下だった。こんなスピードでよく膝がもったものだと我ながら感心したが，滑りながら下ったので膝へのショックがなかったのだろう。これは下りのテクニックとして状況によっては今後も応用できる（71歳のポンコツでこんなことをやるのはバカか？）。

　ディーで仲間を待つ。後から来た仲間が「いくら急いでも大矢さんの姿が見えなかった」と驚いていたが，こういう事情で小生にアドレナリンが注入されていたのである。ディーの民家を借りて昼食。

　午後，カリガンダキの橋を渡って，東側支流沿いのヤラへ行き，民家の庭でテント。ここは連泊してルリ・ゴンパを訪ねる。

▷ルリ・ゴンパ（3800m）

　7月19日朝，お世話になったロバ隊と別れる。これからはロバが使えない世界へ入っていくため，荷物が減ったとはいえポーター諸君にはより頑張ってもらうことになる。

　久し振りに霧雨模様，しかしムスタンで是非訪れてみたいと思っていたルリ・ゴンパへ出かける。

　往路は山手のガラ村経由で行く。ヤラが最奥の村かと思っていたら，更に

上：ルリ・ゴンパ　下：ルリ・ゴンパ周辺の河岸段丘。
無数の洞窟群はかつての集落か

300m 高く登って息が切れかかる所にある小さな村である。なんでこんな辺鄙な所に住むのだろうとさえ思う。そこからやや下りつつ進むと，眼前に，浸食されて尖塔の形に削られた砂岩の柱が林立する景観が展開し，山上の砂岩尖塔部に赤いゴンパが乗っかっている（ルリ・ゴンパ）。曇り空なのが残念だが，青空であれば見事な光景だろう。

どうやってあんな所へ行けるかと思っていたら，麓に新しいお堂のゴンパがあり，そこから7〜10歳位の子供二人が出て来て，我々を案内する。細く険しい道を登って山上の洞窟寺院に着く。

内部はハシゴや狭い通路で結ばれた部屋に分かれ，高僧たちの塑像が安置されている部屋や，チョルテンが安置された石室がある。中でもドーム型天井のこの石室は凄い。

中央に立派なチョルテン，その上を覆う球形の天井・壁に描かれた曼荼羅絵には圧倒された。その様式から13世紀後半〜14世紀初めのものとされており，ローマンタンのチャムバ・ゴンパの壁画より100年以上古いということである。素人目で見ても絵の素晴らしさを感じるし，ましてこのドーム石室の雰囲気である。写真に収めたいと思ったが，他のゴンパ同様駄目とのこと。子供相手でも素直に従うことにした。残念だが罰があたるのが怖い。

外に出てゴンパを振り返ると，周辺の砂岩の壁に沢山の穴居跡洞窟が並ん

でいる。それらを眺めつつ「多くのラマや絵師たちが，それらの洞窟で生活しながら，あの石室ドームでチョルテンを造ったり壁画を描いていたのだろうか」と，遥か数百年昔の光景を想い描きながら下っていった。

　帰路は谷伝いでヤラに戻った。この谷の光景が凄い。河岸段丘の上部は浸食された砂岩列柱の縦縞が数キロの長さにわたり，その下部周辺に沢山の穴居集落跡。最初にチュクサンで驚き，ジョサールでは更に驚いたが，ここはスケールの大きさがそれらの比ではない。

　もしかしたらルリ・ゴンパの創生期頃，この辺はムスタンでも大きな勢力圏だったかも知れないと思う。こんな所を歩いていると，人類の歴史の中を歩いている気さえする。

▷ヤラの花嫁

　ルリ・ゴンパから戻り，テントでちょいと昼寝して４時のティー・タイムで外に出てみると，谷向こうの民家から仲間たちが戻って来ている。それに酒で足元ふらつく村人たちが何とか馬に乗り，飲酒乗馬で下って行く。

　何と「結婚披露宴に行き，ロキシーやバタ茶をごちそうになって来た。大矢さんは気持ち良さそうに鼾をかいていたので起こさなかった」と（心外な！そんなことなら叩き起こしてくれたらよかったのに！）。

　聞けば，花嫁はローマンタンの北，ジョサールからで，今日は披露宴の三日目。身内ばかりでなく，近隣の村ごとに招待しており，先程の酒酔い乗馬の人たちはディー村からだそうである。

　披露宴といっても，花婿はどこか仕事に行ってその場におらず，花嫁もおとなしく座っているのではなく，姑と一緒に客にロキシーやバタ茶をふるまったり，家事仕事をしているそうである。なかなか可愛らしい花嫁だったと仲間の絶賛。あげく「大矢さん，今から行って見て来なさい」とたきつける。そうまで言われれば会ってみたくなるのが人情。カルマ君の案内で出かけた。

　家に着くと花嫁が丁度外に出て来たのにばったり。丸顔の笑顔が可愛らしい明るい花嫁さんである。そこへ杏を袋に詰めた姑さんがニコニコ顔で出てきた。年配であるが，スラリとした長身の上品な美人である。一緒に写真を頼むと，花嫁さんはサッと姑さんに寄り添い，にこやかに微笑みかける。何

ムスタン東端の村タンゲのチョルテン

の屈託もなく家に溶け込んでいる。本当に明るいお嫁さんである。バタ茶をごちそうになり，杏をいただいて引き上げた。

この後，夕方遅くカルマ君が村改善に取り組むラマさんに水路の相談を受け，一緒に山手のチョルテンへ行ったら，姑さんと花嫁さんが仲良く畑仕事をしていたとのこと。カルマ君も驚いていた。ムスタンの女性は本当に働き者である。

▷タンゲ（3240m）へ，地球の上を歩く

7月20日，ムスタンでの最後の集落タンゲへ向かう。地図上ではヤラから一旦ツァーラン側へ戻り，途中でクロスするカリガンダキ沿いに行くのかと思っていたら，ここも地図にない現地道。

ヤラからすぐ昨日の谷を渡り，300m位登り台地を横切って，次の河（カリガンダキ支流のデチャン・コーラ）へ急降下。広い河原であるが，増水期のため黒く渦巻く急流で，深さも見えないし，我々にはとても徒渉できそうにない。すると，白馬に跨りもう1頭の白馬を曳いたおじさんが寄って来て，これに乗れと言う。言われるままに乗馬し，おじさんのガイドで河を渡る。流れは速いし，深さも見えないので余計緊張する。

小生が先に渡ったので，カメラを出してあとの二人を狙う。二人とも乗馬は初めてであり，しかもいきなりこの激流。緊張で顔がこわばっている。馬のおかげで渡れたが，先に渡ったプルバ君たちが我々には渡れないとみて，馬を確保してくれたのである。

昨日の雨の増水で上流からアンモナイトが流されて来ている。徒渉で下半身ずぶ濡れのスタッフの衣類や靴干しを兼ねてアンモナイト探しに興じる。この河には特に多いせいかプロも数人来ていたが，我々素人でも簡単に見つけられる。ただしプロのように高級なものは見つけ得ない。彼らは，黒く丸い外側だけでもその石の中が分かるのである。上手にコンコンと割ると，ペ

太古の海底

アになったきれいな模様
の化石が現れる。我々が
これはと思う黒石を強引
に割っても，中身は黒一
色。したがって，我々が
目をつけるのは外側にも
化石模様がはみ出した一
部欠け石。それでも結構
いいやつがある。土産屋
にあるきれいな物より，自分で見つけた物は大型だし，不細工でもうれしい。

　アンモナイト集めに興じた後は，広い台地を延々と登り，途中行動食で昼
食。4000m位の峠から緩やかに延々と下る。ムスタン中が見えるような広々
した展望，黄色や赤色にうねる台地，浸食の形状すさまじい河岸段丘。これ
らを眺めていると“地球を歩いている”という豪快な気分である。

　一般的には「大地を踏みしめて……」とか「大地に立つ……」との表現が
使われるが，もっともっと遙かにスケールの大きい気持ちである。これはヒ
マラヤが太古海底であり，今この地がその海底のうねりを見せているようで，
この辺の地形の豪快なスケールは，はるばるムスタンを訪ねて本当に良かっ
たと感じさせる最大のものである。

　この台地歩きの終点，タンゲ・コーラの河畔に見事なチョルテンが並ぶタ
ンゲ村で一応ムスタンの旅を終え，明日からは東方の北の辺境ナル，プーを
目指す旅となる。

●ムスタンの旅を終えて
　まだ旅の途中であるものの，次の目的地への転進を前に，改めてムスタン
の印象を整理したい。
1）地球の歴史，人類の歴史を肌で感じる旅だった。
　　色彩まだらにうねる大地，河岸段丘の壮烈な浸食，穴居集落群跡，ルリ・
　　ゴンパやランチュンの洞窟ゴンパなど，ヒマラヤのどの地域でも見られな
　　い強烈な異次元の世界であり，来て本当に良かった。
2）仏教美術……よく分からず，見た範囲も少ないが心打たれる壁画や彫像

である。13〜14世紀からのものとなれば，傷みつつあるこれらの保護，修復作業があまりにもお粗末。限られた範囲であり，そんなに膨大な金がかかるわけはない。わずか数人の西洋人ボランティアに任せず，ムスタンへの入域料を高く取っているネパール政府が車道よりこれを優先すべきだし，これほどの東洋の宝に対し，同じ仏教国日本として資金と技術の援助をしてほしいものである。

3）桃源郷ムスタン。オアシスの村々は美しく，人々も優しく，親近感にあふれている。今，無茶苦茶に車道を通そうとしている。村の生活は農業ベースながら世界から訪れるトレッカーにより潤い，ロッジの建設も盛んである。車が多くなった時，果たしてトレッカーが歩きに来るか？

　便利さと引き換えに失うものの大きさ，その選択を考えさせられる。現実にもうムスタンは秘境ではない。しかし未だ魅力は失っていない。今が一番大切な時である。

PART-2　テリ・ラへの挑戦と転進

　今回の旅は，ムスタンからマナンの北方ナルへ抜けて，最北の辺境プーへ行くのが大きな狙いであり，タンゲからテリ・ラ（5529m）を越えてナルへ果たして抜けられるか？　探険的要素たっぷりのこの挑戦は不安と期待にワクワクして臨んだ。数日間無人地帯を歩くので，地名無きため，テント地はC1，C2…とする。

1　テリ・ラへの道

▷タンゲ（3240m）〜峠（4400m）〜C1（4200m）

　タンゲはカリガンダキの東側支流タンゲ・コーラの河畔にあり，ムスタンの東外れに孤立したような集落である。どうして，ここからマナン側のナルへテリ・ラ越えのルートが存在するのか？

　計画当初は単純に，タンゲの住民が都会のポカラへ，マルシャンディー・コーラ沿いに出る近道ルートと考えていた。ポカラ方面への近道ルートには違いないが，タンゲ〜ナル間を住民が気軽に出かけるにはあまりにも長い無

デ・リラへの途中，川横に廃村跡

人の山道である。どうもかつての「塩の道」だったようである（この件後述）。

　タンゲでテリ・ラへの案内人を探したが，ルートを知っている者が少ないばかりでなく，村人には「この時期，テリ・ラを越えられたら，畑に恵みの雨が降らない」との迷信的反対もあったようである。

　ようやく5年前にテリ・ラを越えたという青年（デジメ君）が案内を引き受けてくれた。こういうルートは単純に道ばかりでなく，水場やテント設営をできる所を熟知していることが大切。長丁場を闇雲に進めばよいというものではない。

　7月21日，タンゲから広い尾根をひたすら登る。急坂ではないがこういう高所で1000m以上登るのは，順応しているとはいえ身体のエネルギーを吸い取られるきつさである。

　土質の関係か，期待していた花々はない。その代わり展望は素晴らしく，遙か北方チベットまで遮るものはない。峠（4400m）を少し下った展望の良い台地にテント。テリ・ラC1（4200m）。

▷ C1～タンゲ峠（4560m）～ C2（4150m）

　7月22日，C1からじりじりと360m登る。急坂でないから大したことはない。ところが峠に出た途端，びっくり！　足元から浸食された砂岩の谷がパックリと，幾つも切れ落ちている。「これを下るのだ」と案内人のデジメ君。ウワッと思ったが他に道なし。覚悟して，下る！　下る！　スリップしたら100年目，緊張の中500mの急降下。振り返ってもどこをどう下ったのか分からない。

　先日，ローマンタンの帰り，馬を追ってのディーへの下りも急だったが，

ここはそんなものではない。馬はとても下れない。山羊でなければやれない。我々は山羊並み?

　下った所の台地で昼食。近くの斜面に数軒の廃村跡があるが，畑地らしきも少なく，どうしてこんな所に村が？　と不思議に思った。

　昼食後，少し登って下り，ヤク・コーラ源流近くの台地でテント。テリ・ラＣ２（4150m）。ここにも廃村跡，河畔には畑地の跡。テント周辺の丘陵地のたくさんの巨木は，全て鋸，斧で切り倒された無残な姿をさらしていた。

▷Ｃ２～テリ・ラ手前のガレ場（4600m）落石頻発，通過断念～Ｃ３（4070m）

　７月23日，朝から快晴。テリ・ラ北側の6000m峰も山頂まで真っ白に輝いている。いよいよテリ・ラへのアタック，とルンルン気分で花を撮りつつ登っていく。

　ところが，目的地直前のトラバースする斜面の手前で，先に行った全員が集まって前方を見つめている。「何事か？」とその場に行ってみると，カッカッカッ……と高い響きとともに，砂煙を上げつつ，大きな石が前方のガレ斜面の上方から下方へバウンドしながら，物凄い速さで落ちていく。映画の機銃掃射でパッパッパッパ……地面に土煙が上がるシーンと似ているが，こちらは大砲掃射の迫力である。数分置きに頻発する。

　とてもこの斜面を通過できるものではない。落石をかわしようがない。残念ながらテリ・ラ通過は断念である。即退却してムクチナートへ転進しよう，と決断するのに時間はかからなかった。

　ムクチナートからトロン・パス（5416m）を越えてマナンへ入り，ナル，プーへ向かうとの変更である。デジメ君も「５年前に来た時はこんな落石はなかった」と。「雨が降ったらここは危ない」とは言っていたが，まさかこんな晴天で落石頻発とは彼も考えていなかった。自然の浸食が進みつつある現在，このテリ・ラ越えルートは永久に閉ざされたと言ってよい。

　ムクチナートへ出る方法として，地図にない現地ルート即ち放牧のヤク・山羊道を伝い，ムクチナート方向へ野山をショートカットして進むのである。そのためまずヤク・コーラを横断して，対岸の尾根に取り付く。テリ・ラを目指して登って来た道の途中でヤク・コーラに下り，激流の横断徒渉となった。

まず，カルマ君がザイルとピッケル（深さ探りのため）を持ち激流に入る。後方で若いシェルパ諸君がザイルを握ってサポートする。しかし深さと水流の激しさで渡れない。そこで，水流を脇へ逃がし徒渉地点の水深を浅くしようと大きな石を動かし，投げ込んで懸命に流れを変えようと努力するが，自然の力には勝てない。

無理をすれば危ないので，Ｃ２下の川幅が広い所が浅くて流れの速度も遅いだろうし，雪解け水量の少ない早朝にやろう，となった。

徒渉はできなかったが，ずぶ濡れになって頑張るスタッフ諸君の努力を見ていて，涙の出る思いだった。Ｃ３は，Ｃ２下のヤク・コーラ河畔である。

2　消え去った「塩の道」

テリ・ラ通過は断念したが，今まで通って来たところで，改めてこの道が何であるかを考えてみた。現在，タンゲとナルの住民が使っていないのは事実であるし，一般の生活道でないのは確かである。かつてタンゲは交易で栄えていたとのこと。このことから小生は，このテリ・ラ越えの道は「塩の道」だったと推測する。以下，その根拠及び当時の状況を勝手に想像してみた。

ムスタンの東外れのタンゲが交易のポイントとなるには，少なくともそこから物資が外へ出ていかねばならない。昔のヒマラヤの交易はチベットからの塩であり，ローマンタンへ入って来て，カリガンダキ沿いに下るジョムソン街道が最も繁栄した「塩の道」である。タカリー商人が政治的にムスタン王国を押さえ，この交易で莫大な富を築いたという話は有名である。

一方，ヒマラヤの商人として，もう一方の旗頭，現在も商売人として名高いマナン商人がいる。このマナン商人が，タカリー商人の甘い汁を指を咥えて見ているだけだったとは思えない。彼らはタンゲ住民に働きかけて塩を集めさせ，テリ・ラを越えてマルシャンディー・コーラ沿いにベシサールやポカラに運ばせたのではないか。このルートは地理的にナルから先は旧マナン王国の範囲だし，ポカラまでの距離もカリガンダキ・ルートより近い。タカリー商人のルートを表街道とするなら，こちらは裏街道である。

Ｃ２周辺の数軒の住居跡，畑地跡はこの街道の宿場村としてタンゲの住民が住んでいた証ではないか？　タンゲがかつて交易で栄えたということから

も言える。

　後日，別ルートから入ったナルの集落も，距離的にマルシャンディーへ出るための宿場村として大事な位置にあるし，ナル住民の気質が同じ奥地のプーと比し非常に積極的であったのは昔のそういう名残では？　と感じさせられた（ナル，プーについては後述）。

　もう一つ大切なのは，タンゲ峠からの凄い下降である。馬では絶対下れない。この「塩の道」は，100〜200頭の山羊の背中に小さな振り分け荷物スタイルで運ばせたのであろう。山羊なら楽に下るし，生活的にも高地にも低地にも対応できる。かつて西方の DOLPO から塩を南に運ぶ時，2800m のフリコットまではヤク・キャラバンであるが，それより低地の南方へは山羊の大キャラバンへリレーされていたのである。このテリ・ラ・ルートは，スタートからゴールまでまさに山羊キャラバンにぴったりである。想像するだけで可愛らしく，いそいそ歩きの疲れを知らぬ山羊の大行軍である。

　さて，山羊キャラバンを率いる男たちがチャンやロキシーを飲んで賑わったであろう宿場村は，塩の交易の利がなくなるとともに廃村になったのか？それともＣ２で見た巨木の残骸群，即ち燃料切れで塩より先に村を捨てざるを得なかったのか？

　あまりにも過剰な伐採は自然の回復力を不能にした。現在の乾燥地帯からは昔の巨木群の光景が想像できない。そして今回，晴天でさえ起きていた間断ない落石で，かつての「塩の道」は永遠に消え去ったと言える。

3　ムクチナートへの道

▷Ｃ３徒渉〜山中の彷徨〜Ｃ４　（4080m ＝カンパキャンプ）

　7月24日早朝，水量の少ないうちに対岸へ徒渉。タンゲへ戻るデジメ君が心配そうに見送る。

　若い衆はこのアドベンチャーに大張り切りである。まずカルマ親分に渡ってもらい，両側からザイルをしっかり張り合う。実は，テリ・ラを越えてからナルへ下るラブセ・コーラ沿いが地図上では小さな谷のトラバースが多く，増水期だけに心配で，通常のトレッキングでは用のないザイルを準備してもらい，小生もワラジを準備していた。しかしこの流れと深さでは，軽量の小

激流に苦戦の徒渉

生が自分で入るより，ワラジをカルマ君に与えて彼の足元をしっかりさせ，彼におんぶしてもらうのが無難と割り切った。

ワラジを履いたカルマ親分，「これは素晴らしい！　滑らず，足も痛くない」と絶賛。それから彼のスーパーマン的活躍となる。

ザイルを張っているとはいえ，流れは速い。小柄なデンディー君が足をとられ，ザブンと水中へ。必死にザイルを摑んで起き上がろうとし，前後も手を貸す。その時，背負っていたドッコが頭から外れ，プカプカ流れ出す。それを見てカルマ君，猛然とダッシュして水中に入り，流れるドッコを引き上げる。

“危ない！　やめてくれ”とハラハラドキドキのシーン。後で「なんであんな危ないことを？」と聞けば，「あのドッコは燃料油の入った大事なもの，あれなしでは旅ができない。とっさに走った」とのこと。

それから彼は我々をおんぶして渡し，ポーター，キッチンの荷物を担いで何度も往復。後学のためにと自力徒渉した草間氏が「脚がしびれるように冷たく，回復するのに大分時間がかかった。よくあんなに何度も入れたものだ」とあきれていた。

何とか全員無事に徒渉できたものの，一難去ってまた一難である。河岸段丘はどこも砂地性で切り立っている。何とか登れそうな所を選んで，這うように上部の草地を目指して登る。“ハーハー，ゼーゼー”，物凄くきついが休めない。立ち止まればズリ落ちそうな急斜面である。一気に400m位登り，ようやく草地に出た。短時間ではあったが，こんな息の切れるきつい登りは経験がない。通常の高所歩きとは全く異質のきつさだった。

デジメ君から教えられていたカルカを見つけ，山羊放牧の牧童にムクチナートへの道を聞き，草地の山羊道を更に登り4600mの尾根に出る。カルマ君以下スタッフの誰もこの方面からムクチナートへ歩いた経験はなく，デジメ君から話を聞き，カルカを頼りに向かおうと，少々頼りない話であるが，

食糧はたっぷり持っているし，何とかなると自然児の強気である。

　尾根に出て進路を協議する。あいにく霧で遠くまでの地形が見えない。周辺の草原はヤク，山羊の踏み跡以外，道らしきものは一切ない。

　一応この時点では地図上での現在道はほぼ摑めてはいるが，ルートが記載されている地域からは遙か離れた荒野の真っ只中である。ムクチナートは東南方向，下手にそちらへ進めば，プルクンヒマールの氷河地帯にはまってしまう。タンゲ方側に北進すれば，タンゲからムクチナートへのルートに出合うことになり無難ではあるが，二日分は遠回りになる。東に進めば近いが，尾根あり谷ありのアップ・ダウンが大変そう。

　いずれにしてもこんなラフな地図（1/80000）では頼りにならない。どう進むかスタッフが偵察に走る。「こっちだ」との声でヤク道伝いに山腹を回りながら，東側の谷へ急降下。そこで山羊の放牧があっており，牧童により正しい方向に進んでいることを知る。

　4100mの谷を渡り，4500mの草原へ急坂を登り返し，あとは100m位の上下を繰り返しながら山腹を巡る。霧で見通しが利かないので，どこをどう歩いているのか分からなくなった。

　草原にはきれいな花も咲いているが，霧雨でもあるし，カメラを出す余裕もない。大分彷徨した挙句，辿り着いた尾根上でどう進むか進退窮まった感じで，右に左に偵察が出る。

　しばらく途方に暮れている時，天の助けか，一瞬霧が晴れ渡り，周囲の地形と下方の廃村跡が浮かび上がった。その瞬間，「あそこだーっ」との声があちこちから上がり，各々の位置から一斉に，その廃村跡を目指して急傾斜を駆け下る。その廃村跡はデジメ君やカルカの人に聞いていた「カンパキャンプ」（C4＝4800m）である。30戸位の広い廃村である。

　かつて東チベットのカンパ族が来て住んでいたから「カンパキャンプ」と言うそうだが，いつ，何のため来て，どうして去っていったのかは分からない。テント地のすぐ横には大きなゴンパの廃墟もある。これだけの広さの集落で，水にも草原にも恵まれているのに，忽然と消え去ったのはどうしたことか？（後述：中国－チベット抗争）。

　激動の一日だった。明日のスタートとなるテント地から谷を挟んだ対岸の斜面は手強そうであるが，道がはっきりしており，この数日凄いルートにし

ダウラギリ I （8167m）北面

ごかれたのでもう心配ない。

▷C 4 （カンパキャンプ）からムクチナート（3600m）へ

　7 月25日早朝，テント下の谷を渡り（短い徒渉），ザラ場の急斜面をトラバースするように登る。振り返れば，谷奥の山々の稜線が霧に浮かび，ヒマラヤとは思えぬ山水画の世界。

　しばらく急坂の後は，緩やかに4000〜4300m の草原を上下する。やがてタンゲやチュクサンからムクチナートへの道と合流し，昨日の彷徨がウソのようなのんびり歩き。しかもダウラギリ（8167m）が雲上に雄姿を浮かべる。こちら側からはどの方角からよりも形が良く，夏なので積雪が多くて美しい。

　のんびり歩きとはいえ，ムクチナートまでは遠かった。万歩計は 3 万3600歩，約21km歩いた。

PART-3　北の辺境プー・ガオンへ

1　ムクチナートからマナンへ

▷トロン・パス（5416m）越え

　トロン・パス越えは元気の良いトレッカーの勲章のようなものである。これだけを目指して挑戦してくる人も多い。それも傾斜の緩いマナン側から山中二泊三日でムクチナートへ下りてくる。

　小生もヒマラヤへはまり出した10年前の第一歩はアンナプルナ周遊で、このトロン・パスを越えた。この時、ムクチナートへの急斜面の下り、それにロッジもないこちら側からはとても登れるものではない、と思ったことである（当時、100人位とたくさんのトレッカーがいたが、逆方面からは一人もいなかった）。

　ところが10年後、71歳になってこれをやらねばならなくなった。初めての5000m越えと張り切る草間・田中両氏とは対照的に、小生には10年前の逆コースのイメージがあり、しかも二度目、かつ面白い光景の印象もなく、モチベーションが上がらない。

　7月26日、朝から曇り空ですっきりせぬ天気。おまけに昨夜は小用で六度も起きて寝不足気味。モチベーション不足もあり今日は中止の方が有難いのだがなと思いつつも、皆は今日一気にトロン・パスを越えると大張り切り。それにつられて覚悟を決めた。

　10年前の秋は全然見るところはないと思って下った山道も、夏の今、斜面は花盛り。ブルーポピーも大型ではないが、あちこちの岩陰で霧雨に濡れてしっぽりした風情。撮りながら登るうちに徐々に調子も出てくる。

　丁度植物研究で高所順応がてら歩いていた日本人グループの方が、我々が今日峠を越えると聞いて、「こちら側からやれるんですか？」とびっくり仰天！　最後に「頑張って下さーい」と大きな声援。

　これに押されるように最大の急坂箇所は何とか過ぎた。しかし登りはまだ

320

夏のマナン

まだ長い。昼食の行動食を食べても，なかなか疲労がとれず，寝不足がボディーブローのように効いてくる。ゆっくりゆっくり登るが，5000mを越える頃より物凄くきつい。全身のエネルギーが吸い取られていく感じである。

　霧雨も降り出す。ようやくタルチョが見え傾斜が緩くなっても，とても遠く感じる。やっと辿り着いても疲労困憊，喜びの感動もなし。草間・田中両氏は初めての5000m越えに喜びの声と記念撮影。

　5000m以上の峠はどこでもどんなにきつくても，いつも登頂した気分の感激に浸れる。しかし今回はそれがなかった。モチベーションのせいか？

　峠（5416m）からHC（ハイキャンプ。4700m）まで，ただ足を前に出すだけ，重力で落ちていくように下る。まあ，この71歳のロートルが，ムクチナートからの標高差1800mを4000m以上の世界でよくぞ越えたものである。

▷マナン

　7月27日，霧雨の中，HC（4700m）よりマナン（3440m）へひたすら下る。10年前は，夜明け前の暗い中，ヘッドライトでの足元以外何も見えず，見ず，ただ黙々と登った道だが，今回は渓谷沿いに斜面の草原に黄色い花畑が素晴らしい。ムクチナート側のガレ場の花畑と全く趣が違うが，夏のトロン・パスを挟む両斜面がこんなに美しいとは思ってもみなかった。

　マナンへは長い長い下りである。万歩計2万9500歩，約18kmだった。

　マナンもシーズン・オフの今は静かで，緑美しい世界である。緑の中にソバや馬鈴薯畑のピンク，薄紫の花，野花の黄色や白も彩りを添え，マルシャンディー・コーラの白い帯が遠くまでくねくねときらめき，見事な田園光景。

　翌28日は休養滞在。午前中は岩山の集落ブラガのゴンパまでブラブラ撮影，午後はガンガプルナの氷河を眺め楽しみつつマナンの上村を散歩。10年前の

秋のシーズンは「マナンも観光化して旧王国の俤（おもかげ）もなし」との感覚で，正直素晴らしい所だとは思わなかった。

　ところが二度目の今回，改めて見直し，すっかり好きになった。自然が豊かで景色は一級品。村の至る所にあるマニ車（ぐるま），村人は必ず回しながら念仏を唱えて通る信心深さ。シーズン・オフの静けさのせいかも知れないが，村全体の素朴さなど。10年前より細かな観察をする自分の眼と感覚が進歩したのかも知れない。

▷ナワール（3600m）

　7月29日，ナワールへ向かう。アンナプルナ周遊道から左にそれて登り，アンナプルナⅡ峰，Ⅲ峰を眺めつつ歩く松林の道は素晴らしく，快適なプロムナード。

　ナワール集落の上にある広い天然芝のグラウンドでは少年たちがサッカーの試合中。3600mの高所の中でも全力疾走で走り続けるスタミナには恐れ入った。ワールドカップの年でもあったが，こんな奥地でもサッカー熱は高い。このグラウンドの一画がトレッカー用のキャンプ地として，キッチン用の設備まである。我々が向かおうとしているナル，プー方面との周回ルートを，政府が新しいトレッキング・コースとして開拓，援助しているのが窺える。

　たまたま今日から五日間，盛大な夏祭りだそうである。もうすぐ収穫期になるので，その前にしっかり楽しんで景気をつけようとのことである。グラウンドには共用のドーム型大テント，各家庭用の小テントやビニールの簡易小屋掛けなどが設置され，我々のテント近くには，この祭りのため屠殺される予定のヤク3頭が繋がれている。

　午後は屠殺から逃げるように下方の村へ出かけた。村のゴンパでは大人も子供も着飾って晴れ晴れとした祭りの雰囲気。つられるようにウロウロしていたら，若い女性からあなたたちもゴンパに入れと案内され，式典に参列することになった。祭りの式典だから，そんなに固苦しい雰囲気ではなく，主婦たちが共同で作った食べ物を配って回る。何やらよく分からぬ物もあるし，適当にパスしたり有難く口に入れたり。横のテーブルのおじさんが「あの長いラッパが鳴ればフィナーレだ」と教えてくれ，それを潮に外に出る。何も

分からぬながらも祭りの気分を味わった。

　10年前，ここに泊まり，このゴンパを訪ねた時，ロウソクの炎が揺らめく中，年寄ばかり座っていて，好意と好奇の眼差しで見られた時は養老院的印象だったし，メインルートから外れたここは置き去りにされた村の感だった。祭りのせいもあろうが，今回，村が若返った感じである。若い男女が多く見られ，建設中のロッジが数軒，グラウンドや学校など，当時の雰囲気や状況からこの変わりようは想像できなかった。

▷雪豹（スノーレオポルド）を見た？

　さて，この日の夜のことである。いくら歩けても年相応に普段から夜中に小用に起きるのは当たり前，まして高所対策として新陳代謝を活発化させるためよく水分をとるせいもあり，夜中に数度は起きる。

　いつものように深夜12時頃テントを抜け出し，近くの畑の前に立つ。すると10m位先の闇の中を直径2〜3㎝の黄金の光が，地上50㎝位の高さで音もなく凄い速さで20m位を走って消えた。

　不思議なものを見たと思い，考えてみると，火の玉なら（見たことないが）ユラユラとゆっくり動くし，ホタルや猫の眼にしてはでかいし，この辺にはいないと思ったところで，アッ！となった。今のは幻の雪豹だったに違いない。用心深く人前には絶対に姿を見せぬ雪豹が，屠殺されたヤクの血の匂いを嗅いで，しんと寝静まったこの深夜に現れたに違いない。たまたま小生が起き出したために慌てて走った。20m位走って突然消えたのは，そこが畑の段差で下に飛んだのだ。

　翌朝，カルマ君たちに話したら，それは雪豹に違いないと残念がった。"ライトを上げて照らせばよかった"と思ったものの，実際にその姿を見たら腰を抜かしたかも知れない。2週間前，雪豹に襲われた馬の首筋の傷を見ているだけに……。誰も見たことのない雪豹の光る眼と，その速さを目の前で見られただけでも超ラッキーとせねば。

　7月30日，朝から霧雨でナルへの峠越えは断念，ナワール滞在とする。祭りのためキッチン建屋を村人へ渡すため，近くの学校へテントを移す。

　朝から鍋や食糧，寝具を担いだ村人がいそいそとテントに向かう。馬や犬

キャンよりアンナプルナⅡ（7973m）と
手前ピサンピーク（6092m）

も連れ，村中が空っぽになるのではと思えるくらいだ。祭りは昔からの伝統行事ではなく，この数年前から始まった村全体のレクリエーションのようである。各々の家族や仲間たちと飲んだり遊んだり。すぐ近くに家がありながら，小さなテントやビニール掛けで野原で寝るのが大人も子供も嬉しくてたまらない様子。

2　辺境のナル，プーへ

▷カング・ラ（5306m）を越えてナルへ

　10年前とのナワールの変身は，今売り出し中のナル〜ナワール周遊ルートの効果に違いない。今回，ムスタンのタンゲからテリ・ラ越えを計画した数年前までは，小生，ナル集落の存在すら知らなかった。

　プーを含むナル〜ナワール周遊ルートは，政府主導の新規トレッキング・ルートである。通常はナル（4100m）側から緩やかに登り，途中のカング・ラ・フェディ（4530m）でテント泊して，二日目にカング・ラ（5306m）を越えてナワールへの急坂を下る。

　我々は今回もトロン・パス越え同様，逆ルートの厳しい側から標高差1700mを一気に越えてナルへ行かざるを得ない（テリ・ラの落石による不通さえなければ，こんな苦労はしなかったのに……）。

　7月31日，7時出発。体調充分，アンナプルナⅡ峰の展望を期待して快調に登りだす。

　しかし，晴れると思っていた天候も登るにつれて雲の中。ずっと同じような傾斜の急坂が続くが，歩き易いしっかりしたルートであり，ゆっくりではあるが同じテンポでほとんど休みなく登り続けるので，どんどん高度をかせ

ぐ。それでも頂上まで残り200m位からの急坂は壁の如しだった。たったこれだけの距離を何度立ち止まりながら進んだことか。息が苦しいとか脚が持たないとかいうのではなく，身体全体のエネルギーが消耗，スタミナ切れである。

しかし本来の体調が良いので，トロン・パスの時とは明らかに違う。3600mのナワールからこの峠までの標高差1700mを4時間半で登り切った。高所条件を考えれば立派なものである。71歳，まだ若い！

残念ながら峠はガスの中，霧雨模様になってきたので，すぐにナル側の広い谷間カング・ラ・フェディまで急ぎ下って昼食。ナルの集落が見えだす所で，途轍もなく広い草原に出た。フラットで天然芝の見事な緑の絨毯。野球場やサッカー場が何面もできそうだ。

正面から見れば近くに見えても，村は遠い。脚が棒になる頃，ようやくロッジに辿り着いた。14時半。ナワールからだと聞いて，ロッジや近所のおかみさんたちが「こんなに早く着くなんて」とびっくり。

しかも傾斜の厳しいナワール側から来るトレッカーはいない。皆，こちら側から途中テント泊で行くのだと。最近，西洋人（特にフランス人）のトレッカーが増えてきたが，日本人で越えていったのはいないそうである。

カルマ君が「ここの人たちは（明日から目指す）プーの人たちと気質が違って，親近感があり積極的に感じる」と言う。この時は何故か分からなかったが，後日小生も同感だった（後述）。

ナルはどこからも離れた山中のポツンとした集落であるが，畑地も広く，放牧するに緑多く，トレッキング振興策に乗りロッジ造りにも積極的で，ナワール同様，活気を感じる。

▷プー・ガオンへの道

ナルからプーへは一日でも行けるが，もう今回の旅の難所，きつい所は全て終わった。日程に余裕があるし，途中のキャンで1泊してのんびり行くことにした。

8月1日，久し振りの快晴。4100mのナルから3500mのプー・コーラまでどんどん下る。出合いのコーラ（川）の上部にナル村入口の立派なチョルテンとメンダンがある。そこで木材を背負ったポーターと3組，行き交う。いず

プー全景。上部には廃屋が多い

れも100kg以上ある荷物である。ナルのロッジ建設資材である。これからが大変な登りである。こういう人たちのパワーは我々と同じ人間のものとは思えない。

プー・コーラの短い吊り橋を渡って，左岸沿いに緩やかに上下しながら北上する。対岸のナル側は凄い岩の絶壁であるが，こちらは緑の世界。途中2カ所，チャコという廃村があり，目的地キャンも大きな廃村跡だった。住居跡も数十年レベルで，そう古い昔のものではない。草地と化した畑跡も広々として，水もある。更にこの奥地にはより環境の厳しいプーがある。なんで廃村になったのか見当もつかない。

キャンでの夕刻，南方ピサン・ピーク（6092m）の鋸のような山稜越しにアンナプルナⅡ峰が姿を出した。流石にどっしりとして風格ある巨峰である。

▷プー・ガオン（3910m）

8月2日，最終の目的地プーへ向かう。キャンを出ると岩壁を刳り抜いたような凄い道。岩壁道を過ぎると野の花の多い川沿いの道が続く。最後にここが行き止まりとばかり，川のど真ん中から，でっかい柱状の巨岩がそそり立つ。この光景にはびっくり。

道はこの巨岩の裏へ回り込むように，九十九折れの急坂を登り切った所にプーの門（カンニ）があり，これを潜ってゴール。ついに来た，最北の辺境プー・ガオン。

対岸の高い所に旧王宮の廃墟。しばらく下って川淵に大きなチョルテンとメンダンがあり，川奥に集落が見える。集落は吊り橋を渡った先に崖にへばりつくように密集。我々のテント地は吊り橋入口横のトレッカー専用の施設である。

午後から集落へ，一人ブラブラ散歩に出かけた。村入口の小さな谷側でヤ

プーの北方，チベットへ二日の距離

ク肉の解体中。こういうのを見るのが最も苦手な小生は，顔を背けて村に入る。村の中は網の目のように入り組み分かり難いが，とにかく上へ上へ，村を見下ろすゴンパへ行った。ゴンパは無人で閉まっていたが村の全体がよく見えた。

　下り道でマナン出身の若い学校の先生に会う。彼に聞くと，集落は35戸とのこと。もっと多いと見えたが，食糧仕入れに行ったプルバ君たちより，集落上部の大きな住居群は廃墟になっていると聞く。

　先に見たヤクの解体は，村で結婚式があるので，そのためのもので売れないと。あの巨体である，少しくらい分けてくれてもよさそうなのに！

　野菜も「自分たちが食べる分だけしか作っていないので売れない」と。そうかも知れないし，そういう厳しさが，こんな僻地で生活してきた原動力だろう。しかし，それではナルやナワールのような活気はいつまでたっても出てこない。下手をするとだんだん過疎化して，キャンやチャコのような廃村になりかねない。

　プーが注目されだしたのは，この奥にヒムルン（7126m）があるからで，

7000m峰を目指す登山者の恰好の標的で近年人気が出て，世界各国から登山者，トレッカーが集まるようになった（小生もその一人である）。

ここから一日入った所に BASE CAMP がある。そのため政府がここへの道を整備して，プー，ナル，ナワールをセットにして多くのトレッカーや登山者を呼び込み，村を活性化させようとしている。

プー集落上部にある畑地は耕作せず遊ばせていた。ヤクの放牧条件もナルやナワールより良い。村人は素朴で働き者だが，近年の状況の変化，即ち登山者やトレッカーが増え，道も整備され，マナン方面への往来がやり易くなったことについて無関心と言える。

村には１軒のロッジもない。自分が村長ならば耕作地を増やし，トレッカーへ売りつけ，ロッジを造ってそこへ野菜や肉や乳製品を卸し，村に金を落とさせる。現状は，いくらトレッカーや登山者が訪れようと村の生活に関係なく，それで進歩もなし。

ホラ吹きついでに，ブランド品“プー・ヤク肉”を作り，欧米人の多いマナンの周遊メインルートの各ロッジへ卸すことである。プーのヤクは使役用でないため，美味しいはずで高く売れ，村に大きな利益をもたらすのは間違いない。

＊以上は我々に食糧を売ってくれなかったからのうらみではなく，10年前に孤立過疎化していたナワールが信じられぬくらい活性化しているのを見たばかりだし，ここへ来るルートの整備に政府がとても力を入れ，忘れられていたというより，知られていなかった地域に外国人を呼び込み活性化しようとの努力を大きく感じるからである（ヒマラヤという財産を崩す車道造りには反対だが，こういうルート整備は大賛成）。

ここでナルとプー，いずれもどうしてこんな所に村があるのだろうと思うくらい，似たような環境の僻地でありながら，どこで村の個性が違ってきたのかを考えてみた（カルマ君もナルでプーとの違いを言っていた）。

どちらの村もずっと昔，民族間の抗争激しい頃，外敵からの攻撃を避けるため，外から入り難い今の土地に住み着いたのだろう。特にプーは現在はとても辿り着けないような高所に王宮の廃墟があり，かつては小王国（もしかしたらナルも含めて）であったことを想起させる。

小王国時代は過ぎ，そのうちにナルはテリ・ラ越えの「塩の道」宿場の要所となり，外の世界との接触が増えかつ商業的性格も出てきて，その気質が受け継がれて現在の外の世界への積極性が現れているのだろう。

　一方プーは，物資の流通ルートからは完全に孤立した位置にあり，チベットやナルとの細々とした交流はあったであろうが，ほとんど自分たちだけの閉ざされた世界で生きてきたのだろう。それが今の変化に無関心な村となった理由ではなかろうか。

　こう考えると，プーと似た環境同士のすぐ隣村ナルの積極的性格面からも，テリ・ラ越えルートは「塩の道」だったとの観を強くする。

　8月3日，プー滞在。ヒルムンが見えるカルカへ往復。

　村の北方に素晴らしい姿の白い峰が朝靄に浮かぶ。山名不明であるがマッターホルンの形で，それより遙かに高く，草原の小さな流れのマニ水車チョルテンとの光景が素晴らしく，閉ざされた村の印象を吹き飛ばす清々しさで，はるばるプーへ来た甲斐があった。

　本来ならヒルムンの BC まで入りたいところであるが，往復二日はかかること，プーでの食糧補充不可のため，日帰りでヒルムンが見える所まで出かけた。4400m 地点のカルカからよく見え，快晴ではあるが山頂付近に雲が多くてなかなか全貌を現さない。大分ねばったが，諦めて下山。

　道中，山へ働きに来ていた若い親子連れと出会った。明るく礼儀正しい家族だった。こういう人たちの将来のためにも村が積極的に発展する方向へ向いてもらいたく思った。

3　帰路，ベシサールへ

▷メタ（3550m）とプー・コーラ

　8月4日，プー・コーラ沿いに往路を引き返す。途中，プーの結婚式へ向かうナルの村人たちに出会う。馬に乗っていく男女，歩いていく元気なおばさんたち。ヤラでの結婚披露宴を思い出す。それにしてもヤク1頭とは豪勢な宴だろう。

　ナルの出合いの少し先の小さな集落メタのロッジに泊まる。ナルの出先み

たいな数軒の民家がほとんどロッジで，更にロッジの建設中。これを見ても奥座敷のプーの無関心，積極性のなさを感じる。

メタのロッジからは地形的にアンナプルナⅡ峰の最高の展望が期待できそうで，大いに楽しみにしていたが，夕方も翌朝も厚い雲にさえぎられ残念。

8月5日，メタからプー・コーラへ約400m，生活道ではあるが物凄い急坂を一気に下る。

コトまであと20km位，峡谷に沿って緩やかに下っていく。このプー・コーラの峡谷が素晴らしい。激流の両岸に切り立つV字型の奥に高峰が覗き，急峻な崖にも針葉樹を含む豊かな樹木，かつて似たような黒部下廊下を歩いたことあるが，迫力，スケールが違う。

コトでマルシャンディー・コーラに合流する。そこからはアンナプルナ周遊道である。

▷マルシャンディーに沿って

コトからマルシャンディーを下流へタール，シャンゲとロッジ泊まりで，8月8日，ベシサールへ。この道はもう三度目で，特に感慨もないので紀行は略すが，非常に驚き残念だったのが，山を壊しての車道工事である。アーミーを使って斜面の爆破工事を進めているが，できた道路のあちこちで崖崩れ。急な斜面が続く所では約100mごとに崖崩れが頻発。車道として完成しても道路修復とのイタチごっこは明らか。

このアンナプルナ周遊道はトレッキングのクラッシック・ルート的存在で，世界各国から多くのトレッカーを集め，街道には多くのロッジが並び，食材供給の農家やポーターを含めてたくさんの人々の生活を支えている。

車道ができて置き去りにされる村々は？　大きな産業のないネパールはヒマラヤで人を呼び，それで国が潤っているのである。この車道建設は財産のヒマラヤを壊しているとしか思えない。

プー・コーラのV字峡谷を歩きながら，今回見られなかったメタからのアンナプルナⅡを含めて，いつか秋にチャンスがあったら再訪してもよいなと思っていたが，入口のマルシャンディーのこの惨状を見て，その気がしぼんでしまった。

●追記：中国－チベット抗争時のカンパゲリラ活動について

1960年代，中国とチベットとの抗争で，ムスタン及びその周辺には東部チベットのカンパ族によるゲリラ活動の拠点があちこちにあったらしい。しかし今回の旅でムスタン内ではその拠点の痕跡を見ることはなかった（テリ・ラへの途中，Ｃ２周辺の廃村跡は伐採巨木群の風化状況から見てもっと昔であり，ゲリラ活動拠点と時代が違う）。

しかし，ムスタンを出て次の２カ所はゲリラ活動の拠点だったろうと思いあたる。一つは，前記７月24日のムクチナートへ荒野の彷徨で辿り着いたＣ４，カンパキャンプは名の通り。二つ目は８月１日，プーへ向かう途中のチャコとキャンである。

いずれも廃村であるが，水に恵まれ畑地や放牧地としての環境条件も周辺の村よりずっと良いし，昔からそこに住んでいた原住民なら廃村はあり得ない。まだ廃村して数十年と見られるから，時期的にカンパ族の拠点だったのだろう。カンパキャンプには大きなゴンパ跡もあり広く戸数跡も多いことから，相当数のカンパ族が生活していたと思える。しかし，抗争の前線はヒマラヤを越えてチベット高原まで遙かな距離である。どういう組織かは見当もつかない。

キャンやチャコは規模が小さく，三日でチベット高原へ出られるが，カンパキャンプからでは１週間はかかるし，位置的にムスタン側へ出てヒマラヤを越えるのと，プー側から越えるのとのほぼ中間である。

そういうことからカンパキャンプは本部基地的な役割で，キャンやチャコと同様，ムスタンの数カ所にも小さな中継点を持っていたのでは，と想像する。

これだけの拠点で長く生活しただけに，彼らは抗争の終結をどういう思いで迎えただろうか？　法王の亡命先インドへ向かったのか？　環境厳しいチベット高原に戻り中国の支配下で生活するより，カンパキャンプやキャンでの方が生活し易いと思えるのだが……。

（2010年８月末，記）

ターブ村からのエベレスト山群

ヒマラヤへの別れ

ピケピークへの想い

(2018.10.10-10.18)

ピケピークは私にとってヒマラヤでも最も忘れられない土地である。

　2000年（当時61歳）から本格的にはまり出し，秋にアンナプルナ周遊＆内院を皮切りに初冬のエベレスト街道全域を歩き回った。

　翌2001年春，メラピーク登山の身体慣らしにランタン谷へ，友人たちや妻の恵美子を連れて行った。この旅での恵美子の喜び様は人生観，価値観が変わるほどで，4週間後小生が登山を終えて帰国するなり，「また連れて行って，どんな所にも付いていきたい！」とすっかりヒマラヤ病にかかっている。恵美子は健康そのものでよく山にも付いて来ていたが，本格的トレッキングにどの程度対応できるかと，2002年春，シッキムヒマラヤを計画し楽しみにしていた。

　ところが出発予定の2か月前の健康診断で，恵美子の胆嚢におかしな翳が発見され，その手術のため断念。ガンの初期症状だったわけで，週1回の通院日以外は正常な生活で，小生は治ると信じ，恵美子も「治ってもう一度ヒマラヤへ行きたい」と言っていた。

　2003年秋，ピケピークへの広大な草原歩きの素晴らしさに，恵美子が治ったら是非ここへ連れてきたい，もし登って来るだけの体力が回復しなければ，ヘリコプターでもこの素晴らしい展望の高原へ運んでやりたい，と本気で思った。

　ところが翌春4月，ランタン谷を生き生きと歩き，歓声を上げてから3年後，恵美子はあっけなくこの世を去った。

　2006年春，恵美子の三回忌を終え，私のヒマラヤ再開は，恵美子を是非連れて行きたかったピケピークをスタートとした。

　この時はカトマンドゥ入りした翌日，4月20日には王政が倒され戒厳令が発令された。翌21日夜，戒厳令解除となり，22日，バリケードで封鎖された道路を迂回してカトマンドゥ空港へ行き，チャーター機でパブル空港へ降り，2003年とは逆ルートでピケピークへ向かった。

　シャクナゲの開花時期ではあったが，ピケ周辺は20cmの積雪だった。恵美子が世を去り連れて行けなくなった時点で，せめて骨だけでも連れて行こうと，葬儀で分骨していた骨を4065mの山頂ケルンの素晴らしい展望が得ら

れるエベレスト側に入れ，また来るぞ，
と冥福を祈った。

　このヒマラヤ再開を期に，私は従来より厳しい山域のトレッキングや秘境の村々の旅を重ね，まとめとして写真集『ヒマラヤ巡礼』（2018年1月）を出版した。そして2018年10月，ヒマラヤへの別れとして恵美子が眠るピケピークへ3度目の旅をした。

　過去2回とも，我々のチーム以外，他にトレッカーも見なかったが，ここの素晴らしさが世に知られて，欧米のトレッカーも多くなり，山頂のケルンにも沢山のタルチョ（祈禱旗）がはためいていた。これを見て「恵美子も寂しくなくて良かったな」という思いと，分骨していたケルンに参りながら，通常の墓参りと異なり，生きている恵美子に会っているような感無量の想いだった。

　3度目のピケトレッキングでは思いもよらぬ感動のドラマがあった，往路，チュリ村への急坂を気息奄々（きそくえんえん）登っていると，村の入口に民族衣装の主婦たちや着飾った少女たちが待ち受けており，小さな広場でカタ掛けや茶の接待の儀式，少女たちの踊りの接待に，突然お伽の世界へ入り込んだような楽しいひとときをすごした。

　こんなドラマがあるなんて予想もしていなかったが，数年前のネパール大地震

チュリ村で思わぬ歓待を受ける

の際，このチュリ村も大きな被害を受けた。かつて仮面舞踊劇を楽しんだドゥピゴンパも倒壊し，未だ再建中。カルマ君はじめ小生がヒマラヤでお世話になったシェルパ諸君のチュリ村のような辺鄙な所には，各国から政府を通しての救援物資は届かないだろうと，当時小生はヒマラヤへ誘った友人たちに声を掛けて救援金を集め，カルマ君を通じてこの村へ寄付していたので，そのお礼に小生たちが来るのを待ちうけていたのである。

　小生がヒマラヤへ憧れを持っていたのは少年時代からであるが，それは神々の座の荘厳，迫力の世界を眺めたいからの思いであり，61歳からの第二の人生としてヒマラヤへはまり出したのはそんな旅だった。

　それが，神々の座ばかりでなく村の生活や村人たちに惹かれ，だんだん秘境の旅にはまり込んでいき，自分なりの人生観，価値観を摑んだきっかけは最初のピケ・トレッキングの頃からである。

　三度目のピケ・トレッキングをヒマラヤへの最後の別れとしたが，もしかしたらもう一度あるかも知れないと思っている。

　三度目のピケの帰路，初めて訪れた標高3000mのターブ村である。ピケの南西側にあり，カトマンドゥからジープで8時間，パプル空港からは1時間の車道が通じている。

　素朴な村ながら，平面の畑や草地が結構広くある。この村からエベレスト山群がピケピークに劣らず大きく見える。今は小さなロッジが数軒であるが，ここに大きなホテルでも建てられれば凄いことになる。展望だけならポカラからのアンナプルナ連峰より遙かに迫力ある光景だし，今車はほとんど通らないが簡単に行ける場所である。

　霧が少ない初冬では，部屋の窓からも村の散歩がてらでも，朝夕素晴らしい光景が見れる。近い未来にここに建つかも知れぬホテルで，友人たちと忘年会か新年会を行うのが小生の夢である。

　その時は，ピケピークのケルンにちょいと遠くから手を合わせるだろう。

（2018年11月，記）

大矢統士（おおや・つぐひと）

1939年，延岡市生まれ，福岡育ち。現在，長崎市在住。

福岡県立糸島高等学校，九州大学工学部造船学科を卒業。

三菱重工業長崎造船所に入社。造船建造現場の担当，建造合理化設備機器の開発・導入・設置を主業務に実績を残す。

50歳過ぎより休日の山歩きを復活，55歳より社内の写真クラブに入り本格的に表現方法を学ぶ。この頃より，ヒマラヤを念頭に第二の人生を思い描き始める。

61歳から12年間，ヒマラヤへ向かう。自分のオリジナルな計画を立て，季節に応じ年間2カ月〜3カ月間歩いた。範囲はネパールが主体であるが，チベット他周辺の興味のある地域にも及んだ。

［写歴］

全日本写連西部写真コンクール：金賞1回，銀賞2回

長崎県展，勤美展，他公募展入賞・入選多数

個展開催：3回

［写真集］

『ヒマラヤ巡礼──神々の座と秘境に生きる民』花乱社，2018年

還暦からのヒマラヤ探訪記

総延長2700キロのトレッキング全行程

❖

2020年12月10日　第1刷発行

❖

著　者　大矢統士

発行者　別府大悟

発行所　合同会社花乱社

〒810-0001　福岡市中央区天神5-5-8-5D

電話 092（781）7550 FAX 092（781）7555

http://www.karansha.com

印　刷　株式会社西日本新聞印刷

製　本　篠原製本株式会社

ISBN978-4-910038-24-7